COURS PRATIQUE

DE

LA LANGUE LATINE,

OU

COMPOSITIONS FRANÇAISES

POUR LES CLASSES DE CINQUIÈME,

QUATRIÈME, TROISIÈME ET SECONDE.

PAR M. BOINVILLIERS.

TOME I.

CINQUIÈME CLASSE.

Les *Versions* ne peuvent suffire à donner la connaissance de la langue latine; on ne peut bien en savoir toutes les règles, en pénétrer le génie, en résoudre les difficultés, que par l'usage des *Thèmes*, entremêlé à celui des versions.

Rapport fait par MM. Fontanes, Champagne et Domairon.

PARIS,

DE L'IMPRIMERIE D'AUGUSTE DELALAIN,

Libraire, rue des Mathurins St.-Jacques, n°. 5.

1819.

Toutes mes Éditions sont revêtues
de ma signature.

August Delalain

AVANT-PROPOS.

L'opinion où j'ai toujours été, que, pour parvenir à traduire avec facilité des Auteurs latins, il est indispensable de bien connaître les règles de la Grammaire latine, et que, pour les connaître parfaitement, il faut en avoir fait très souvent l'application en traduisant du français en latin; cette opinion, dis-je, qu'ont toujours professée les hommes les plus expérimentés dans l'enseignement, m'a engagé à donner au Public un Recueil de Compositions françaises pour faire suite à celles de mon *Manuel latin*.

Ce Recueil de Thêmes est divisé en quatre Parties. La première se compose de devoirs pour la *Cinquième* classe; la seconde, de devoirs pour la *Quatrième*; la troisième comprend les devoirs pour la *Troisième* classe, et la quatrième, les devoirs pour la *Seconde*. C'est dans mon Manuel latin, qu'on trouvera tous les devoirs de la Sixième et même des classes inférieures. J'ai supposé dix mois d'études pendant l'année, et vingt jours de classe par mois, à cause des jours soit de composition, soit de congé, et des jours où l'on donne des versions écrites ou d'Auteurs latins; en conséquence j'ai distribué en deux cents devoirs le Recueil destiné à chacun des quatre Cours d'Humanités pour lesquels j'ai travaillé, ce qui fait un total de huit cents Thêmes où j'ai fait entrer (sur-tout dans ceux qui sont destinés au Cours de *Cinquième*) le plus de règles qu'il m'a été possible, afin que les Elèves ne les perdissent jamais de vue.

Je me flatte que MM. les Professeurs des hautes classes apprécieront ce service rendu à la Jeunesse, d'autant mieux qu'ils se plaignent tous les jours, avec raison, de ce que leurs Elèves arrivent chez eux sans connaître à fond les règles de la syntaxe : de là ces fautes grossières contre la Grammaire latine, qu'on rencontre sans cesse dans leurs traductions du français en latin. En publiant ces Matières de Compositions françaises, je n'ai voulu que me rendre utile aux jeunes humanistes et aux personnes chargées de l'enseignement, lesquels perdent sans profit un temps considérable : les Elèves, à écrire des thêmes sous la dictée ; les Maîtres, à en donner la transcription sur des cahiers.

Nous savons fort bien que quelques personnes sont d'avis : les unes, qu'il faut supprimer les thêmes ; les autres, qu'il faut les faire précéder de l'explication des Auteurs latins. Ce double systême nous paraît inadmissible ; et, quoiqu'il soit à peu près indiqué par notre célèbre Rollin, il contrarie, selon nous, la marche de la nature et la manière dont le plus grand nombre, dans les pays étrangers, apprend les langues vivantes. N'est-il pas vrai qu'en toute science, en toute connaissance, il est naturel de passer d'une chose connue et claire, à une chose qui est inconnue et obscure ? Cela posé, prenez l'Auteur même le plus facile ; l'objet que vous mettez sous les yeux de votre Elève, est une chose inconnue et entièrement obscure pour lui ; il ne sait par où commencer ; il faut que le Maître se charge de tout le travail : or telle ne doit pas être la tâche extrêmement pénible des Maîtres, auxquels les enfants ne font que se prêter, puisqu'ils ne produisent rien d'eux-mêmes ; telle aussi ne doit pas être la condition trop commode des écoliers qui, dans ce cas, deviennent de vraies machines purement passives, puisque leur mémoire seule agit, puisque cette méthode n'exige d'eux aucune attention, aucun travail d'esprit; tandis qu'il faut, au contraire, former de bonne heure leur jugement, et les accoutumer à penser. Nous aurions encore bien des choses à dire sur l'utilité des *Thèmes*; nous pourrions établir une comparaison entre deux enfants qui commencent à faire des versions, dont l'un connaît les règles de la syntaxe latine, par l'application qu'il en a faite, et l'autre ne les a jamais lues ni étudiées; nous prouverions que le premier (ce que nous avons vu cent fois) fait des progrès bien plus rapides que le second, dans les traductions des Auteurs, parce qu'il marche en quelque sorte sur son terrain : mais nous renvoyons nos lecteurs à l'épigraphe du présent ouvrage.

J'ai souvent eu lieu de remarquer que les Vies des grands Capitaines par Cornélius Nepos, qu'on explique en Cinquième, ne présentent autant de difficultés à ceux qui les traduisent, que parce qu'ils n'ont aucune connaissance de l'Histoire grecque; et sur-tout qu'ils n'ont jamais entendu parler des hauts faits qui distinguent les *Miltiade*, les *Cimon*, les *Chabrias*, les *Timothée*, les *Epaminondas*, etc., etc. Cette remarque, qui n'a point échappé à beaucoup de Professeurs, m'a engagé à placer à la fin des Matières de Compositions françaises destinées aux Cinquièmes, une Notice abrégée de tous les grands personnages dont Cornélius Nepos a écrit les Vies. Ces notions préliminaires faciliteront aux Etudiants la traduction de l'ouvrage du Biographe latin; et, à cet égard, il serait bien à désirer qu'avant de commencer à traduire nos Auteurs latins, les

Elèves eussent une idée générale de l'Histoire Grèque et de l'Histoire Romaine (1).

Je ne dois pas terminer sans rappeler à MM. les Professeurs, qu'indépendamment des deux cents sujets de Compositions françaises que renferme ce premier volume, ils ont à leur disposition, pour être donné en Matières de devoirs français (ou Thêmes), mon *Abrégé de Mythologie* que j'ai rédigé dans cette intention, et qui est placé à la tête de mon édition soignée de PHÈDRE. Cet Abrégé a pour but, en outre, de disposer les Etudiants à l'intelligence des poètes latins qu'ils auront à traduire dans les Cours subséquents, et ce but ne me semble pas rempli par l'ouvrage du P. Jouvency (*Appendix de Diis*, etc.) dont les enfants, trop jeunes encore, ne retirent aucun profit pour leurs travaux ultérieurs, et parce que le cadre en est singulièrement étroit, et parce qu'ils le traduisent trop péniblement, pour apporter une attention bien sérieuse aux matières qu'il renferme.

---

(1) Je publierai bientôt une Edition de *Cornélius Nepos*, dans laquelle l'ouvrage de ce Biographe, accompagné de notes françaises, sera précédé d'un Tableau statistique de la Grèce.

COURS
PRATIQUE
DE
LA LANGUE LATINE.

I.

Vous ne sauriez croire combien les fables sont utiles à lire; pour moi, à qui cette sorte d'ouvrage a toujours fait le plus grand plaisir, je vous exhorterai sans cesse à préférer la lecture des fables à celle des romans les moins dangereux. C'est à vous, mes amis, qui êtes jeunes, de retenir et de mettre en pratique les excellents préceptes que renferment les fables d'Esope. Ces fables vous enseignent que le renard est un animal dont les conseils sont perfides. Le loup est une bête vorace qui est toujours prête à immoler les animaux les plus faibles, pour satisfaire sa gloutonnerie. Le singe croit qu'il a intérêt de duper autant d'animaux qu'il y en a de crédules. Le lion à qui rien n'est capable de résister, tant il est superbe et violent, est l'image de ces hommes qui n'ont pas honte d'abuser de leur puissance pour opprimer les innocents. L'âne est une bête stupide et pleine d'orgueil, tous les hommes ignorants me paraissent très semblables à l'âne; leur fierté insupportable est d'autant plus grande, qu'ils sont plus ignorants. On vous aimera, si vous faites en sorte de ne ressembler ni au loup ni à l'âne dont nous parlent Esope et Phèdre, ces immortels fabulistes, dont les leçons ont tant d'attraits pour nous.

II.

RIEN n'est plus juste que d'honorer et de chérir ceux de qui l'on a reçu le jour. La piété filiale est un devoir si naturel , qu'on doit s'étonner à bon droit de ce que tous les parents ne sont pas chéris et honorés de leurs enfants. L'honneur que nous devons à nos parents , renferme quatre choses principales : respect , amour , obéissance et assistance. Il nous importe à tous tant que nous sommes de respecter nos parents , puisque nous tenons d'eux le bienfait de la vie. Il est nécessaire que nous leur donnions le plus de preuves qu'il est possible de notre attachement ; la nature nous commande cet amour qui nous est commun avec les bêtes elles-mêmes. Si nos parents nous donnent des conseils ou nous font des reproches , c'est à nous de les écouter avec la plus grande docilité. C'est de Dieu même qu'ils tiennent le pouvoir qu'ils ont sur nous ; ainsi nous devons leur obéir comme à Dieu même. Enfin, je vous le demande : quel enfant ne doit pas aider et secourir ses parents, lorsqu'ils sont devenus pauvres, vieux, malades ou infirmes ? Est-il quelqu'un qui ne haïsse le fils dénaturé qui n'a pas honte de refuser des secours à son père ou à sa mère , au lieu de les aider tous deux autant qu'il peut le faire ?

III.

NOUS vous exhortons en vain à lire les bons ouvrages dont la France se glorifie ; vous n'aimez pas à employer vos heures de loisir à faire de bonnes lectures. Il vous importe de lire sur-tout les ouvrages qui renferment des vérités utiles. Ceux qui ne lisent pas pendant leur jeunesse, ont coutume de se repentir de leur ignorance, quand ils sont parvenus à un âge mûr. Vos frères, dont j'ai lieu de blâmer l'oisiveté, se repentent de n'avoir pas lu autrefois; (1) aussi voyez-vous qu'ils manquent de connaissances, et qu'ils sont méprisés de tous ceux qui ont reçu une éducation honnête. Je conçois une très grande opinion de ce jeune-homme que je vois lire bien souvent; je suis persuadé qu'il l'emportera toujours sur ses condisciples dans le cours de ses études. Je vous engage, mes amis, à suivre l'exemple d'un tel jeune-homme, si vous voulez être aimés et admirés de chacun : en effet, les écoliers qui emploient utilement les heures destinées au travail, loin de les perdre à rire ou à causer, sont les seuls que nous aimions et favorisions, les seuls qui puissent espérer de la considération dans le monde.

IV.

JE ne connais rien au monde de plus avantageux et de plus nécessaire que de voyager; on observe en voyageant, et l'on profite en observant. Ce que je conseillerai toujours aux jeunes-gens qui veulent s'instruire, c'est de faire le plus de voyages qu'il leur sera possible; je leur assure qu'ils apprendront en s'amusant beaucoup de choses utiles qu'ils n'ont pas honte d'ignorer. Je sais que l'argent est nécessaire à ceux qui voyagent; mais les hommes qui veulent se former par la lecture n'ont-ils pas besoin de livres qu'il faut acheter fort cher? L'homme qui n'est pas sorti de son pays, sera toujours beaucoup moins instruit que celui qui a parcouru beaucoup de contrées diverses. Personne assurément ne peut nier l'utilité des voyages; tout le monde sait combien ils forment les jeunes-gens; il faut donc voyager quand on le peut; et, si l'on manque de moyens pour voya-

____

(1) Aussi, *idcircò*, conj.

ger, il faut lire beaucoup de bons livres, et sur-tout cés relations importantes qui ont été composées par des voyageurs célèbres et véridiques ; car, comme dit un vieux proverbe, (1) a beau mentir qui vient de loin.

<center>~~~~~~~~</center>

V.

QUE je rencontre de jeunes-gens qui ne manquent d'instruction, que parce qu'ils n'ont pas voulu user du temps précieux qui leur était donné pour apprendre ! Que ne puis-je leur persuader qu'ils se repentiront, mais trop tard, de n'avoir pas étudié les sciences qu'on voulait leur enseigner ! J'aimerai et je favoriserai toujours les bons écoliers qui ont à cœur une éducation soignée, laquelle est bien préférable à toutes les richesses de ce monde. Pour peu qu'on réfléchisse sur les avantages de la science, on conviendra qu'il est très important de travailler pour acquérir des connaissances. Plus on travaille, plus on devient savant. Voulez-vous être aimés et favorisés de chacun de nous, faites vos efforts pour contentér les habiles professeurs qui vous enseignent les langues tant anciennes que modernes, que vous venez étudier ici où nous sommes ; vous aurez honte un jour de les ignorer, si vous ne commencez pas enfin à vous repentir de votre paresse dont je vous ai toujours fait un crime pour votre intérêt ; mais, à dire vrai, vous ne pourez vous en prendre qu'à vous-mêmes.

<center>~~~~~~~~</center>

VI.

CROYEZ, Messieurs, qu'il est de votre intérêt de lire le plus souvent que vous pourrez les fables de La Fontaine. Les écoliers qui les ont lues ne se sont jamais re-

---

(1) A beau mentir, *traduisez :* ment à son aise.

pentis d'avoir employé un temps précieux à lire un ouvrage qui jouit avec raison de la plus grande estime. Si
quelquefois nous avons entendu des écoliers expliquer les
fables de Phèdre bien plus facilement que beaucoup de
leurs camarades, c'est qu'ils avaient lu La Fontaine qui a
emprunté de Phèdre une grande partie des fables que nous
admirons dans ses œuvres. Je ne puis vous dire combien
j'aime et j'admire La Fontaine. Comment se fait-il que
le sévère Boileau n'ait pas parlé de ce grand homme ? Nous
avons tous lieu d'être surpris que le législateur du Parnasse
n'ait pas fait mention dans son art poétique des écrits de
La Fontaine. Cet Auteur charmant était chéri et estimé
autant qu'on pouvait l'être de tous les savants qui fleuri-
rent sous Louis quatorze. Il était loin de concevoir de la
jalousie contre personne. Il n'admirait que les Anciens ;
de là vient que Fontenelle disait de lui : Il est si bête,
qu'il ne voit pas qu'il a plus d'esprit qu'eux.

VII.

Vous dites, mon ami, que vous manquez de mémoire
pour apprendre ; ne savez-vous donc pas que la mémoire
a besoin de culture, et qu'il faut l'exercer sans cesse ? Elle
est semblable à une terre qui rapporte d'autant plus qu'on
l'a cultivée plus souvent et avec plus de soin. Il n'est pas
rare d'entendre les jeunes-gens dire à leurs professeurs
qu'ils manquent de mémoire ; mais je sais que c'est la bonne
volonté plutôt que la mémoire, qui leur manque. Après
avoir lu un bon livre, cherchez les moyens de vous rappeler tout ce qui y est contenu ; relisez ce même livre dans
l'intention de l'apprendre par cœur, et vous verrez combien
votre mémoire est disposée à vous servir. Quelle que soit
notre mémoire, nous avons coutume de la perdre, quand
nous sommes assez négligents pour ne pas l'exercer. Il est

donc plus important qu'on ne croit de cultiver sa mémoire ; et qui de vous ignore, Messieurs, que celle de Thémistocle était telle, qu'il ne pouvait oublier tout ce qu'il voyait ou entendait ? Qui ne sait aussi que, Simonide lui ayant proposé un jour de lui enseigner (1) la Mnémonique, il répondit : J'aimerais beaucoup mieux apprendre l'art d'oublier ? Pour vous, jeunes-gens, vous n'avez rien à oublier, vous avez tout à apprendre.

VIII.

Que j'aime un enfant qui s'efforce de remplir ses devoirs et de contenter ses maîtres ! Je le chéris autant que je l'estime ; mais que je hais celui qui est si nonchalant, qu'il ne s'acquitte que malgré lui des devoirs qu'on lui donne à faire ! Autant j'estime et favorise le premier, autant je déteste et méprise le second. Mes amis, si vous ne manquez jamais à vos devoirs, si vous n'avez rien tant à cœur que de respecter vos maîtres et d'exécuter leurs volontés, je vous assure que vous serez toujours aimés et favorisés de moi ; car je ne saurais dire combien je fais de cas des écoliers diligents et soumis. Le jeune-homme qui a perdu le temps des études à jouer, au lieu de travailler, ne sera jamais propre à exercer aucune charge publique ; il sera dédaigné et rebuté des hommes en place de qui l'on obtient des emplois civils à remplir. Je vous engage donc à travailler assez courageusement, pour acquérir bientôt de la science, sans laquelle on est ordinairement méprisé des hommes qui ont de l'instruction et du crédit.

---

(1) La Mnémonique (l'art d'aider la mémoire par des signes), *Mnemonica, orum. n. pl.*

IX.

LA science, à dire vrai, ne sera le patrimoine que de ceux qui auront bien employé le temps que la nature a destiné au travail. Quoique la science soit jugée fort utile, cependant ne doutez pas que la vertu ne lui soit bien préférable. J'estime et je considère plus un citoyen vertueux qu'un homme savant. A vous parler vrai, Messieurs, il vous importe plus que vous ne croyez de déclarer la guerre à vos vices, et d'acquérir le plus de vertus que vous pourez. Soyez persuadés que personne ne peut être heureux sur la terre, s'il n'est à la fois bon et vertueux. Y eut-il chez les Grecs un citoyen plus heureux que le juste Aristide, malgré les persécutions qu'il essuya? Le bonheur de Socrate dont je vous ai parlé quelquefois, était plus grand que celui de Crésus, qui ne possédait que des richesses dont il pouvait être dépouillé par des revers de fortune. Les biens seuls ne sont pas capables de rendre un homme heureux; je soutiens même que, plus on est riche, plus on est malheureux dans ce bas-monde. Mille exemples viendraient à l'appui de mon assertion, si je voulais me donner la peine de les produire.

X.

QUE de jeunes-gens sont assez insouciants, pour ne pas écouter les bons avis qu'ils reçoivent des vieillards ! C'est à tort qu'ils s'imaginent que la Vieillesse n'est pas en état de conseiller ce qui est bon et utile. Quel homme, selon moi, est plus propre à donner de bons avis, que celui qu'une longue expérience a rendu plus sage que les autres? Les conseils salutaires que les vieillards ne manquent pas de donner, regardent les jeunes-gens qu'on peut accuser, tous tant qu'ils sont, d'étourderie et de légèreté. Ces vices déplaisent aux vieillards, qui ont coutume d'en faire un crime à la Jeunesse; il appartient donc aux jeunes-gens de se corriger des défauts qu'on leur reproche. Il ne faut pas qu'ils s'imaginent qu'ils soient parfaits; ils ont au contraire beaucoup plus d'imperfections qu'ils ne pensent; mais, s'ils mettent en pratique les conseils des hommes que l'expérience a formés, ils ne manqueront pas de devenir meilleurs, et ils obtiendront l'estime qu'on ne refuse qu'à ceux qui sont assez présomptueux pour croire que c'est à tort qu'on leur fait des réprimandes, ou qu'on leur donne des avis.

～～～～～～

XI.

EST-IL une saison plus agréable que le printemps? Qu'il est doux de jouir du spectacle de la nature! Qu'il est agréable de parcourir des campagnes qui commencent à reverdir! Combien ces arbres sont beaux au printemps! Leurs feuilles sont mollement agitées par les zéphyrs! Quel doux parfum exhalent les lis et les roses que l'Aurore a mouillés de ses pleurs! Qu'avec plaisir on entend les oiseaux célébrer à l'envi l'Auteur de toutes choses! Quel oiseau fait entendre des sons plus harmonieux que le rossignol? c'est avec raison qu'on l'appelle le chantre de la nature. Ne semble-t-il pas que tous les oiseaux se taisent pour l'entendre déployer sa voix admirable? Quand viendra ce doux printemps dont le règne est plus agréable que celui de l'automne? Quand verrai-je revenir les hirondelles? Les zéphyrs succéderont-ils bientôt aux aquilons furieux? Nous sera-t-il bientôt permis enfin de fouler l'herbe des champs? Il y a six mois entiers que nous demeurons à la ville, sans pouvoir jouir d'aucun des agréments que l'on goûte à la campagne. Certes, il faut convenir que la mauvaise saison dure si long-temps, qu'on peut dire à bon droit, pour me servir de l'expression d'un Écrivain plaisant, que l'hiver vient passer son printemps avec nous.

XII.

IL y a une règle contre laquelle vous péchez trop souvent, quoiqu'elle soit très-facile à comprendre; je vais vous la faire concevoir par des exemples multipliés. « Plus un jeune-homme est sage, plus il est aimé et estimé de ses professeurs. Plus vous ferez de thêmes, mieux vous connaîtrez les règles de la syntaxe. Plus cet enfant sera attentif, plus il profitera dans l'étude des sciences qu'on lui enseigne. Plus on est dur à l'égard des pauvres, moins on est aimé et favorisé de Dieu. Plus une personne est vertueuse, plus elle est estimée des honnêtes gens. Plus on rend de services, plus on est heureux. Plus on fait d'heureux dans ce monde, plus on est estimé. Plus j'aurai d'arbres, plus je récolterai de fruits. Plus vous dépenserez d'argent à acheter des bagatelles, plus vous deviendrez pauvre. Plus nous avons d'amis, plus nous avons de services à attendre de nos semblables. Plus vous serez aimé et estimé de vos professeurs, plus votre condition sera agréable. Plus nous avons de science, plus nous sommes propres à remplir les places qu'on nous a confiées. »

XIII.

« MOINS on a d'argent, moins on est riche; et moins on a de richesses, moins on a de désirs. Moins vous serez riche, moins vous aurez d'envieux. Moins vous travaillerez, moins je vous aimerai et estimerai. Moins vous ferez de devoirs, moins vous aurez de science. Moins vous lirez les règles de votre syntaxe ; moins vous serez habiles. Moins vous jouerez , moins vous commettrez de fautes dans vos devoirs. Moins on est vertueux, moins on est heureux dans ce bas-monde. Nous sommes heureux à proportion que nous sommes bons. Moins souvent vous sortirez, moins vous aurez d'occasions de vous distraire. Moins vous lirez , moins vous serez estimés et favorisés. Cet ouvrage est d'autant plus mauvais, qu'il a perdu plus de jeunes-gens. Les jeunes-gens sont d'autant plus fous, qu'ils recherchent les mauvais ouvrages. Plus un ouvrage est mauvais , plus on est coupable quand on le lit. Les jeunes-gens qui n'ont pas honte de lire de mauvais livres, sont méprisés de tout le monde, et l'on conviendra qu'ils méritent d'autant moins qu'on les fréquente et qu'on les aime , que chacun à bon droit les regarde comme dangereux.

XIV.

Je ne saurais vous dire combien l'Empereur Antonin faisait cas du philosophe Epictète, et combien il éprouvait de plaisir à méditer ses ouvrages philosophiques. On assure que la lampe dont se servit ce philosophe pour composer ses œuvres, fut achetée après sa mort, trois mille drachmes, tant il était aimé et estimé de ses compatriotes ! Il ne tient qu'à vous d'acheter le Manuel d'Epictète ; il est de votre intérêt de le lire souvent pour devenir meilleurs. Je voudrais que vous n'eussiez rien tant à cœur que de rechercher des livres qui sont capables de former votre cœur à la vertu. Mais on peut assurer, sans craindre de se tromper, que, plus un ouvrage contient d'utiles préceptes pour bien vivre, moins vous êtes avides de le connaître. Epictète dont je vous ai parlé, naquit à Hiéropolis en Phrygie ; il n'est personne qui n'ait entendu parler de ce philosophe. Ses ouvrages sont écrits en grec ; on nous en a donné plusieurs traductions qui nous font concevoir la plus haute opinion du style de cet Ecrivain. Croyez que, plus vous lirez souvent les Anciens, plus vous profiterez dans la carrière des sciences qu'on vous enseigne.

XV.

VOUS n'ignorez pas que les écoliers diligents recevront, à la fin de l'année, des récompenses glorieuses ; il vous importe donc de travailler courageusement pour mériter ces prix qui ne sont réservés qu'aux jeunes-gens studieux. Qu'il sera doux de recevoir en présence de ses parents des couronnes de laurier ! Pour les obtenir, il est nécessaire que chacun redouble de zèle et d'efforts. Qu'une noble émulation enflamme vos cœurs. La gloire qui vous attend est assez belle, pour vous engager à user de tous les moyens qui vous ont été indiqués par ceux mêmes qui vous offrent des palmes glorieuses à obtenir. Les écoliers paresseux auront honte de leur négligence, quand ils verront les autres recevoir des couronnes ; mais ils seront contraints d'avouer qu'ils n'ont rien fait pour mériter des prix qu'on ne peut accorder qu'aux écoliers diligents et studieux. Je vous invite, tous tant que vous êtes, à préparer les armes avec lesquelles vous devez combattre, pour vous mettre en état de remporter la palme qui attend le vainqueur, et dont fort peu d'entre vous seront jugés dignes. Les plus grands personnages ont attaché infiniment de prix aux couronnes qu'ils eurent le bonheur d'obtenir étant écoliers ; combien ne devez-vous donc pas en attacher vous-mêmes à de telles récompenses !

XVI.

QUI n'a pas entendu parler de Néron, fils d'Agrippine ? Quel prince fut plus cruel que cet Empereur romain qui commença à régner à l'âge de dix-sept ans ? Qui pourrait ne pas détester tous les genres de cruauté, qu'il n'eut pas honte d'exercer envers ses sujets ? Si vous lisez sa vie, vous verrez combien il fut barbare, et combien il répandit de sang. Après avoir fait empoisonner Britannicus, fils de Claude, parce qu'il craignait que ce jeune prince ne montât sur le trône de son père, il fit périr sa mère Agrippine et tous ceux qui lui portaient ombrage. Que les peuples doivent s'estimer heureux, quand ils sont gouvernés par un prince sage et débonnaire ! Il y a, dira-t-on, peu de princes qui aient été vraiment équitables et portés à la douceur. Personne, il est vrai, ne doute que les Trajan et les Titus ne soient des princes auxquels on puisse comparer très peu de monarques ; mais nous savons qu'il existe des rois très semblables à Titus et à Trajan. Que le sort des peuples serait déplorable, si ceux qui les gouvernent ressemblaient à Tibère ou à Néron ! Ce dernier ne se fit pas moins haïr par ses débauches, que par sa cruauté. On le vit souvent se promener ivre dans les rues de Rome ; on le vit jouer publiquement sur le théâtre comme un vil histrion ; et, parce qu'il appréhendait qu'on ne censurât sa manière de jouer, il faisait placer des gardes autour de la salle. Les citoyens honnêtes ne pouvant supporter plus long-temps le joug affreux qui leur était imposé par Néron, formèrent le complot d'assassiner cet Empereur indigne d'un aussi beau nom. Le tyran qui savait que le sénat l'avait condamné à être précipité de la roche Tarpéienne, fut contraint à se poignarder lui-même, n'ayant pu trouver personne qui

voulût lui rendre ce service. Il mourut l'an soixante-huit
de J. C., à l'âge de trente-deux ans.

XVII.

A en juger, mon ami, par les devoirs que vous faites
tous les jours, on conviendra sans peine que vous êtes
aussi ignorant qu'on peut l'être. Vous êtes loin de connaître les règles que vous avez étudiées et récitées ; je vous
engage donc à les étudier et réciter de nouveau. Croyez
que, tant que vous ne connaîtrez pas les premiers principes de la langue latine, vous ne pourrez jamais composer correctement les devoirs qu'on vous donnera à
faire. Soyez persuadé que vous aurez également plus de
peine à traduire vos auteurs latins qui, eu égard à l'âge
où vous êtes parvenu, peuvent être considérés comme
très faciles à expliquer. Mieux vous connaîtrez les règles
de votre syntaxe, dans lesquelles consiste la connaissance des locutions et des tournures latines, plus vous
triompherez aisément de toutes les difficultés que vous
pourez rencontrer dans vos auteurs. Mais on n'obtient rien
sans peine ; l'Auteur de la nature a voulu que le plaisir
fût la récompense d'un travail opiniâtre : or nous savons,
tous tant que nous sommes, que le travail et la peine
vous effraient prodigieusement.

XVIII.

IL me serait difficile de vous exprimer combien nous
aimons et favorisons les jeunes-gens qui n'ont rien tant à
cœur que de satisfaire toujours ceux de qui ils reçoivent
d'utiles instructions. Que ne puis-je vous dire combien
nous les chérissons et les estimons ! Que ces jeunes-gens,

dont on ne peut s'empêcher de louer le zèle et l'exactitude, font de plus rapides progrès que ceux qui se mettent peu en peine que leurs professeurs soient satisfaits ou non ! Autant un écolier actif et diligent est aimé et estimé de ceux par qui il est instruit, autant un écolier paresseux et insouciant est haï et détesté d'eux. Cet enfant que vous voyez rire ici, et qui n'a pas honte de passer tout son temps à jouer, se repentira d'avoir négligé les moyens d'apprendre ; en effet, tous ceux qui n'ont pas reçu une très bonne éducation, quand ils sont parvenus à un âge mûr et qu'ils paraissent sur la scène du monde, ont coutume d'avoir honte de l'ignorance dont ils donnent sans cesse des preuves non équivoques. A les en croire cependant, ils ont fait leurs humanités dans des colléges dont ils ont oublié le nom, et ils ont appris des choses qui sont sorties de leur mémoire. Je vous exhorterai toujours à étudier, pendant que vous êtes jeunes ; car soyez persuadés que vous le voudrez en vain par la suite.

XIX.

Plus un homme a de mérite, plus on exige de lui, plus on le juge rigoureusement. Rien n'est tel que la médiocrité en tout : si l'on est riche, on excite l'envie ; si l'on est pauvre, on craint toujours de mourir de faim. C'est être bien fou, que d'enseigner la vertu, sans la pratiquer. Comme il est certain que, plus on est opulent, moins on est heureux, il vaut mieux manquer de richesses, que d'en posséder. Il y a des gens qui ont le malheur de n'être aimés de personne, ils ne le sont pas même de ceux qu'ils aiment ; d'autres, au contraire, ont le bonheur de se faire aimer de tout le monde et même de ceux qu'ils n'aiment pas. C'est vainement qu'on espère de se faire bien venir des autres, quand on cherche à prouver continuellement

qu'on l'emporte sur eux. La modestie n'est pas moins nécessaire que la médiocrité. Trop de richesses et trop de
jactance nous attirent la jalousie des méchants. Personne
ne possède assez de vertus, pour n'être pas forcé à se réprimer quelquefois. Plus on est élevé au-dessus des autres, moins on doit être indulgent envers soi-même, Un
homme d'esprit n'a pas plutôt obtenu des succès qu'on
lui dit : Soyez modeste. Mais que ne dit-on la même chose
à tant de sots qui sont si vains et si présomptueux? Ne
peuvent-ils s'empêcher d'être ridicules? Pour être sot,
est-ce à dire qu'on doive fatiguer les autres de ses sottises?

XX.

VOTRE père et moi faisons le plus grand cas des jeunes-
gens qui montrent un très vif désir d'apprendre ; nous les
favorisons autant que nous les estimons pour leur conduite.
Qui doute que le travail et l'application ne soient fort
nécessaires ? Quiconque ne travaille pas, offense Dieu.
L'homme est né pour s'instruire, la science est son
plus bel ornement, elle peut faire un jour sa con-
solation. Pour devenir savants, vous avez intérêt d'é-
couter paisiblement les explications fort utiles qu'on fait
en classe, au lieu de chercher les occasions de vous y distraire. Ceux qui ont coutume de nous écouter traduire
et expliquer à haute voix, font des progrès beaucoup plus
rapides que les écoliers que nous voyons ici rire et causer
pendant les explications. Vous serez aimés et favorisés de
nous, à proportion que vous serez attentifs et dociles. La
docilité et l'attention manquent à la plûpart des écoliers de
cette classe ; nous leur faisons souvent un crime de leur
légèreté insupportable. Qu'ils soient donc persuadés qu'on
ne peut devenir savant, si l'on ne profite et des instructions qui sont données par les professeurs, et des bons
conseils qu'on reçoit d'eux.

§. XXI.

Conseils de Charles, roi de Suède, à son fils Gustave.

SACHEZ, mon fils, qu'une couronne est bien pesante si l'amour des peuples n'en soutient une partie, plus que l'autre. Il est nécessaire qu'un prince pourvoie à tout par sa prudence et par sa bonté. S'il peut faire dignement quelque chose, qu'il ne le fasse jamais faire par ses lieutenants. Un prince ne doit avoir rien tant à cœur que de choisir pour confidents des hommes aussi sages que désintéressés. Il aura soin que des savants fassent, chaque année, le tour de l'Europe pour attacher à son service les personnes les plus renommées en toute sorte de professions. Il apprendra diverses langues pour aimer diverses nations, et pour se faire aimer d'elles. Il ne négligera rien pour acquérir beaucoup de connaissances par le moyen desquelles il discernera mieux le juste de l'injuste, le vrai du faux, et l'apparent du solide. Combien il lui importera de gagner tous les cœurs par sa douceur et par son humanité! Il ne lui sera pas moins avantageux d'assujetir sans cesse les hommes et les choses aux lois de son empire. Qu'il emploie toute son industrie à n'être ni trompé ni trompeur. Qu'il commence à se à dompter, pour être lui-même en état de dompter et de vaincre les autres.

§. XXII.

Suite.

LOIN de se rebuter du travail, il aura soin de s'y accoutumer insensiblement; et, s'il est sage, lorsqu'il aura utilement employé son temps à régler les affaires de royaume, il consacrera quelques heures de loisir à des amusements honnêtes. Que sa Cour soit, pour ainsi dire, le refuge des princes opprimés ; que son épée les venge des outrages qui pourraient leur être faits. Qu'il n'ait rien tant à cœur que de tendre une main protectrice à la veuve et de secourir l'orphelin. Qu'il n'entreprenne aucune guerre, qu'elle ne soit légitime. Lorsqu'on rendra de bons ou de mauvais offices à quelqu'un, il aura soin d'examiner avec attention par quel sentiment on est mu, la Cour étant ordinairement pleine de jalousies et d'artifices. Qu'il sache que le sang innocent répandu et celui du méchant conservé crient également vengeance. Les personnes humbles et timides doivent trouver en lui autant de protection, qu'il doit montrer de rigueur à l'égard de l'orgueilleux et de l'impudent. Plus il est élevé au-dessus des autres, plus il doit s'efforcer d'améliorer la condition de ceux qui lui sont soumis.

XXIII.

Suite.

Qu'il se souvienne qu'il ne lui importe pas moins, pour la conservation de son royaume, de récompenser les bons, que de punir les méchants. Qu'il prenne garde qu'on ne lui fasse jamais un crime de sa trop grande libéralité ; c'est avec précaution qu'il doit départir ses bienfaits. Qu'il regarde avec autant de mépris le flatteur que le traître, et qu'il fasse aussi peu de cas des inventeurs que des fainéants. Que sa bienfaisance, accompagnée d'une certaine familiarité, n'imprime que l'amour et le respect. Si on le force à sévir, il faut que sa colère produise la frayeur, et engage les méchants à se corriger. Il se donnera bien de garde de paraître inquiet ou chagrin, à moins qu'il n'ait le malheur de perdre un de ses fidèles serviteurs. Qu'il se rappelle que rien n'est plus odieux que l'imposture, et qu'elle mérite d'être punie plus sévèrement que toute autre faute. Bien loin de conserver quelque ressentiment, il sera accessible à tout le monde et porté à la clémence. Que la vérité soit reçue dans les lieux les plus retirés de son palais, d'où beaucoup de princes souffrent qu'elle soit bannie. Il est nécessaire de mettre des impôts; mais un prince doit être assez sage, pour n'en établir que quand il en est besoin, et assez bon, pour adoucir l'amertume des peuples qui en sont accablés.

XXIV.

Suite.

QUE dans sa Cour et dans ses armées, l'étranger n'éprouve aucun déplaisir; tant s'en faut qu'il ait à se plaindre du Souverain, qu'aucontraire il soit traité de même qu'un de ses sujets naturels. Comme rien n'est plus beau que l'union conjugale, qu'il chérisse son épouse autant que lui-même; qu'il mette tout son bonheur à lui plaire, bien loin de lui causer le moindre chagrin. Qu'il demande à Dieu des enfants aussi sages que vertueux: sinon, qu'il le prie de ne pas lui en donner. Si Dieu lui accorde un fils, qu'il lui fasse donner une éducation qui convienne à un prince; qu'il ait soin d'orner son cœur de toutes les vertus qui le fassent chérir du dernier de ses sujets. On aime toujours les princes, quand ils se souviennent qu'ils sont hommes. Qu'il fasse en sorte de choisir des personnes intègres et d'un accès facile pour administrer ses provinces; qu'il soit vraiment le père de ses sujets; enfin, qu'il mette tout en œuvre pour se conduire en tout temps de telle manière, qu'il se fasse aimer de tout son peuple, et qu'il soit avoué de Dieu en donnant à chacun des gages de sa prudence et d'une vertu sans tache.

XXV.

ADRIEN, douzième empereur de Rome, avait une telle
mémoire, qu'il savait très bien comment se nommaient
tous les soldats de son armée. On dit qu'il laissait croître
sa barbe pour qu'on n'aperçût pas quelques excroissances
de chair qu'il avait au visage. Si cette coutume fut suivie
par ses successeurs, ce n'était pas qu'ils eussent quelques
difformités à cacher, mais c'était par la raison qu'ils regardaient la barbe comme un ornement : en effet, quoi de
plus beau qu'une longue barbe qui imprime une sorte de
respect pour celui qui la porte? Adrien était tellement
accoutumé à la fatigue, qu'il faisait à pied, sans se las-
ser, les marches les plus pénibles. Il conclut la paix avec
les Parthes, non pas tant parce qu'il redoutait ces peuples
aussi belliqueux au dehors que corrompus au dedans, que
parce que son intention était de punir les autres ennemis
de l'Empire. Que ne marcha-t-il toujours sur les traces de
Trajan, son prédécesseur et son père adoptif, lequel était
aimé et estimé autant qu'homme du monde à cause de ses
vertus ! Ne pouvant supporter la vie, Adrien résolut de se
donner la mort ; mais on l'empêcha de commettre un
crime aussi horrible. Il mourut d'une dyssenterie, l'an
cent trente huit de J. C., à l'âge de soixante-douze ans,
après en avoir régné vingt-un.

XXVI.

MES amis, si vous voulez être heureux, je vous conseille de devenir aussi savants que vertueux. Il faut que la
science soit acompagnée de la vertu, sans laquelle il n'y a
pas de félicité sur la terre. Si vous me demandez lequel
des deux, un homme vertueux ou un homme savant, je

regarde comme le plus heureux, je ne craindrai pas de vous dire que je préfère la condition du premier à celle du second. On ne doit estimer la science, que parce qu'elle contribue à nous rendre aussi heureux qu'on peut l'être dans ce monde; mais sans la vertu, l'instruction ne saurait être regardée ni comme précieuse ni comme utile. Plus on est savant, plus on doit être modeste. Je sais bien que l'homme vraiment instruit ne se glorifie pas de ses talents; je sais qu'il rapporte à Dieu tout ce qu'il a d'instruction; mais, pour un vrai savant, il y a dans le monde cent demi-savants qui sont d'autant plus ridicules qu'ils sont plus bouffis d'orgueil. Faites vos efforts pour devenir doctes et habiles; mais, gardez vous d'oublier que la vertu est bien préférable à la science, quelque précieuse que celle-ci doive paraître à tous les hommes, et quelques efforts qu'on fasse ordinairement pour l'acquérir.

XXVII.

Si l'homme qui se plaît à médire fait craindre aux autres son esprit, il doit craindre à son tour le ressentiment de ceux qu'il n'a pas eu honte de déchirer. On a dit que les fous ne sont au monde, que pour donner des leçons de sagesse, et que, sans les fous, les sages ne pourraient vi. Qui doute que le repos le plus agréable ne soit celui qui s'achète par le travail et par l'exercice? Il est constant que, quand on ne fait rien, on apprend à mal faire. Bien des gens nous répètent qu'ils méprisent les richesses; n'allez pas vous imaginer qu'ils disent vrai, ce prétendu mépris vient souvent du peu d'espoir de les obtenir. Je ne permets à un homme de se louer, que quand il fait dans un autre l'éloge d'une vertu qu'il possède lui-même. Que de gens vont de propos délibéré s'ennuyer chez les grands pour pouvoir dire avec orgueil qu'ils s'y sont bien divertis.

Lorsque des hauts emplois contribuent à rendre un homme meilleur, je ne crains pas d'affirmer qu'il y a une certaine générosité à préférer les sollicitudes dont ils sont accompagnés, aux douceurs d'une vie paisible et modeste. Qui de vous n'a pas entendu parler de cet artisan qui se tua à Paris, parce que, n'ayant reçu aucune instruction dans sa jeunesse, il manquait de talent pour s'énoncer en public? Cette résolution, toute condamnable qu'elle est, ne prouve-t-elle pas de quel prix est l'instruction, et combien l'ignorance doit faire rougir ceux qui n'ont rien voulu apprendre?

XXVIII.

Qui ne sait pas que, plus un lieu est élevé, plus il est exposé aux tempêtes? On n'est jamais aussi ridicule par les défauts que l'on a, que par les belles qualités qu'on affecte d'avoir. On a raison d'assurer que, plus on a de livres, moins on a coutume d'en lire. Tel prodigue les conseils pour vous enseigner de quelle manière on doit vivre, qui ne donnerait pas un sou pour vous empêcher de mourir. Celui qui n'a pas honte de médire en secret, est capable de calomnier en public. La paresse compte fort peu d'avocats, bien qu'elle ait beaucoup d'amis. C'est se rendre complice d'une impertinence, que d'en rire. Quand on a écouté, le matin, la voix de la vertu, on peut mourir, le soir. Le cuivre a beau être doré, il n'est que du cuivre; il en est de même d'un fat, à mon avis; fût-il le chef d'un empire, il n'est qu'un fat. L'ambition qui n'est pas accompagnée de qualités réelles, amène tôt ou tard une disgrâce qu'on aurait évitée, si l'on avait eu moins d'ambition. Prenons garde de vouloir rire aux dépens d'autrui, car on ne tarderait pas à nous rendre la pareille. C'est avec raison qu'on nous recommande de ne rien faire dans le moment de la colère ; en effet, serait-il prudent de s'embarquer au milieu de la tempête ? Certains vieillards aiment à donner de bons préceptes, parce qu'ils ne sont plus en état de donner de mauvais exemples.

XXIX.

Un jeune-homme qui aime à se parer comme une femme, est indigne de la sagesse et de la gloire. La gloire n'est réservée qu'à celui qui sait souffrir la peine et fouler aux pieds les plaisirs. Que les dieux nous fassent mourir plutôt que de permettre que la mollesse et la volupté s'emparent de nos cœurs ! On sait que la jeunesse est présomptueuse et qu'elle croit n'avoir rien à craindre, qu'elle se garde néanmoins d'écouter les paroles trompeuses de la volupté. Avant de tomber dans le péril, il faut le prévoir et le redouter ; mais, quand une fois on y est, il ne reste plus qu'à le mépriser. Est-il un plus grand plaisir que celui que l'on éprouve à secourir la vertu malheureuse ? Les princes qui ont toujours été heureux ne sont pas dignes de l'être. Après avoir surmonté nos malheurs, ne les oublions jamais. Tout homme est grand à proportion qu'il est libéral ; il s'ensuit que, moins on est généreux, moins on est magnanime. Le mensonge est indigne d'un homme qui doit tout à la vérité ; et c'est offenser les dieux et la justice, que de parler contre sa conscience. Quand on a vécu de manière à n'avoir pas besoin de songer à la mort, on la voit venir sans en être effrayé, tant elle est rassurante pour les bons ! Le plus malheureux de tous les hommes est celui qui croit l'être ; car le malheur dépend moins des choses qu'on souffre, que de l'impatience par laquelle on augmente son malheur.

XXX.

PLUS on déteste la flatterie, plus on a de force pour vaincre ses passions. Heureux ceux qui sont contents d'une vie innocente ! Heureux ceux qui se plaisent à cultiver leur esprit par les sciences ! En quelque endroit que la fortune ennemie les jette, ils portent toujours avec eux de quoi charmer leur ennui. Que ne savons-nous, tous tant que nous sommes, combien il est agréable de jouir des plaisirs purs que rien ne peut enlever aux cœurs innocents ! Qu'on est malheureux, quand on l'emporte sur les autres hommes en crédit et en puissance ! On ne peut voir la vérité de ses propres yeux, on est environné de gens qui l'empêchent d'arriver jusqu'à celui qui commande ; chacun a intérêt de le tromper, on fait semblant de le chérir : mais on l'aime si peu, que, pour obtenir ses faveurs, on le flatte, on le trahit. Quiconque est capable de mentir, est indigne d'être compté au nombre des hommes ; et quiconque ne sait pas se taire, est indigne de commander. Faut-il que les hommes soient assez peu sages, pour dire, par vanité, ce qui n'est pas utile à dire ! L'avarice, l'ingratitude et la dissimulation sont trois vices qu'il importe de punir avec le plus grand soin ; on est bien à plaindre, quand on est dissimulé, ingrat ou avare.

XXXI.

IL y a beaucoup d'enfants dont le caractère est tout-à-fait aimable. On ne peut s'empêcher d'admirer leur ingénuité ; on les écoute avec plaisir parler, parce qu'ils sont pleins de saillies divertissantes ; on est charmé de leurs questions, et l'on y répond bien volontiers. Il faut convenir que les parents qui possèdent des enfants de cette sorte, sont aussi heureux qu'on peut l'être, il n'est personne qui n'envie leur sort. Mais j'avouerai aussi qu'il y a moins d'enfants doués d'un aimable caractère, que d'enfants nés pour le malheur de leurs parents. On sait que, tous tant que vous êtes, vous aimez les petites histoires; je vais vous raconter un trait d'ingénuité qui vous fera quelque plaisir. Un jeune enfant, nommé Alphonse, accompagnait sa mère qui allait rendre visite à différentes personnes qu'elle connaissait. Ils entrent dans une maison où ils allaient quelquefois passer la soirée; on les reçoit dans une salle où il y avait un perroquet. Le maître du logis, qui aimait beaucoup Alphonse, tenait alors le perroquet sur son doigt, il caressait et baisait le cher oiseau; le jeune enfant s'approche, et veut aussi le baiser. Il te mordra, dit le maître de la maison. Cependant il ne te mord point, reprit l'enfant. C'est qu'il me connaît. Eh bien! répliqua l'enfant, dis lui que je m'appelle Alphonse.

━━━━━━━━━━

XXXII.

Lettre d'un ami à son ami.

MON amitié pour vous étant aussi grande qu'elle peut l'être, je suis surpris que vous paraissiez en douter; je vous ai donné autant de marques d'attachement que qui que ce soit, et vous êtes bien ingrat, quand vous m'accusez de ne pas vous aimer. Je suis aussi peu artificieux qu'homme du monde; et vous pensez que je vous trompe, quand je vous assure que je vous aime et estime autant que qui que ce puisse être. Je vous ai écrit autant de lettres que j'en ai reçu de vous; et vous vous plaignez de ce que je ne vous écris pas. Je vois bien que vous voulez rompre le lien de cette tendre amitié qui nous unissait depuis plusieurs années. Vous êtes riche, il s'en faut bien que je le sois autant, mais du moins j'ose dire que je suis d'un aussi bon caractère que vous. Quelles que soient vos richesses, vous ne devez pas mépriser celui à qui vous avez toujours témoigné beaucoup d'affection; si vous avez honte de ce que je suis compté au nombre de vos amis, vous êtes indigne de mon attachement. Je sais que vous avez à présent beaucoup d'amis prétendus, parce que vous êtes devenu riche; mais, comme dit le proverbe, autant d'amis, autant de flatteurs. Pour moi, je ne connais point l'art de flatter; mais je sais aimer; et un véritable ami est beaucoup plus précieux que tous les trésors. Adieu, je suis autant votre ami que peut l'être un homme offensé.

XXXIII.

«Quand on se venge d'un petit affront, on doit craindre de recevoir de plus grands outrages. Nous ne jouissons de la vie, que quand nous aimons et secourons nos semblables. Que d'épines sur une seule rose! La vertu seule peut nous consoler des maux dont nous sommes accablés. Celui qui est tel qu'il paraît, fera ce qu'il a promis de faire. Que de personnes ne jugent des autres, que par les richesses qu'ils possèdent! Ce qui nous empêche de nous abandonner à un seul vice, c'est que nous avons beaucoup de défauts. Quand on a fait du bien à quelqu'un, on doit se mettre en garde contre sa méchanceté. Il y a des voies qui conduisent à tout, tant il est vrai qu'il n'y a rien d'impossible! et, si nous avions assez de fermeté, nous aurions toujours assez de moyens. C'est être véritablement honnête-homme, que de s'exposer sans cesse aux regards des honnêtes-gens. On dit que la faim regarde à la porte de l'homme laborieux, mais qu'elle n'est pas assez hardie pour entrer dans la maison; ce qui signifie que, quand on travaille, on est certain de gagner sa vie. Combien s'en faut-il que l'innocence trouve autant de protecteurs que le

COURS PRAT. (*Cinquième.*)   2

crime! Ce qui nous rend la vanité des autres insupportable, c'est qu'elle blesse la nôtre. De même que le charlatan décrie les remèdes d'un autre charlatan, pour pouvoir mieux vendre les siens ; de même la plûpart des Critiques disent du mal des ouvrages d'autrui, pour faire approuver les leurs ou ceux de leurs amis. Défions nous donc de la plûpart des Critiques. »

XXXIV.

Si l'usage n'avait pas attribué au lion le titre de roi des animaux, il me semble que la raison le donnerait au cheval. Est-il un seul animal qui soit plus noble dans ses inclinations ? Combien de services ne nous rend-il pas tous les jours ! et avec quelle libéralité ne semble-t-il pas les prodiguer ! Je n'en connais aucun qui soit plus frugal dans sa nourriture. Que de fatigues n'endure-t-il pas pour servir ou pour défendre son maître ! On sait qu'il n'est pas découragé par les plus longs voyages ; les fardeaux pesants, le pénible labourage ne sont pas capables de l'effrayer. Loin de se plaindre de son maître, il étudie sans cesse les moyens de le contenter ; il est toujours prêt à le défendre, quelques dangers qui les menacent tous deux. Tant s'en faut qu'il craigne les hommes armés, que le son de la trompette et le signal du combat ne servent, au contraire, qu'à ranimer son courage. Que cet animal est précieux ! Que nous devons l'aimer à cause des nombreux services qu'il nous rend ! Or qu'est-ce qui empêche que le cheval ne soit regardé comme le roi des animaux, puisque nous convenons qu'il l'emporte sur eux par ses qualités réelles ? Il me semble que, pour ce qui regarde cet utile animal, l'usage doit le céder enfin à la raison. Après le cheval, l'âne est celui qui nous rend le plus de services, et qui nous est le moins à charge.

XXXV.

CET écolier est doué d'une mémoire si heureuse, qu'il n'oublie aucune des règles qu'il a étudiées et récitées. Je vous prie de lui faire quelques questions auxquelles je ne doute pas qu'il ne réponde. Commencez: «Plus les Romains essuyaient de revers, plus ils se montraient courageux. Ce peuple avait trop de grandeur d'âme, pour se laisser abattre par les coups du sort. Si quelque nation brave avait le malheur de l'attaquer, il sentait bien qu'il était de son intérêt de lui résister avec d'autant plus d'opiniâtreté, qu'elle paraissait plus courageuse. Combien je suis fâché que vous n'ayez pas encore lu l'histoire romaine qui renferme beaucoup de traits d'héroïsme, qu'il est utile de retenir par cœur! Que ne lisez-vous, tous tant que vous êtes, après avoir achevé vos devoirs de classe? Malheur aux jeunes-gens qui n'aiment pas à lire! Ils paraîtront se repentir dans la suite d'avoir perdu tout leur temps à jouer. Ayant étudié vos leçons, vous pouvez employer le reste du temps des classes à lire de bons livres; mais, avant de faire la lecture d'un ouvrage, quel qu'il soit, ayez soin de demander s'il est bon à lire : car il y a tant de livres pernicieux, qu'on doit toujours être en garde contre ceux qui sont capables de corrompre le cœur et l'esprit. Combien il vous importe de suivre l'exemple de quelques-uns de vos condisciples, qui, au lieu de perdre leur temps, l'emploient à s'instruire! »

XXXVI.

QUI de vous ignore que Lycurgue donna des lois sévères aux Lacédémoniens ? Qui n'a pas entendu parler de sa sagesse ? Qui ne sait pas que ses lois avaient beaucoup de conformité avec celles de Minos ? On voulut le faire roi mais, comme il n'ignorait pas combien la royauté est un fardeau pesant, il refusa la couronne qu'on lui offrait. Il n'y a pas beaucoup d'hommes qui, à son exemple, demeurent simples particuliers, plutôt que de jouir des prérogatives attachées à la couronne. Lycurgue voulant prouver à ses concitoyens combien l'éducation est importante, fit élever deux petits chiens, dont l'un était nourri délicatement et à la maison, l'autre, au contraire, était exercé à la chasse. Un jour, les ayant fait amener tous deux dans la place publique, il mit, d'un côté, des viandes délicates, et lâcha, de l'autre, un lièvre. Ces deux chiens suivirent bientôt leur inclination ; le premier se jeta avidement sur la viande, le second se mit à courir après le lièvre. Alors Lycurgue s'adressant aux Lacédémoniens qui étaient présents : « Voyez, citoyens, leur dit-il, quelle est la force de l'éducation, de quelle manière elle nous entraîne, pour ainsi dire, malgré nous, soit vers le bien, soit vers le mal. Tous tant que vous êtes, pères et mères, apprenez par cet exemple que j'ai voulu mettre sous vos yeux, combien il vous importe de donner une bonne éducation à vos enfants. » Lycurgue vécut environ huit cents ans avant J. C.

XXXVII.

La bonne fortune dont nous jouissons et qui enfle nos cœurs, fait trop souvent, hélas ! que nous oublions notre première condition ; cependant le second état ne devrait pas nous engager à oublier le premier. La chenille que vous allez entendre parler, enseigne au papillon une morale dont les hommes n'ont pas honte de s'écarter trop souvent. « Vil insecte, disait le papillon à la chenille, dis moi donc de quel prix tu crois être. Après avoir savouré le thym, tu es assez hardie pour t'approcher encore de la rose et du lis qu'il ne convient qu'à moi de toucher ! » «Un tel langage m'étonne, reprit la chenille sensée ; si tu songeais à ta métamorphose, je doute que tu t'enorgueillisses à ce point. Ignores-tu que je te connais ? aussi je ris de ta sotte vanité, et, plus tu te montres fier, plus je te méprise. Tu fus ce que je suis, et, le mois passé, tu rampais sur la poussière. Si tu te souvenais de ton premier état, on pourait l'oublier ; mais tu es l'insecte le plus arrogant que je connaisse. Bientôt tu me verras voler ; mais, quand il me sera permis de caresser le lis et la rose, je ne serai pas si sotte, que d'oublier que je rampais auparavant.» Apprenez par cette fable, qu'il ne faut jamais s'enorgueillir, ni oublier sa première condition, quelle qu'elle ait été.

XXXVIII.

Adam avait résolu de se soumettre aux ordres du Créateur, par qui il avait été placé dans le paradis terrestre. Il était trop reconnaissant envers son divin maître, pour oublier un moment combien il lui importait et à son épouse de ne pas enfreindre la loi qui leur avait été imposée. « Chère compagne, dit-il un jour à Ève, ô toi que le Créateur a seule destinée à partager avec moi les délices de la nature, sans doute ce Dieu si libéral, qui a créé pour nous ce vaste univers, n'est pas moins bon que puissant. Il nous a tirés de la poussière, et nous a placés dans ce séjour délicieux où il nous comble de biens qu'on ne saurait assez apprécier ; seulement il nous a défendu de manger du fruit de l'arbre de la science ; il nous a menacés de la mort, si nous étions assez ingrats et assez téméraires, pour transgresser sa défense. O ma tendre amie, la loi que ce Dieu si bon nous a imposée, n'est pas bien difficile à observer ; craignons d'offenser sa puissance et d'outrager sa majesté. Je suis certain que tu ne voudras pas déplaire à celui de qui nous avons reçu, avec le présent de la vie, les bienfaits innombrables dont nous jouissons dans ce lieu plein de délices. Ce serait un grand crime, ô ma tendre amie, que de reconnaître aussi mal les dons que nous a prodigués le suprême Auteur de toutes choses. Obéissons, chère Eve ; notre obéissance fera notre gloire. »

XXXIX.

HENRI quatre passant par une petite ville de son royaume, des ambassadeurs vinrent au devant de lui pour le haranguer. Un d'eux ayant commencé son discours, fut interrompu par le braire d'un âne : Que chacun parle à son tour, dit malignement le roi : autrement, il me serait impossible de vous entendre. Un Général romain voyant ses soldats fuir, se mit à leur tête pour sauver leur honneur : Mon armée, dit-il, ne prend pas la fuite ; mais c'est son Général qu'elle suit. Le gendre de Cicéron était fort petit ; un jour qu'il portait une épée à sa ceinture, Cicéron l'ayant aperçu s'écria : Qui donc a attaché mon gendre à cette épée ? Un jeune-homme avait un tuteur fort sot et très méchant ; celui-ci lui demanda un jour à quoi il songeait : Hélas ! monsieur, reprit le jeune-homme, je songeais qu'à mon âge vous étiez un fort joli garçon, je crains de devenir au vôtre le personnage le plus ennuyeux. On demandait un jour à un plaisant pourquoi certain homme qui avait un long nez était presque sans barbe : Il ne faut pas s'en étonner, répondit-il, en effet il est impossible que la barbe fasse beaucoup de progrès à l'ombre d'un aussi grand nez. Boileau lut une chanson dans laquelle Bourdaloue crut être compromis. Le grand prédicateur se brouilla avec le fameux satyrique, et il lui échappa de dire : Si Boileau me met dans ses satyres, je le mettrai dans mes sermons.

X L.

Numa Pompilius naquit à Cures, ville des Sabins, le jour où Romulus jeta les fondements de Rome. Après la mort de ce prince, les Romains crurent qu'il était de leur intérêt de lui donner pour successeur Numa Pompilius qui était alors âgé de quarante ans, et qui passait pour un des hommes les plus vertueux; c'est pourquoi ils lui envoyèrent des ambassadeurs pour lui offrir la royauté. Ils s'attendaient qu'il l'accepterait avec plaisir, et qu'une pareille offre lui serait agréable. Mais Numa, loin de sourire à la flatteuse ambassade des Romains, refusa opiniâtrément le trône qu'ils lui offraient. Ce grand homme savait combien il est difficile de gouverner les peuples, et combien le diadême est un fardeau pesant. Les ambassadeurs lui demandant le motif de son refus : « Que je serais peu sensé, leur répondit-il, « d'accepter la couronne que vous venez m'offrir ! Je sais « que l'honneur dont vous me jugez digne est très grand, « mais je n'ignore pas aussi combien il est pénible. Plus « j'envisage les moyens que jai reçus de la nature, plus « je suis effrayé des difficultés que comporte l'art de régner « habilement. Comment pourriez-vous être satisfaits de « moi qui ne suis qu'un mortel, puisque Romulus, que « vous dites être né du dieu Mars, n'a pu remplir vos désirs? « En effet, combien n'a-t-il pas eu d'ennemis !

X L I.

Suite.

« Vous savez que Rome s'est accrue en faisant la guerre « à ses voisins : il n'y a pas de doute qu'elle ne songe à « étendre les bornes de son empire, car elle ne saurait « s'empêcher de porter envie à toutes les nations qui sont « plus puissantes qu'elle. Je vous conseille donc de cher-

« cher un roi qui n'ait rien tant à cœur que de faire la
« guerre à ses voisins. Si j'étais le vôtre, je ne cesserais de
« vous dissuader de déclarer la guerre à qui que ce fût ; je
« vous inviterais au contraire à ne chercher que ce qui pou-
« rait vous procurer la paix et l'abondance. Loin de vous
« applaudir de votre choix, vous vous repentiriez tous les
« jours d'avoir mis à votre tête un chef qui ne respire que
« pour la tranquillité ». Ce fut à-peu-près en ces termes
que parla Numa Pompilius, qui néanmoins ne put s'empêcher d'accepter la royauté qui lui était offerte. Il fut un
roi si bon et si sage, que les Romains ne parurent jamais
se repentir de l'avoir élevé sur le trône. Il mourut l'an
six cent soixante douze avant Jésus-Christ ; il avait régné
quarante trois ans, n'ayant passé aucun jour sans inspirer à
son peuple l'amour de la paix. Comme il avait défendu à
ses amis de brûler son corps, il fut enterré sur le mont Ja-
nicule avec un grand nombre de livres qu'il avait composés. Tant que le monde sera monde, la mémoire de Numa
sera chérie et respectée de tous les rois et de tous les
peuples.

<div align="center">~~~~~~~~~~~~</div>

XLII.

ADMIREZ combien est grande la fatuité de cet homme
que je rencontrai hier, comme je revenais de la place publique. Il portait beaucoup de volumes, et, bien que je le
connaisse à peine : Savez-vous, me dit-il, en m'abordant,
combien j'ai de livres dans ma bibliothèque ? Je l'écoutais
sans lui répondre. J'en ai six mille, ajouta-t-il, et il n'en
est pas un seul qui ne coûte fort cher, car vous devez savoir que les ouvrages se vendent d'autant plus cher, qu'ils
renferment de meilleures choses. Soyez certain, ajouta-t-il,
que je n'aurais pas acheté autant de livres, si je n'avais pas
été convaincu qu'ils fussent bons, et jamais je n'ai coutume de me repentir des achats que je fais. Tandis que ce

fat m'entretenais de ces inutilités, passa par là où nous étions un de mes amis qui l'avait connu à Bordeaux, et qui était revenu avec lui de Marseille à Paris. « Autant de paroles que vous entendez, me dit-il à l'oreille, autant de mensonges. Si vous l'écoutez plus long-temps, il vous dira qu'il est estimé et favorisé autant que qui que ce soit de ñotre auguste monarque, et personne cependant n'est en plus mauvaise réputation. Il raconte à tout le monde autant de mensonges qu'il m'en dit peu, parce qu'il sait combien je le méprise. » Ayant entendu mon ami parler ainsi, je me séparai du faquin, porteur de livres qu'il ne lira probablement jamais.

XLIII.

Un chien de berger, après avoir gardé fidèlement pendant le jour le troupeau de son maître, se retirait, le soir, dans son village. A peine eut-il atteint les premières maisons, qu'il vit tous les petits chiens sortir des cours et aboyer après lui ; mais feignant de ne pas entendre leurs clameurs insupportables, il poursuivit son chemin sans se mettre en peine des motifs qui les portaient à aboyer. Il arriva enfin devant la porte d'un boucher où un gros dogue lui témoigna combien il était surpris de ce qu'il souffrait aussi patiemment les insultes de tant de petits chiens : Faut-il que vous soyez assez bon, lui disait-il, pour ne pas réprimer l'insolence de cette canaille ! Faites leur voir que vous ne les craignez point ; car, si vous les laissez vous outrager impunément, à quoi tiendra-t-il qu'ils ne se conduisent d'une manière aussi insolente envers tous les chiens qu'ils verront passer ? Eh ! mon ami, que veux-tu que je leur fasse, répartit le chien pacifique ? Tant qu'ils ne me mordront pas, je t'assure que je conserverai mes dents pour combattre avec le plus d'ardeur qu'il sera possible les loups voraces qui viennent de temps en temps enlever les brebis de mon maître. Si vous me demandez lequel de ces deux chiens, le dogue ou le chien de berger, pensait le plus sensément, je vous répondrai que le second était mieux avisé que le premier. En effet, il est des gens qui sont tellement méprisables, quelques moyens qu'ils puissent avoir de nuire, que ce serait manquer à ce qu'on se doit à soi-même, que de repousser leurs attaques ou de réfuter leurs calomnies. Je suis persuadé qu'il n'est aucun homme sensé qui ne partage mon opinion.

XLIV.

LES écoliers voient avec peine arriver la fin des vacances. Il faut qu'ils aillent reprendre leurs travaux et qu'ils oublient tous les plaisirs dont ils ont joui dans la maison paternelle. Mais ne savent-ils donc point qu'on ne peut pas toujours jouer, et que les plaisirs sont d'autant plus agréables, qu'ils sont venus interrompre les travaux accoutumés ? Les enfants s'ennuient quand le jeu dure trop long-temps ; les récréations ont peu de charmes, si elles ne succèdent pas à l'étude. Plus on étudie, plus on aime l'étude ; et moins on travaille, moins on veut travailler. En un mot, les jeux paraissent divertissants à proportion qu'ils sont rares. Quel plaisir trouverait un gourmand à se nourrir de mets exquis, si on lui servait toujours les mêmes viandes ? quelque bonnes qu'elles fussent, elles lui deviendraient insipides. Il sentirait que, pour se régaler, il a intérêt de se faire servir de temps en temps des viandes communes. Il en est de même du jeu et des récréations qu'il faut nécéssairement interrompre quelquefois. De même qu'il serait dangereux de travailler sans relâche, de même il ne faut pas toujours se divertir. Je vous engage donc, mes amis, à reprendre votre ancienne

ardeur pour l'étude ; deux motifs doivent vous y porter : votre intérêt personnel , et le désir de satisfaire vos
parents qui auraient lieu d'être indignés , si vous ne pro-
fitiez pas de nos instructions.

XLV.

JE sais , mes amis, que les petites histoires sont loin
de vous déplaire ; aussi vous en raconterais-je beaucoup
plus , si je pouvais les farcir des règles que vous ignorez.
Voici un trait de générosité qui vous prouvera que les rois
ne sont pas aussi injustes qu'on voudrait nous le persuader , et qu'il s'en est trouvé quelques–uns dignes d'être
aimés et félicités. Un jour Casimir second, roi de Pologne ,
jouait avec un gentil–homme avare que la fortune ne favorisait pas beaucoup. Celui-ci perdait tout son argent, tandis que le roi gagnait sans cesse. Vous concevez bien que
le gentil–homme, qui aimait et estimait les richesses autant
que le monarque s'en souciait peu, maudissait le destin ,
qui, dans cette circonstance , lui était aussi contraire.
Qu'arriva-t-il ? il joua jusqu'à ce qu'il fût réduit au dernier
sou. Ayant vu qu'il ne lui restait plus rien , il s'emporta au
point qu'il eut la hardiesse de donner un soufflet au roi. On
le saisit à l'instant, puis on le condamna à mort sans l'entendre. Il allait être exécuté, lorsque Casimir ayant appris
cela révoqua la sentence en disant : La conduite de ce gentil–homme ne mérite pas un tel châtiment. Je conviens
qu'il est coupable à mon égard , mais est–il donc si étonnant que n'ayant su se venger de la Fortune, il ait maltraité
son favori ? Voilà de quelle manière se venge celui qui a
le pouvoir en main, lorsque le coupable semble mériter
qu'on ait compassion de lui, parce qu'il a péché involon-
tairement et sans être maître de sa raison !

XLVI.

QUE la vie est courte ! et de combien de tribulations n'est-elle pas remplie ! Puisque l'avenir ne nous appartient pas, jouissons du moment présent pour faire le plus de bonnes œuvres qu'il nous sera possible. Il faut mourir ; la mort, loin de paraître redoutable à ceux qui ont bien vécu, est un bien nécessaire et même très désirable. Les vieillards ont coutume de s'ennuyer d'une vie trop longue ; comme ils sont condamnés à souffrir, ils semblent préférer le trépas à une vie pleine de maux. Ah ! qu'il est souvent pénible de vivre trop long-temps sur la terre, surtout si l'on y manque d'enfants ou d'amis ! Malheur à celui qui jouit d'une vie trop longue ! Que de peines n'a-t-il pas à endurer, sans pouvoir les écarter ou les prévenir ! Un sommeil éternel est bien préférable à une vie agitée et malheureuse. C'est être bien fou, que d'espérer la vieillesse ; la vieillesse n'est pas accordée à tous les hommes ; combien y en a-t-il qui puissent se flatter d'y parvenir ! Tant s'en faut que je redoute la mort, ô mes amis, que je la regarde comme un asyle paisible où chacun oubliant les maux qu'il a ressentis, goûte en paix un bonheur que rien ne peut égaler. Je vous exhorte à songer souvent à la mort, rien n'est plus utile que cette pensée salutaire. L'idée du trépas, c'est-à-dire d'une vie beaucoup plus heureuse, nous engage, tous tant que nous sommes, rois et sujets, à expier nos péchés par des œuvres de miséricorde.

XLVII.

QUE les bons Orateurs sont rares ! Combien en voit-on qu'on puisse comparer à Cicéron et à Démosthène ! Qui-

conque, veut devenir orateur doit lire souvent Cicéron
dont les ouvrages seront admirés de tous les siècles. Qui
a mieux écrit que ce grand homme ? Qui ne connait pas
les plaidoyers célèbres qu'il composa, soit pour défendre ses
concitoyens, soit pour sauver la république en proie à des
factions criminelles ? Quand vous lirez les ouvrages de Cicéron, vous ne pourez vous empêcher de les admirer.
Aujourd'hui que vous avez trop peu d'instruction pour les
lire avec fruit, préparez vous à les comprendre un jour
par l'explication des auteurs qu'on a coutume de traduire
dans les classes avant les harangues de Cicéron. Admirez
le style de Cornélius et de Phèdre ; pour peu que vous
ayez de discernement, vous apprécierez les beautés dont
leurs ouvrages sont remplis. Mais que Cicéron l'emporte
sur eux tous ! Cicéron dont nous parlons est le plus grand
des orateurs de son siècle. Tout le monde sait que son
éloquence et sa prévoyance ne contribuèrent pas peu à
sauver la république qui était menacée par des scélérats in-
dignes d'être regardés comme citoyens romains. Que de
services ne rendit-il pas à sa patrie ! Etant consul, il dé-
couvrit la conjuration de Catilina, et l'ayant étouffée dès
son origine il mérita d'être appelé le père de la patrie. Il
eut pour ami Hortensius dont les harangues ont été per-
—dues. On dit qu'elles étaient loin d'être aussi admirables
que celles de Cicéron.

XLVIII.

Lettre d'un Fils à sa Mère.

Nous allons composer pour les prix dans quinze jours,
et j'espère, ma chère maman, que j'obtiendrai des succès,
cette année. Ne croyez pas que je veuille vous en imposer ;
si je ne remporte pas quelques prix, je vous promets de

faire au moins tous mes efforts pour les obtenir. Je sais combien papa et vous seriez charmés que je revinsse à la maison chargé de couronnes ; mais qu'il est difficile de l'emporter sur ses camarades ! Il n'y en a pas un seul qui ne soit plus avancé en âge que moi, d'où je conclus qu'il n'est pas aisé de les vaincre. Je n'ignore pas, ma chère maman, combien vous m'aimerez, combien vous m'accorderez vous-même de récompenses, si je suis vainqueur ; mais vous ignorez, de votre côté, combien j'ai de difficultés à surmonter pour faire mon devoir sans faute. Je suis si étourdi, que je ne m'aperçois le plus souvent que j'ai commis des fautes, que quand j'ai rendu ma copie, et alors il n'est plus temps de les corriger. Croyez néanmoins qu'il ne tiendra pas à moi que je ne sois le premier ou du moins le second de ma classe. Or, si j'ai le bonheur d'obtenir un prix, quelque mince qu'il soit, j'espère que vous voudrez bien m'emmener à la campagne où je m'amuse beaucoup plus qu'au collége. Que j'aurai de plaisir, si papa, vous et moi pouvons y passer six semaines, plus ou moins, comme vous me l'avez promis ! Je vais tâcher de mériter un prix, et je tiendrai de cette manière ma parole ; je compte, ma chère maman, que vous voudrez bien aussi tenir la vôtre.

<div style="text-align:center">~~~~~~~~~~</div>

XLIX.

Vous avez trop de jugement pour ne pas comprendre qu'on ne peut devenir savant qu'en étudiant avec le plus grand soin les règles si utiles de la syntaxe, lesquelles renferment tous les principes de la langue latine. Que je connais d'écoliers qui se mettent peu en peine de les bien étudier ! Aussi combien en voyons-nous qui profitent dans les sciences ! La plûpart ne sont pas plutôt sortis de la classe, qu'ils oublient les explications qu'on leur a faites sur les règles qu'ils ont étudiées et récitées. Quand ils sont arrivés à la maison, chez leurs parents, ils cherchent promptement les occasions de jouer, et ils seraient bien fâchés de quitter le jeu avant trois heures, en sorte qu'ils partent de la maison pour retourner chez leur maître, sans avoir même regardé la leçon qu'on leur avait donnée à apprendre. Il n'est donc pas étonnant que de tels écoliers soient toujours les derniers, et qu'ils ne fassent aucun progrès, car la science ne s'acquiert pas sans un grand travail. On en voit d'autres qui passent par chez leurs camarades et s'acheminent par des rues détournées, de façon qu'ils n'arrivent chez eux qu'une demi-heure ou même une heure après la sortie. Vous savez que toutes ces choses vous ont été reprochées cent fois; et vous ne devez point ignorer que des écoliers qui se conduisent ainsi, ne seront pas seulement menacés, mais qu'ils seront punis plus sévèrement qu'ils ne l'ont été jusqu'à ce jour.

L.

Un père voyant qu'il n'avait plus que quelques jours à vivre, fit venir près de lui son fils dont il était tendrement aimé; et l'ayant embrassé il lui adressa ces paroles qui ne s'effaceront jamais de mon esprit. « Il y a long-temps, mon cher fils, que je suis préparé à la mort; je ne l'ai point désirée, mais je l'attends sans la craindre, ayant toujours songé à mon salut. Hélas! mon fils, pour peu qu'on soit sage, on se gardera bien de compter sur cette vie passagère que la moindre des maladies peut nous ravir. Eh! que ferait-on sur la terre, si l'on ne devait espérer d'obtenir la félicité éternelle, et de jouir de la présence d'un Dieu rémunérateur? Je te laisse tous mes biens, mon cher fils, mais je prie le ciel de te les retirer, si jamais tu en fais un mauvais usage, ou s'ils doivent jamais te porter au crime; car, plus on est opulent, plus on a d'occasions de pécher. Ne manque pas de remplir très soigneusement les devoirs que t'inspire notre sainte religion ; rends tous les jours à Dieu l'hommage que chacun de nous lui doit ; après Dieu, chéris tes parents , aime sincèrement ta patrie , soulage le plus de malheureux que tu pouras, ne fais jamais aux autres ce que tu ne voudrais pas qu'on te fît , et j'aurai lieu d'espérer, cher enfant, que nos âmes réunies un jour dans la demeure céleste, jouiront ensemble d'un bonheur ineffable que l'Eternel promet à tous ceux qui le servent dignement. Reçois, mon fils, les derniers adieux d'un père mourant qui n'a aimé la vie, que pour faire ton bonheur. »

LI.

On dit qu'un filou entra, le soir, chez un marchand qui ne manquait pas de bijoux très précieux. Il avait aperçu dans la boutique deux flambeaux d'argent qui lui avaient plu ; son dessein était de les dérober. Il demanda au marchand des étoffes , sous prétexte de les acheter ; et , tandis que les garçons cherchaient les étoffes qu'il avait demandées , il s'entretient avec la marchande. Il faut, lui dit-il , que je vous raconte l'histoire surprenante de ce filou qui déroba devant plusieurs personnes deux flambeaux très semblables à ceux que je vois. Voici le tour plaisant dont il usa. La marchande qui était forte avide de nouvelles, le pria de s'asseoir pour raconter plus commodément l'affaire qu'elle était curieuse de connaître. Vous concevez bien qu'il se refusa à cette proposition obligeante. Après être entré en matière, le filou , pour représenter l'action qu'il avait vue , disait-il, pose son chapeau , prend les deux flambeaux , éteint les lumières, en disant que le voleur s'était servi de ce moyen. Ensuite, ajouta-t-il , il emporta les deux chandeliers. Notre historien les emporta

de même , et sortit de chez le marchand qui ne s'aperçut
de la ruse que le fripon avait employée , que quand il ne
fut plus temps de le rattraper.

~~~~~~~~~~

LII.

QUE les ouvrages de Cicéron sont admirables à lire !
Qui peut s'ennuyer en les lisant? Que cet écrivain a d'éloquence et de verve ! Que de sagesse on trouve dans ses
écrits ; c'est avec un plaisir toujours nouveau qu'on lit et
relit ses admirables ouvrages. Je doute qu'un philosophe
chrétien puisse enseigner aux hommes une morale plus
pure. J'avoue qu'il s'est trompé dans quelques-uns de ses
écrits. Mais il n'appartenait qu'à un dieu de prêcher une
morale sainte et sublime qui fût non seulement irrépréhen-
sible , mais encore admirable dans tous ses points. On
rapporte que Cicéron plaidant un jour pour Roscius que
l'on accusait de parricide , émut tellement ses auditeurs ,
qu'ils se levèrent tous pour l'applaudir. Si Cicéron peut
passer pour un des plus célèbres philosophes de l'antiquité,
il faut convenir du moins qu'il ne fut pas exempt de reproches dans le maniement des affaires de la république.
S'il n'avait pas favorisé César que les Romains avaient intérêt d'abaisser , Rome ne serait pas tombée dans la servitude sous laquelle elle gémit trop long-temps. Du reste
personne ne doute que Cicéron n'ait été aussi zélé pour
les intérêts de sa patrie , qu'habile dans l'art de discourir.
C'était l'homme le plus éloquent de son temps , et le citoyen le plus dévoué à son pays.

~~~~~~~~~~

LIII.

LE joug qui fut imposé autrefois aux Moscovites par les
Tartares était bien difficile à supporter. Le prince mosco-

vite était obligé de se prosterner aux genoux de l'ambassadeur tartare, et de conduire à pied devant cet ambassadeur le tribut que ses sujets payaient, tous les ans, aux Tartares, et qui n'était autre chose qu'une grande quantité de
peaux de bêtes et une grosse somme d'argent. Ce tribut
était suivi de l'ambassadeur tartare qui était à cheval, tandis que le prince moscovite marchait à pied, et donnait de
temps en temps du lait à boire à l'ambassadeur. Si par hasard il arrivait qu'une ou plusieurs gouttes de ce lait tom-
bassent sur le cou de son cheval, le prince moscovite était
obligé de le lécher. Peut-on concevoir rien de plus humiliant? Il était impossible qu'une semblable tyrannie
durât plus long-temps. Les Moscovites s'ennuyèrent à la
fin d'un pareil avilissement; et, pour y mettre fin, ils attaquèrent à main armée leurs ennemis, et les vainquirent.
Ils ne se servaient pas alors des mêmes habits que le reste
des hommes; car, au lieu d'habits de laine, ils étaient
vêtus de peaux. Ce qui prouve que la religion chrétienne
a été portée et enseignée à ces peuples, c'est qu'ils avaient
coutume de mettre dans la main de leurs morts un billet
de recommandation pour être par eux représenté à Saint-
Pierre ou à Saint-Nicolas, afin de pouvoir entrer dans le
séjour des bienheureux par leur intercession divine.

LIV.

Lettre d'un Père à sa Fille.

COMME j'ai lieu de croire que c'est avec le plus grand
plaisir, ma chère fille, que tu reçois les lettres de ton père;
comme je sais aussi que tu te plais à les relire, je t'envoie
la présente où tu trouveras quelques conseils utiles. Quand
un père écrit à ses enfants, il doit leur écrire, non pas tant
pour les satisfaire, que pour leur donner des avis; il est

donc de ton intérêt, ma fille, de conserver toutes les lettres qui te sont envoyées par ton père; ces mêmes lettres enseignent à une enfant qui manque encore d'expérience la manière de vivre dans le monde. Eh! qui n'a pas besoin de conseils pour éviter les dangers qu'on rencontre dans toutes les occasions de la vie? Le plus sage des hommes est si faible, qu'il est entraîné souvent par les mauvais exemples qu'il voit, et il commence à se repentir de son erreur, quand les remords viennent tourmenter sa conscience. Ta mère et moi t'engageons à fuir le péché qui est plus terrible que la mort; aime Dieu, ton créateur, et crois que la piété est bien plus nécessaire que la science. On doit préférer l'affaire importante du salut aux choses qui ne sont qu'agréables. On ne peut estimer ni favoriser un enfant qui, n'ayant pas honte de négliger les devoirs de religion, ne s'acquitte jamais bien de ceux qui lui sont imposés par ses maîtres. Tu demandes à ta mère et à moi les livres qui sont à ton frère, pour les lire dans le couvent; c'est à toi, mon enfant, de le prier lui-même de te prêter les volumes dont tu as besoin, et il est de son devoir de me les montrer avant de te les faire parvenir; en effet il est plus important qu'on ne croit de ne lire que des ouvrages qui portent à la vertu. Après Dieu, honore et chéris tes parens, et tu trouveras toujours en moi le meilleur des pères.

<div align="center">~~~~~~~~~</div>

LV.

DEVANT partir pour la Chine, il est à propos que vous connaissiez les coutumes de ses habitants. Ils sont assez fous pour croire qu'ils sont le peuple le plus ancien qui existe; aussi ont-ils la plus haute opinion d'eux-mêmes. Je ne saurais vous dire combien ils méprisent les Européens dont ils se défient tant qu'ils les redoutent. On prétend que les Chinois dont nous parlons, sont si lâches, qu'un

Européen, avec un bâton, met en fuite trois d'entre eux.
A en croire les voyageurs, aucune nation ne connaît mieux
l'art de tromper. Si l'on vous vend un chapon en ce pays,
on le pèse, et, pour en augmenter le poids, ces honnêtes
gens ne rougissent pas de lui remplir les entrailles de petits cailloux, ou bien ils vous vendent un chapon de bois
pour un véritable, car ils ont coutume de vendre la viande
rôtie : or le chapon de bois qu'ils vous vendront est peint
avec des couleurs si naturelles, et il est si semblable à un
vrai chapon, que le plus fin serait facilement induit en erreur. Si vous vous apercevez de leur fourberie, ils ne
paraîtront pas en avoir honte, et ils vous diront en riant,
que vous avez plus d'esprit qu'eux. Ce qu'on nous raconte
du peu de bonne foi de ces peuples n'empêche pas qu'on
n'estime avec raison les bonnes qualités dont ils sont
doués. Les savants sont honorés et estimés parmi eux autant qu'en aucun lieu du monde, et le monarque qui les
gouverne n'a rien tant à cœur que de les protéger, et d'encourager les sciences, le commerce, et sur-tout l'agriculture, le plus utile des arts.

LVI.

QUI pourrait dire combien la jalousie est funeste à
ceux qui en sont tourmentés ? C'est le propre du philosophe d'envisager le bonheur des autres sans se plaindre et
sur-tout sans le désirer. Un âne voyant combien son maître
aimait et caressait le chien de la maison, enviait le sort de
cet animal ; il voulait être aimé et caressé pareillement de
son maître. Mais qui peut caresser un âne dont on devrait
cependant priser les services plus qu'on ne fait ? Comment
disait notre âne ! on commettra donc toujours des injustices à mon égard ! Faut-il que ce chien, parce qu'il est
mignon et qu'il aboie nuit et jour pour troubler le repos

des humains, soit si heureux, qu'il passe toute sa vie dans l'appartement de mon maître! il en reçoit sans cesse des caresses, tandis que moi, qui suis beaucoup plus utile que lui, je n'ai pas même le bonheur d'entrer dans la maison. Que fait-il pour mériter cette faveur? Il présente la patte, et aussitôt chacun le baise. Il n'est pas difficile de faire la même chose. A peine notre âne eut-il parlé en ces termes, qu'il entre dans la maison. Son maître en le voyant se met à rire; l'animal devenu plus hardi s'avance, et lui pose le pied sur le menton. Le maître courroucé prend un gourdin, et chasse l'insolent baudet qui reconnut, mais trop tard, sa faute. Combien de baudets dans ce monde! Ils s'étonnent de ce qu'on ne les fête pas autant que les autres, et ils se plaignent du peu de cas qu'on fait d'eux. Insensés qu'ils sont! ne savent-ils donc pas qu'on ne peut s'empêcher de favoriser et de chérir ceux qui, par leur instruction, se font aimer et admirer, tandis qu'on méprise ceux qui n'ouvrent la bouche que pour se faire moquer d'eux?

LVII.

TEL jouit aujourd'hui d'un sort bien digne d'être envié, qui demain peut-être sera accablé de tant de maux, qu'il paraîtra digne de la commisération universelle. Combien de fois n'est-il pas arrivé que des malheurs inattendus ont précipité du faîte des grandeurs les hommes qui, parvenus aux plus grandes dignités, croyaient sans raison n'avoir rien à craindre du Destin! Pourquoi se trouve-t-il néanmoins des gens qui sont assez heureux, pour jouir de leur bonheur jusqu'à la fin de leur vie? Je conviens qu'ils sont très rares. Il y en a beaucoup plus qui ne sont pas aujourd'hui les mêmes qu'ils étaient hier. Quant à moi, je ne suis pas homme à briguer les faveurs de la Fortune volage; je sais combien cette déesse est inconstante, combien l'on doit peu compter sur ses faveurs; je sais qu'il arrive très souvent qu'elle nous ravit les biens dont elle nous a comblés, et qu'elle ne nous en laisse pas jouir long-temps. Ce que je vous conseille, c'est de ne jamais compter sur les présents de la Fortune; attachez vous plutôt à acquérir des biens solides, la science et la vertu, par exemple, qui sont des trésors que la mauvaise fortune ne poura jamais vous ravir, en quelque lieu que vous alliez. C'est néanmoins ce qu'on a bien de la peine à persuader aux jeunes-gens d'aujourd'hui. Il leur importe peu d'acquérir, ou non, des connaissances utiles; ils ne songent qu'à tuer le temps pour arriver plutôt dans la société, sans faire attention qu'étant aussi ignorants qu'ils ont coutume de l'être en sortant du collége, ils séront bafoués partout où on les rencontrera.

～～～～～～

LVIII.

ERASME, dont on lit les ouvrages avec tant de plaisir, fut regardé par ses contemporains comme le restaurateur de *la* langue latine. Tout le monde sait qu'il lut et étudia beaucoup les ouvrages des Ecrivains dont le siècle d'Auguste se glorifie. Ce qu'il admirait le plus, c'était le style de Térence dont les comédies passsent pour l'ouvrage le plus correct que l'antiquité nous ait laissé. Aussi trouve-t-on dans Erasme beaucoup de locutions qu'il a empruntées de Térence. Sa mémoire est vénérée de tous les savants; on admire la fécondité de son esprit en lisant ses colloques et son éloge de la folie, ouvrages qu'on ne peut s'empêcher de relire. Que de persécutions n'éprouva-t-il pas! On peut dire, que plus il eut de mérite, plus il eut d'envieux. Cependant Erasme était l'homme le plus aimable qu'on pût voir; sa modestie était aussi grande que son érudition. Il fut accusé d'impiété par certains moines dont il faillit devenir la victime. Les calomnies auxquelles ils eurent recours pour noircir sa réputation, lui causèrent beaucoup de chagrin ; mais ayant plaidé lui-même sa cause, il eut l'avantage de la gagner, tant il est vrai que l'innocence triomphe presque toujours des méchants ! Je vous conseille, mes amis, d'employer quelques heures de récréation à traduire les colloques d'Erasme ; cet ouvrage est un de ceux qu'on avait coutume autrefois d'expliquer à la grande satisfaction des écoliers ; il est plein de locutions charmantes qui ne permettent pas de douter que son auteur ne prît beaucoup de plaisir à lire Térence.

LIX.

Qui doute que les fables que nous lisons et étudions, ne soient la véritable histoire des hommes ? Personne n'ignore quelle est la férocité des loups ; cependant qui le croirait ? il y a des hommes qui n'ont pas honte de surpasser en cruauté ces animaux féroces. Dites moi quel loup fut jamais plus cruel que l'empereur Tibère. Est-il un tigre que Néron n'ait surpassé en férocité ? Ces deux rois sanguinaires ne parurent pas avoir honte de faire mourir tous les citoyens qui regorgeaient de richesses ; pour peu qu'on fût opulent, on ne devait pas douter qu'on ne fût égorgé par l'un ou l'autre de ces princes dont le nom est et sera détesté de toutes les générations présentes et futures. Qui a donné de grandes leçons aux princes et aux rois ? Esope qui passe pour l'inventeur des fables. Ce Sage naquit dans un bourg de la Phrygie ; le corps qu'il avait reçu de la nature était le plus difforme qu'on eût jamais vu. Il n'y avait personne qui ne pût s'empêcher de rire en le voyant passer ; mais il avait un esprit excellent qui fut admiré de tout le monde. Est-il quelqu'un qui ne soit persuadé que les qualités de l'esprit ne l'emportent beaucoup sur celles du corps, et qui ne mette celles-ci bien au-dessous de celles-là? Esope qui avait pitié de l'aveuglement des hommes, voulut corriger leurs défauts par de sages conseils, et par des fictions ingénieuses; c'est pourquoi il se mit à composer des fables que tous les savants lisent et étudient avec beaucoup de plaisir. Je vous conseille de les lire en grec plutôt qu'en français.

LX.

ON sait que Molière, le père de la comédie, était souvent d'un caractère fort gai; mais Chapelle n'était pas moins plaisant que son ami Molière. Un jour qu'ils retournaient tous deux à Passy dans un batelet, ils y trouvèrent par hasard un frère de l'ancien couvent situé dans ce village. Personne n'ignore combien grande était l'ignorance des frères de couvent. Nos deux poètes se mirent à parler devant celui-ci, tantôt de littérature, tantôt de philosophie : l'un soutenait le systême de Descartes, l'autre assurait que celui de Gassendi l'emportait. Peu s'en fallut que Chapelle, entraîné par la chaleur de la discussion, n'arrachât les cheveux à Molière ; de temps en temps il demandait au frère ce qu'il pensait de ses arguments. Le frère d'applaudir de même que s'il avait compris quelque chose. Molière, de son côté, s'attachait à réfuter les preuves de Chapelle ; puis il demandait au frère quel était son avis. Le saint homme inclinait la tête en souriant, de sorte que les disputants s'imaginaient qu'il était un très grand philosophe, parce qu'il approuvait leurs raisons. Ils ne furent pas plutôt arrivés à Passy, que le frère à qui il tardait de débarquer, prit honteusement sa besace qu'il couvrait d'un pan de sa robe. Alors Molière, sans faire semblant de rien, frappa sur l'épaule de Chapelle, et lui dit : Tu vois de quel prix est le silence.

LXI.

Nous irons bientôt en Italie, nous verrons les villes de Rome et de Naples. Après avoir séjourné deux mois à Naples et à Rome, nous irons à Turin, ville très belle ; nous passerons par Nice, nous coucherons à Alexandrie, et nous irons à Tortone, chez un de mes amis qui demeure dans cette ville. Nous partirons pour Milan, nous passerons par Crémone et par Mantoue, ville très ancienne ; nous sortirons de Milan, et nous nous rendrons à Padoue. Nous demeurerons quelques jours à Venise, chez un oncle qui séjourne tantôt à Venise, tantôt à Padoue, et nous irons à Vérone, où est né Cornélius Nepos dont vous expliquez les ouvrages. Que je suis désireux de voir les villes de Parme et de Gênes ! Nous passerons quinze jours à Gênes où nous avons un beau-frère qui, depuis qu'il est revenu de la Sicile, demeure dans cette ville qu'on appelle la superbe. En sortant de chez notre beau-frère, nous irons à Florence, qui passe pour une très belle ville ; nous verrons Livourne, et quand nous serons partis de la Toscane, nous irons dans la Sicile. Une de nos tantes demeure à Palerme, nous coucherons chez elle. Je la prierai de nous faire conduire dans les différentes îles de l'Italie, car nous voulons aller dans la Sardaigne, et voir sur-tout l'île de Corse. Quand nous aurons visité ces belles contrées, nous reviendrons en France, à Paris où nous sommes attendus dans six mois, et d'où nous nous rendrons dans les plus célèbres villes d'Allemagne, car nous devons aller à Vienne, à Munich, et chez le roi de Bavière, par qui les étrangers sont très bien accueillis.

LXII.

TELLE est la condition des gens de lettres, que la plûpart d'entre eux vivent dans la pauvreté. Tel fut le sort d'Homère, qui, pour gagner sa vie, parcourut les villes de la Grèce en chantant les vers admirables qu'il avait composés. Milton ne fut pas plus heureux que le divin Homère. On sait qu'il était aveugle et fort pauvre; il laissa à peine de quoi établir ses filles. Faut-il que l'homme de lettres et le savant soient réduits à un état voisin de l'indigence, lorsque tant de gens aussi ignorants que riches semblent par leur luxe effronté, insulter à la misère du savant et de l'homme de lettres! Tandis que le poète marche à pied, seul et rêveur, le médecin, par exemple, se promène dans un char élégant. Tandis que le premier compose dans une chambre obscure et presque nue, le second fait bonne chère ou va visiter ses malades que la nature guérit, si les remèdes ne peuvent le faire. Mais il suppose toujours qu'il les a guéris par son art qui lui rapporte beaucoup plus qu'on ne croit. Que celui qui veut s'enrichir embrasse la profession de médecin ou de banquier; mais s'il n'a rien tant à cœur que de se faire un nom, s'il est assez raisonnable pour préférer la gloire à l'argent, qu'il instruise par ses écrits, qu'il chante les louanges des héros, à moins que la nature ne lui ait refusé le talent d'écrire ou de faire des vers.

LXIII.

Lettre d'une Mère à sa Fille.

J'AI reçu, ma fille, le quinze du mois dernier, les deux ettres que vous m'avez envoyées. Déjà je vous accusais de négligence, et j'étais d'autant plus fondée à vous faire ce reproche, que je sais que vous perdez là où vous êtes le temps précieux de votre jeune âge. On m'a rapporté que vous ne faites que chanter et vous promener dans votre couvent, au lieu d'y employer votre temps à acquérir les connaissances utiles qui vous manquent. Quand commencerez-vous enfin à vous repentir de votre conduite que votre père et moi blâmons si souvent ? Je crois que, plus nous vous avertissons de vos fautes, plus vous êtes sourde à nos avertissements ; votre père ne vous a-t-il pas recommandé cent fois d'écrire plus correctement que vous ne faites ? Cependant, sans parler de votre orthographe qui est affreuse, votre écriture est telle, que nous ne pouvons la lire. Ayez soin, ma fille, de vous acquitter beaucoup mieux de tous vos devoirs et d'être plus économe de votre temps ; sinon vous me forcerez à prendre un parti dont les suites seront fâcheuses pour vous. Adieu, ma fille, songez à ce que je vous recommande, et soyez persuadée que je vous estimerai et favoriserai à proportion que l'on sera satisfait de votre conduite.

LXIV.

Après le cheval dont l'encolure et les inclinations sont si admirables, je ne crois pas qu'il y ait un animal plus parfait que le chien. Qu'il possède de qualités qu'on ne saurait trop louer ! Ne savons-nous pas que ce bon animal ne se croit heureux, que lorsqu'il peut servir et défendre son maître ? Que de services ne rend-il pas aux voyageurs qu'il accompagne partout, et au berger dont il conduit et protége les troupeaux ! Je pense que le chien, loin d'avoir des défauts essentiels, est doué au contraire des meilleures qualités. Qu'il est doux ! qu'il est obligeant ! Sans parler de sa frugalité, qui est digne de tant d'éloges,

quel attachement, quelle fidélité ne montre-t-il pas envers
ses maîtres ! il est toujours prêt à les défendre, même au
péril de sa vie. En effet, combien n'avons-nous pas vu
de chiens qui ont beaucoup mieux aimé périr de froid ou
de faim, que de permettre qu'on fît le moindre dommage
à leurs maîtres ! On peut assurer que les services qui nous
sont rendus par le chien et par le cheval, ne sont pas moins
diversifiés que leurs espèces. Mais, à dire vrai, je ne vois
que ces deux animaux avec lesquels on puisse faire un
engagement de cœur; aussi le proverbe dit avec raison :
l'homme, le cheval et le chien ne s'ennuyèrent jamais ensemble.

LXV.

LYCURGUE donna des lois à la ville de Lacédémone;
mais, comme ces lois n'étaient pas approuvées d'un certain jeune-homme qui avait Lycurgue en aversion, il eut
la hardiesse de donner au sage législateur un coup de bâton
dont il pensa le tuer. Les Lacédémoniens furent bien éloignés d'approuver cet acte de violence. A quoi tient-il que
vous ne preniez ce méchant garnement, dirent-ils à Lycurgue? Faites lui subir la punition qu'il vous plaira, qu'elle
soit proportionné au délit. Lycurgue, sans tarder, emmène
le jeune homme chez lui, et n'ignorant pas combien il est
doux de pardonner, il le traite de même que son propre
fils. Ce jeune-homme, qui s'attendait à être puni d'autant
plus rigoureusement, qu'il avait insulté celui qui avait fait
la loi, parut se repentir véritablement de sa faute : il fut
même si touché de la bonté de Lycurgue, qu'il résolut
de devenir aussi modéré que lui, s'il était possible. On
ne saurait dire combien le peuple fut étonné d'une telle
vengeance qui était toute autre qu'on ne l'avait cru. Mais le
jeune-homme, qui avait honte de sa conduite, dit au peuple

J'ai été plus puni que vous ne pensez, car, si le législateur m'avait fait mourir comme je m'y attendais, il est constant que je n'aurais souffert qu'un moment, au lieu que j'aurai à souffrir toute ma vie d'avoir outragé un homme qui mérite d'être aimé, admiré et estimé autant que qui que ce soit.

LXVI.

SOCRATE, fils d'un sculpteur et d'une sage-femme, naquit à Athènes l'an quatre cent soixante neuf avant Jésus Christ. Qui peut douter qu'il ne soit le plus célèbre philosophe de l'antiquité ? Il eut pour maître Anaxagore de qui il fut aimé et estimé autant qu'il pouvait l'être. Je vous conseille, Messieurs, de lire la Vie de Socrate ; vous verrez qu'elle est pleine de traits admirables. Il était aussi vertueux que savant ; il avait autant d'érudition que de sagesse. Pour moi je doute fort qu'il soit moins estimé que le juste Aristide dont on vante avec raison le désintéressement. Je conviens qu'Aristide était un citoyen recommandable par ses vertus. Je ne doute pas que les Athéniens ne fissent le plus grand cas de lui, mais il ne tiendrait qu'à moi de vous prouver que Socrate l'a emporté sur Aristide. L'un et l'autre n'ont eu garde de préférer l'or à la vertu, mais je ne puis m'empêcher de croire que Socrate avait plus de vertus qu'Aristide. Le premier enseignait à ses disciples une doctrine aussi pure qu'elle pouvait l'être ; il supportait aussi patiemment qu'il était possible les injures de son épouse, la plus méchante des femmes : le second n'avait rien tant à cœur que de bien mériter de son pays ; mais, si Aristide lui rendit beaucoup de services, les injustices que Socrate reçut de ses concitoyens ne l'empêchèrent pas de prendre quelquefois le commandement des armées pour défendre sa patrie qu'il aima et servit toujours avec le plus grand désintéressement.

~~~~~~~~~~

LXVII.

C'est à bon droit que la ville d'Athènes est appelée la mère des sciences; elle a produit, en effet, un très grand nombre de poètes et de philosophes dont les écrits seront lus et admirés tant que le monde sera monde. Mais le plus célèbre d'entre eux, à mon avis, fut Socrate dont je ne puis me défendre de parler, tant ce grand homme me paraît admirable! Son génie, sa vertu et son érudition furent tels, que l'oracle d'Apollon le jugea le plus sage des hommes. Si l'on consulte les historiens qui ont parlé de lui, on verra que sa modestie qu'on a vantée partout et qui est bien digne d'être admirée, était si grande, qu'il disait souvent qu'il ne savait rien. Cependant quel homme était plus savant que Socrate? Il était aussi docte que vertueux. Sa patience était telle, qu'il répondait en riant aux invectives de son épouse, qui était la plus méchante créature qu'on eût jamais vue. Socrate mérita autant d'éloges au dehors qu'au dedans; car, dans une guerre que les Athéniens eurent à soutenir, il ne montra pas moins d'habileté, que s'il avait toujours été à la tête des armées. Cependant qui le croirait? ô honte! ô déshonneur! ses ingrats compatriotes, oubliant combien il avait rendu de services à son pays, n'eurent pas honte de le condamner à mort. Mais avec quelle résignation ne souffrit-il pas une mort aussi injuste! Bien loin de se plaindre de ses juges, il pria les Dieux de leur pardonner leur funeste aveuglement.

~~~~~~~~~~

LXVIII.

J'ai lieu de croire que vous ne comprenez pas les règles qu'on vous donne tous les jours à étudier, puisque vous faites tant de fautes dans les devoirs français qui concernent l'application de ces mêmes règles. Vous devriez enfin avoir honte de votre ignorance qui est telle, que je ne puis plus la céler à vos parents. Qu'il est ridicule de croupir dans une paresse qui vous fera haïr de tout le monde ! Que n'étudiez-vous pour apprendre, et que n'apprenez-vous pour devenir plus savants que vous n'êtes ? Que je serais heureux, si la plûpart d'entre vous imitaient la conduite de ce jeune-homme si aimable, qui n'a tant à cœur que de mériter mes éloges et de contenter ses parents dont il sait qu'il sera aimé à proportion qu'il travaillera ! Au lieu de suivre son exemple qui est si louable, vous ne cherchez que les occasions de rire et de jouer ; bien plus, vous prenez à tâche de détourner du travail ceux de vos camarades dont on obtiendrait encore tant soit peu d'application, si vous ne les portiez pas à se distraire. Que résultera-t-il de cette conduite que je ne puis m'empêcher de blâmer ? c'est que vous sortirez de cette maison aussi ignorants que vous y êtes entrés. Combien le sort des jeunes-gens studieux est préférable au vôtre ! Ils sont autant estimés et favorisés, que vous en êtes méprisés et détestés. Vous craignez tous les jours les reproches que vous vous attirez pour votre peu d'application, au lieu qu'ils s'attendent chaque jour à recevoir des éloges ou des récompenses pour leur conduite qui est bien digne d'être imitée, et dont je ne manquerai pas de faire part tant à leurs parents qu'à leurs amis.

LXIX.

On prétend qu'il y avait un pays dont tous les habitants avaient le malheur de bégayer. Un voyageur vint à passer par cet endroit ; or, comme il n'avait pas le bonheur d'être bègue, il fut moqué de tout le monde. Jugez quelle fut sa surprise ! Comme il témoignait combien il était étonné que chacun se mît à rire en l'entendant parler, quelques-uns lui reprochèrent de parler d'une manière beaucoup trop distincte. Ecoutez nous discourir, lui disaient-ils ; tous tant que nous sommes, nous avons soin d'allonger toutes les syllabes, ce qui rend notre langage beaucoup plus gracieux que le vôtre; en effet, nous disons en deux heures ce que vous dites en vingt minutes. Il tardait à n, e voyageur d'entendre la fin de ce sermon ou plutôt de ce charivari, car ils parlaient tous à la fois. Dès que les harangueurs eurent fini, il se mit à rire à gorge déployée : assurément ils sont fous, se disait-il, de croire que leur bégaiement insupportable a de quoi charmer les oreilles de ceux qui les entendent ! Peu s'en fallut, dit-on, que nos bègues ne se fâchassent, car ils étaient persuadés qu'ils étaient les plus parfaits de tous les hommes, et que la nature les avait favorisés plus que tous les autres peuples de la terre. Quel est votre aveuglement, leur dit le voyageur ! Quoi ! vous êtes assez stupides pour vous moquer de moi ! Si un homme de votre nation s'avisait de parler quelque part, il serait le jouet de tout le monde. Ce peuple auparavant si orgueilleux parut alors avoir honte du défaut qui le charmait : pourquoi, disaient-ils tous, nous a-t-il privés d'une erreur qui nous rendait si heureux ?

LXX.

Il est, dit-on, fort difficile de décider lequel de ces deux animaux est le plus féroce, le tigre ou le lion. Les uns pensent que celui-là l'emporte en cruauté comme en force sur celui-ci ; les autres sont d'avis qu'il n'y a pas d'animal qu'on doive plus redouter que le lion. Je pense tout autrement que ces derniers, bien que je n'ignore pas combien le lion est dangereux et avec quel soin on l'évite par-

tout où on le rencontre. Il n'y a pas de doute qu'il ne soit
le plus courageux de tous les animaux : de là vient qu'il en
est surnommé le roi. Je sais qu'il les attaque avec une audace qu'on ne saurait concevoir, et qu'il est si fort, qu'il les
terrasse en les frappant de sa queue ; je sais aussi qu'après
les avoir renversés à terre, il les déchire à belles dents.
Cet animal est donc aussi redoutable qu'on peut l'être. Les
monstres les plus féroces, à en croire certains voyageurs,
sont si épouvantés de ses rugissements, qu'ils n'hésitent
point à prendre la fuite pour éviter sa fureur ; mais il arrive
le plus souvent qu'ils tombent dans ses griffes, en fuyant
par des sentiers connus où le lion les attend. Voilà tout ce
qu'on peut dire du lion ; parmi les animaux, il n'en est
aucun qui l'égale en force et en courage ; il est de l'intérêt
du voyageur d'éviter sa rencontre, parce que la faim lui
fait commettre des cruautés dont il ne serait peut-être pas
capable si sa faim était assouvie. Mais on peut assurer
que, quelque férocité qu'on lui prête, quelque redoutable qu'on le suppose, jamais il ne se jette sur une proie
qu'il n'y soit excité soit par des menaces, soit par une
faim violente. Il n'en est pas de même du tigre qui a soif
du sang humain. Le lion a plus d'une fois aperçu le voyageur traverser tranquillement la forêt, sans songer à lui
faire aucun mal : au lieu que la férocité du tigre est telle,
qu'il attaque les animaux sans avoir reçu d'eux la moindre
injure. Ce n'est pas non plus parce qu'il est pressé de la
faim, qu'il se jette sur les voyageurs tremblants ; car il lui
arrive de fondre sur eux à l'improviste, lors même qu'il
est repu du sang des animaux qu'il a immolés à sa rage.
Quelquefois il a la hardiesse de se mesurer avec le lion ;
mais celui-ci ne manque pas de le punir de sa témérité :
aussi le tigre se repent-il ensuite d'être entré en lice avec
un adversaire aussi redoutable. Pour moi, je ne pense pas
que l'homme ait d'ennemi plus cruel que le tigre. Quoique cet animal ait horreur de l'eau, si l'homme s'enfuit

dans la mer pour se soustraire à sa rage, il ne laisse pas
de le poursuivre jusqu'au milieu des flots où il le déchire
sans pitié.

~~~~~~~~~

LXXI.

UN père de famille chargé de biens et d'années voulut
partager d'avance sa fortune entre ses trois fils qu'il avait
eus d'une épouse chérie. Après avoir fait trois parts
égales : il me reste deux diamants, dit-il, que je destine
de tout temps à celui qui méritera de les obtenir par quelque action généreuse. Trois mois vous sont accordés pour
la faire. Les trois fils s'étant dispersés aussitôt, se présentèrent devant leur juge à l'époque marquée. Voici ce que
raconte l'aîné : Un étranger, sans me connaître, me confia
des richesses immenses ; je les lui ai rendues, dès qu'il
me les a eues redemandées. Cette action, mon fils, répliqua
le père, n'est qu'une action d'équité. Le second dit : Je
marchais sur le bord d'un gouffre, une jeune personne qui
s'y était précipitée allait perdre la vie ; à peine l'ai-je
aperçue, que je l'en ai tirée, et par ce moyen j'ai conservé
ses jours qu'elle était près de terminer. Ah ! dit le père,
je ne vois dans cette action que de l'humanité. J'ai trouvé,
dit le troisième, mon ennemi mortel sur le bord d'un
puits ; il dormait, j'aurais pu sacrifier sa vie à ma vengeance ;
mais, loin de songer à mon ressentiment, je l'ai éveillé
avec les précautions que j'ai crues convenables, et ses jours
ont été épargnés. Ah ! mon fils, s'écria le père, en le serrant
étroitement dans ses bras, c'est à toi que les deux bagues
sont dues, toi seul les as assurément méritées. Ce père ne
voyait avec raison rien au-dessus du pardon des injures ;
voilà en quoi consiste la vraie vertu ; c'était celle des Socrate, des Caton, des Marc-Aurèle.
~~~~~~~~~

LXXII.

UN enfant se plaignait un jour de ce qu'il ne manquait jamais de se piquer les doigts, toutes les fois qu'il lui arrivait de cueillir une rose. Faut-il que la Nature, disait-il, ait placé sur un buisson une fleur aussi belle ! Qui ne voit pas qu'elle est si difficile à prendre, qu'on aime beaucoup mieux y renoncer, que de courir le risque de se blesser dangereusement? Jeune étourdi, lui dit la rose, que signifie ce langage ? Ne sais-tu pas qu'il faut acheter le plaisir il exige de nous de la peine et des soins. Te dois-je l'éclat dont je brille et les couleurs dont la Nature m'a pourvue ? Si je suis assez bonne pour te les céder, permets du moins que je te résiste tant soit peu. Assurément l'enfant n'avait pas le droit de se fâcher de cette réponse ; cependant il parut d'autant plus irrité contre la rose, qu'elle cédait moins facilement à ses caprices. Il ne tint à rien qu'il ne prît un bâton pour abattre le rosier, tant il est vrai que les enfants trouvent toujours mauvais qu'on leur oppose la moindre résistance ! Il faut convenir que les plaintes et la mauvaise humeur de cet enfant étaient bien déplacées. Au lieu de se mettre en colère contre la rose, il devait écarter le plus adroitement qu'il aurait pu les épines par lesquelles elle était protégée. Mes amis, que vous enseigne cette fable, dont il ne faut jamais perdre le souvenir? elle vous enseigne que, dans ce bas-monde, on n'obtient rien sans peine, et que la Nature n'accorde ses dons qu'à ceux qui se donnent la peine de travailler pour en jouir.

LXXIII.

LES attraits de la vertu sont beaucoup plus puissants que ceux du vice ; autant celui-ci est odieux, autant celle-là est aimable. Les méchants s'ennuient à la fin de croupir dans le vice ; plus ils s'y abandonnent, plus il leur paraît hideux ; ceux , au contraire, qui pratiquent la vertu n'ont pas coutume de s'en repentir ; ils la pratiquent d'autant plus volontiers, qu'elle leur montre toujours de nouveaux appas. Polémon , jeune Athénien très débauché, entra un jour dans le lieu où Xénocrate enseignait la philosophie à ses écoliers, dans le dessein de se moquer du philosophe et de sa morale. Xénocrate, sans s'étonner, passa d'un discours à un autre, et parla si fortement sur la tempérance , que Polémon forma aussitôt le dessein de changer de conduite ; et en effet il devint un disciple si zélé de la vertu , qu'il ne but plus que de l'eau ; dans la suite on ne trouva personne qui ne fût plus digne que lui de succéder à Xénocrate ; ce fut ainsi que d'antagoniste outré de la vertu , il en devint à la fois le professeur et le modèle. Puisse un tel changement de conduite vous engager vous-mêmes à abandonner le sentier du vice , pour ne plus marcher que sur les traces des hommes vertueux ! Vous serez d'autant plus estimés, que vous aurez moins de vices ; et moins vous aurez de vices , moins vous serez tourmentés, moins aussi vous serez malheureux dans cette vie passagère. Mais qu'il y a peu de jeunes-gens aujourd'hui à qui l'on persuade facilement qu'il n'y a rien au-dessus de la vertu, et que , sans elle , il ne peut exister de parfait bonheur !

LXXIV.

TANT s'en faut que le Sauveur du monde soit né dans les palais magnifiques, qu'au contraire il a voulu naître dans une étable et dans la plus grande pauvreté ; mais, s'il n'est couvert que de haillons contre la rigueur du froid , s'il n'est réchauffé que par l'haleine d'un bœuf et d'un âne, le ciel annonce sa gloire et sa grandeur par des prodiges.

Des légions d'anges paraissent dans l'air; on n'entend que des concerts de louanges, enfin le ciel annonce à la terre que son Rédempteur est né. Des bergers frappés d'étonnement viennent adorer ce Dieu enfant; ils se prosternent devant sa crèche, ils ne voient rien dans Jésus naissant qui ne leur prouve sa divinité; ils ne sortent pas de l'étable qu'ils ne lui aient offert des présents, et qu'ils ne lui aient donné des marques de la plus grande vénération. Si l'on examine l'établissement de la religion chrétienne, on verra que Dieu s'est servi des faibles pour confondre les forts. On est détesté de Dieu, quand on est rempli d'un sot orgueil; en effet, Jésus-Christ n'a voulu naître dans la pauvreté, qu'afin de nous enseigner l'humilité; et cependant combien trouve-t-on de gens humbles! On méprise et on foule aux pieds les pauvres qui sont les membres de J. C.; l'orgueil est si profondément enraciné dans nos cœurs, que nous ne pouvons supporter la plus petite injure; et nous courons à la vengeance dès que notre amour-propre est tant soit peu blessé, au lieu de souffrir avec la grandeur d'âme qui nous convient les injures qu'on peut nous faire, quelque graves qu'elles puissent être.

LXXV.

Les leçons que vous devez étudier sont très nécessaires à retenir, pour peu que vous vouliez faire de progrès dans les sciences qu'on vous enseigne. Il vous importe à vous qui venez ici étudier les principes d'une langue bien belle, d'écouter les explications que nous ne manquerons pas de vous faire, parce qu'il nous importe à nous qui sommes vos maîtres, d'avoir soin que vous ne perdiez pas un seul moment de la classe à rire ou à jouer. Les écoliers qui ont intérêt d'avancer dans les sciences, auraient honte de perdre leur temps dont ils commencent enfin à connaître le prix. Interrogez les jeunes-gens qui paraissent se repentir de leur nonchalance passée, ils vous diront qu'ils savent aujourd'hui apprécier les moments qu'ils ont eu le malheur de perdre. Est-il rien qui soit plus précieux que le temps dont je vous vois cependant abuser ? Y a-t-il quelqu'un qui ne soit persuadé que le temps est irréparable, et qu'il est nécessaire qu'on l'emploie utilement ? Je n'aime et ne favorise que les enfants studieux ; ceux qui m'ont paru s'ennuyer de l'étude, ont toujours été détestés de moi. Etes-vous du nombre des écoliers qui ont résolu de commencer une nouvelle vie, et que je dois féliciter et récompenser, s'ils persistent dans leur résolution ? Je vous loue et vous félicite d'avance de ce nouveau projet, dont vous ne paraîtrez jamais vous repentir; et si vous le réalisez, comme je l'espère, j'aurai soin d'en informer vos chers parents : voilà la plus belle récompense que vous puissiez sans doute obtenir de moi, car vous n'avez rien tant à cœur que de donner du contentement à ceux qui n'épargnent rien pour votre éducation.

<div align="center">~~~~~~~~</div>

LXXVI.

Vous voulez devenir savant, mon cher ami ; rien n'est plus louable assurément que le désir d'apprendre, mais sachez qu'on ne devient pas savant sans travailler beaucoup. Plus il est glorieux de surpasser les autres par ses connaissances, plus il est difficile d'acquérir de l'instruction : n'oubliez pas que le temple de la Gloire est situé sur une montagne escarpée et bordée de précipices ; combien de gens désireraient entrer dans son sanctuaire, mais qu'il y en a peu, hélas ! qui y parviennent ! Faut-il donc s'en étonner, mon ami ? il n'est ouvert qu'à ceux qui, loin de redouter la fatigue, travaillent sans relâche pour y entrer. Il s'ensuit que beaucoup moins de gens pénètrent dans ce sanctuaire qu'on ne se l'imagine ; on en voit beaucoup plus qui rampent au pied de la montagne, qu'il n'y en a qui parviennent jusqu'au haut. Cette gloire n'est réservée qu'aux grands hommes, qu'à ceux qui sont doués d'un véritable courage. Les lauriers dont leur tête est couronnée, leur font d'autant plus d'honneur, qu'ils les ont cueillis avec plus de peine. Si vous voulez arriver un jour au temple de la Gloire, ne perdez pas un seul moment pour orner votre esprit des plus belles connaissances ; suivez les avis des personnes sages qui vous exhortent à passer le temps de votre jeunesse à étudier. Vous voudrez en vain réparer les instants que vous aurez perdus ; il n'est qu'un âge où l'on puisse apprendre : c'est celui où l'on n'est distrait par aucune occupation sérieuse, où l'on ne songe pas aux moyens de pourvoir à sa subsistance, à celle de sa famille ; où le cœur est exempt d'ambition, où l'on préfère l'honneur de remporter un prix sous les yeux de ses parents, et en présence de ses maîtres et de ses camarades, au plaisir d'amasser des richesses trop souvent funestes, ou d'occuper des emplois qui ne causent que du chagrin et des inquiétudes.

LXXVII.

Qu'ELLE est grande la joie de ceux qui pratiquent la vertu ! Peut-on la voir sans l'aimer ? peut-on l'aimer sans être heureux ? Quand on n'a pas senti combien les passions ont d'empire, on n'est pas encore sage, car on ne se connaît pas encore, et l'on ne sait pas se défier de soi. Il faut accoutumer de bonne heure les enfants à une vie laborieuse et frugale ; persuadés que toute volupté amollit le corps et l'esprit, nous ne devons jamais leur proposer d'autre plaisir que celui d'être invincibles par la vertu et d'acquérir beaucoup de gloire. Il ne faut pas faire consister le courage seulement à mépriser la mort au milieu des dangers, mais encore à fouler aux pieds de trop grandes richesses et les plaisirs honteux. Quel est le plus libre de tous les hommes ? On croira peut-être que c'est celui qui est près de terminer ses jours, parce que, la mort le dégageant de tous ses liens, et le délivrant de toutes les peines auxquelles la nature l'avait condamné dès son enfance, tous les hommes ensemble n'ont plus aucun pouvoir sur lui ; pour moi, il me semble que le mortel le plus libre est celui qui, en quelque pays qu'il soit, et quelle que puisse être sa condition, craint et sert le Dieu dont il a reçu tant de bienfaits. Un roi ne doit-il pas avoir plus de richesses et de plaisirs que le reste des hommes ? Oui, sans doute ; mais il doit l'emporter sur eux en sagesse, en gloire et en vertu. S'il est au dehors le défenseur de la patrie, en commandant les armées, au dedans le juge des peuples, pour les rendre meilleurs et plus heureux, il remplit les obligations que la Providence lui a imposées. Ce n'est pas pour lui-même que le ciel l'a fait roi, c'est aux peuples qu'il doit tout son temps, tous ses soins, toute son affection ; et il n'est digne de commander qu'autant qu'il s'oublie lui-même pour s'immoler au bien public.

LXXVIII.

Du temps que les bêtes parlaient, elles avaient les mêmes défauts que les hommes, mais elles étaient beaucoup plus raisonnables que nous ; elles s'appliquaient à copier nos mœurs, et vous allez voir par la fable suivante combien nous serions sages si nous nous attachions aujourd'hui à imiter les leurs. Un jour les bêtes parurent s'ennuyer de la liberté dont elles jouissaient, et voulurent se créer un roi. En conséquence on envoya des députés dans toutes les forêts de la république pour avertir les principaux d'entre les animaux de se rendre tous à l'assemblée le plutôt qu'ils pourraient; et on leur fit connaître en même temps qu'il s'agissait d'élire roi celui d'entre eux qui aurait fait voir le plus d'excellentes qualités. Tous les animaux sortirent donc avec joie de leurs retraites, et se rendirent le plus vite qu'ils purent au lieu où ils devaient s'assembler. A peine fut-il permis à chacun de dire son avis, que le Lion plus hardi que les autres, s'adressant à l'assemblée : Camarades, dit-il, en dressant sa crinière, je pense que le bruit de mes exploits est parvenu jusqu'à vous, et qu'ils vous ont assez fait connaître qui je suis et ce que vous pouvez attendre de moi. Aucun de vous n'ignore que je suis le plus courageux des animaux, et que les hommes me craignent plus que les autres. On sait combien je suis fort, et combien j'ai déjà terrassé d'ennemis. Paisibles sous mes griffes vous n'aurez plus rien à craindre, et nul ne sera assez hardi pour vous insulter. » « Nous savons très bien, répondit l'Ane, que vous êtes beaucoup plus fort que nous, et que les hommes se gardent bien de vous irriter; mais qu'il me soit permis de vous témoigner mes craintes qui sont plus fondées qu'on ne croit. Chacun se tut pour entendre parler l'Ane qu'on sait être le plus lâche des animaux.

~~~~~~~~

LXXIX.

Suite.

Sire Lion, vous aimez trop la guerre pour nous gouverner, et nous sommes trop amis de la paix pour vous donner le pouvoir suprême. Si vous étiez notre roi, né pour les armes, vous nous donneriez sans cesse des ennemis à combattre; le moindre prétexte suffirait pour vous engager à déclarer la guerre à tous les animaux, et nul n'aurait le loisir de manger et de s'ébattre. Ce n'est pas ce-
~~~~~~~~

pendant que nous ne voulions un roi brave , mais c'est que nous appréhendons fort que, si la guerre lui plaît tant soit peu , il ne lui prenne la fantaisie de tuer non seulement les animaux du dehors, mais encore ceux du dedans». L'Ane ayant ainsi parlé, le Buffle prit la parole. « Si vous voulez, dit-il aux animaux, un roi qui estime plus la paix que la guerre, choisissez moi, et soyez certains que vous vivrez toujours avec moi dans la plus grande tranquillité ; car je dis toujours en moi-même : moins on a d'ennemis et plus on a de repos. » Peu s'en fallut que l'assemblée ne criât déjà : Vive notre roi , lorsque l'Ours plus hardi répliqua de cette manière : « Seigneur Buffle, votre caractère doux et pacifique est ad- miré de toute l'assemblée. Nous ne doutons pas que vous ne fussiez un roi débonnaire ; mais avez-vous bien pris garde que nous ne sommes plus dans l'âge d'or ? Il est des guerres qu'on ne peut éviter , et l'on doit faire toutes celles qui ne sont pas injustes. Lorsque l'ennemi viendra nous attaquer , dites nous franchement si vous pourrez nous défendre. Vous êtes si facile et si bon, qu'un enfant vous mène par le nez, comme on voit en France quelques- uns de nos frères qui se laissent museler, et qu'on fait danser à coups de bâton et au son d'une musette criarde. » Le Buffle eut honte de ces reproches et se tut. Le Cheval s'étant imaginé que le sceptre lui serait donné, dès qu'il aurait fait l'éloge de ses vertus, harangua ainsi l'as- semblée.

LXXX.

Suite.

« JE suis aussi pacifique que le Buffle , mais faites atten- tion qu'il est moins guerrier que moi. Un lion , à la guerre, ne porta jamais plus de coups et ne tua autant d'ennemis que le cheval : d'où je conclus que , puisque j'ai seul autant de bravoure que tous mes compétiteurs ensemble ; et plus de qualités que pas un d'eux , je dois leur être préféré. » Que le Cheval fut sot, lorsque la Panthère qui l'avait entendu parler, lui répondit en peu de mots ! « A Dieu ne plaise que nous vous choisissions pour notre roi ! Vous vous laissez gouverner par les hommes ; tantôt on vous pique avec des éperons, tantôt on vous retient avec le frein, or comment pouriez-vous gouverner les animaux ? » Le Cheval n'ayant pas osé répliquer , le Renard parla de la manière suivante : « La politique est une des qualités les plus nécessaires à un roi, je l'ai étudiée toute ma vie ; elle me fut enseignée par mon père, qui savait mieux qu'aucun de vous combien cette vertu est utile chez les grands ; aussi n'ai-je pas oublié les leçons qu'il m'a données à ce sujet. Je pourais même vous citer bien des exemples qui vous prouveraient mieux que chose du monde que je n'ai jamais négligé un talent aussi rare ; celui qui le possède est donc le seul digne de vous commander : voyez maintenant, mes amis, qui vous choisirez ». « Que les princes qui ont de très petits états à gouverner, reprit le Lièvre , et qui ne peuvent les conserver que par des intrigues continuelles vous choisissent ; je le veux bien ; pour moi, il me semble que nous avons besoin d'un tout autre roi que vous ». Qui aurait jamais cru que le lièvre , étant aussi timide qu'il l'est, eût osé imposer silence au renard, qui est beaucoup plus fin que lui ?

LXXXI.

Suite.

LE Loup et le Singe disputèrent ensuite à qui ferait parade des plus belles qualités. Ils ne manquèrent pas de se vanter à l'excès ; ils firent même un si grand éloge de leur mérite, que l'Assemblée ne savait lequel des deux elle choisirait à la fin pour vider leur querelle. Cependant on prétendit que le premier était trop féroce pour gouverner, et que le second déshonorerait le trône par son peu de gravité. Ainsi ni l'un ni l'autre ne furent choisis. Le Dromadaire était resté le dernier. Il me paraît qu'il fut aussi désireux de régner que les autres animaux. Il s'avança d'un pas grave et lent. On lui demanda quels talents il avait pour être roi. « Si je l'étais, répondit-il, il est bien certain que j'aimerais mes peuples ; je n'ai d'autre talent que celui-là ». Cette réponse parut si sage à l'Assemblée, qu'elle lui accorda le diadème. On comprit que l'amour des peuples renferme toutes les vertus nécessaires à un Souverain. Le Lion chercha bientôt querelle au Dromadaire ; comme il était le plus fort, celui-ci lui céda les marques extérieures de la royauté, et ne se réserva que le privilége de régner sur les cœurs. Depuis ce temps-là, le Lion a toujours passé pour le roi des animaux. Vous vous doutez bien que ceux-ci n'osèrent pas le dépouiller d'un honneur qui semblait lui appartenir. Quiconque aurait été assez téméraire pour le lui disputer, aurait appris à ses dépens que la loi du plus fort est toujours la meilleure. Il fut même complimenté par tous les animaux ; les uns le firent par la crainte de s'en faire haïr ; les autres, par l'espérance de s'en faire aimer. De tous les princes qui sont appelés à gouverner, il n'en est pas qui soit plus digne de monter sur le trône, que celui qui regarde ses peuples comme ses enfants.

LXXXII.

Tandis qu'on s'occupe de mille soins, on arrive insensiblement à la vieillesse ; ce serait alors qu'on aurait le droit de jouir de ses travaux au sein d'une douce tranquillité, mais les maladies sans nombre qui viennent nous assaillir

nous empêchent de goûter le moindre plaisir. Pour avoir
le triste avantage de vivre long-temps dans ce bas-monde,
qu'il nous en coûte cher, et que la vie est courte encore ! A dire vrai, il semble que l'homme ne soit né que
pour souffrir. A peine existe-t-il, qu'il pleure ; il gémit et
pleure encore lorsqu'il voit arriver le trépas, qui cependant met un terme à tous ses maux. Pour moi, je
pense que l'on pourait comparer la vie à une mer sur laquelle nous voguons tous tant que nous sommes ; il faut
tôt ou tard y faire naufrage ; c'est même par ce naufrage
que l'on arrive au port désiré. Il ne faut donc pas regarder
la mort comme une calamité, puisqu'elle nous délivre de
tous les maux, et qu'elle fait espérer à ceux qui ont bien
vécu, une félicité à laquelle rien ne peut se comparer.
Ceux qui font des réflexions sérieuses sur les misères de
la vie présente, ne soupirent qu'après le moment fortuné
où, dégagés des liens du corps, ils devront commencer une
vie nouvelle pour ne la finir jamais. Mais la vie heureuse
que nous attendons et que nous devons espérer, ne sera
que la récompense d'une vie sainte ; si donc nous voulons
mourir de la mort des justes, il est nécessaire que nous
vivions saintement comme ils ont vécu. Voilà une maxime
vraie dont beaucoup de gens ont bien de la peine, hélas !
à se pénétrer.

LXXXIII.

Lorsque César Auguste, après la bataille d'Actium,
c'est-à-dire après avoir triomphé de Marc-Antoine, fit
son entrée triomphante dans Rome, parmi ceux qui vinrent
le féliciter de sa victoire, il se trouva un artisan qui tenait
en main un corbeau à qui il avait enseigné ces paroles : Je
vous salue, César vainqueur, Empereur. César étonné
acheta vingt mille pièces d'or cet oiseau qui lui faisait

d'aussi beaux compliments. Le compagnon de cet artisan, lequel n'avait point eu part à cette libéralité, dit à César qu'il avait un pareil corbeau. Le prince le fit apporter, et quand l'oiseau fut près de César, il répéta ce qu'on lui avait enseigné, c'est-à-dire, je vous salue, Antoine, Empereur, vainqueur. Quoique ce compliment ne fût point pour César, il ne s'en fâcha pas ; seulement il ordonna que l'un et l'autre maître des corbeaux partageassent entre eux ce que le premier avait reçu. Cet exemple engagea quelque temps après un cordonnier à instruire également un corbeau qu'il avait apprivoisé ; mais, comme celui-ci n'avançait guère, son maître lui disait souvent : J'ai perdu ma peine et mon temps. A la fin le corbeau commença à répéter : Je vous salue, César. Auguste l'ayant entendu en passant, dit : J'ai chez moi assez d'autres complimenteurs. Le corbeau qui se ressouvint alors des plaintes de son maître, répliqua : J'ai perdu ma peine et mon temps. César ne put s'empêcher de rire, et il fit acheter cet oiseau plus cher qu'il n'avait acheté les autres.

<div align="center">~~~~~~~~~</div>

LXXXIV.

La connaissance des langues que l'on vous enseigne ici, Messieurs, est tellement nécessaire, que, sans elles, on ne peut jouir du plaisir de lire les ouvrages des savants. Vous n'ignorez pas que l'on n'obtient rien sans peine ; il faut donc que vous opposiez aux difficultés qui pouront se rencontrer dans vos études, un travail et une application continuels. Quel homme est jamais devenu savant sans s'être appliqué beaucoup ? Ne savez-vous pas que la victoire qu'on remporte après plusieurs combats, est bien plus glorieuse que celle que l'ennemi nous a abandonnée et qui ne nous coûte presque rien ? Vous ne devez donc pas vous rebuter des obstacles que vous rencontrerez dans le cours de vos humanités. Figurez-vous au contraire que votre triomphe sera d'autant plus illustre que vous aurez surmonté plus de difficultés. Cette connaissance des langues que vous venez étudier ici, vous ouvrira les trésors des savants qui vous invitent à venir partager avec eux leurs richesses. A qui importe-t-il plus qu'à vous, Messieurs, qui êtes jeunes et avides d'instruction, de puiser des trésors qui l'emportent beaucoup sur les biens et sur les plaisirs de ce monde, avantages frivoles qu'on a la sottise d'ambitionner ou de rechercher, quoiqu'ils ne laissent ordinairement après eux que des regrets amers ? Je me flatte que vous allez redoubler d'ardeur pour acquérir les connaissances qui vous manquent, et par lesquelles on se distingue toujours, en quelque pays qu'on soit, et quelques richesses qu'on possède.

LXXXV.

Jeunes-gens qui êtes avides de gloire, le jour de votre triomphe va bientôt arriver. Contemplez les nobles récompenses qui vous attendent à la fin de la carrière ; c'est à vous de les mériter par une application soutenue : en effet, elles ne sont réservées qu'au savoir et à la bonne conduite. Que les palmes sont glorieuses à obtenir ! mais qu'il faut de persévérance pour les mériter ! N'allez pas croire qu'elles vous seront distribuées, si vous ne faites pas tous vos efforts pour vous en rendre dignes. Ce à quoi je vous engage, jeunes-gens, c'est à travailler aujourd'hui plus courageusement que vous n'avez fait jusqu'à ce jour. Il vous importe plus que vous ne croyez d'apporter la plus grande application à vos devoirs ; les succès de la fin de l'année dépendent de ceux qu'on a obtenus pendant le cours de l'année entière. Combien de fois ne vous ai-je pas conseillé de redoubler d'efforts pour nous contenter ! Combien de fois ne vous ai-je pas représenté qu'on n'obtient rien dans le monde sans peine ! L'expérience d'ailleurs vous a convaincus de cette vérité. Il est donc nécessaire que vous mettiez tous vos soins à remplir scrupuleusement jusqu'à vos moindres devoirs. Soyez persuadés que, si vous le faites, vous réussirez toujours; car on vient à bout de tout avec le travail et la persévérance. Vos chers parents ont les yeux fixés sur vous; ils jouissent d'avance de vos triomphes à venir : or, puisqu'ils espèrent que vous sortirez vainqueurs de la lutte qui va s'engager, craignez, je vous prie, de ne pas combler leurs vœux et leurs espérances.

LXXXVI.

QUAND on fait le bien, on doit prendre garde que celui qu'on secourt ne s'en aperçoive. J'ai lu quelque part qu'un pauvre qui avait passé deux jours entiers sans manger, était tombé d'épuisement et de fatigue sans pouvoir se relever. Un jeune-homme qui vint à passer par là en eut compassion ; et, sans faire semblant de rien, il jeta un écu aux pieds de ce malheureux. Le pauvre, qui était alors accablé de sommeil ne put voir quel était son bienfaiteur, à quel généreux mortel il devait le secours inattendu qu'il venait de recevoir. Celui-ci qui savait combien il lui importait de ne pas se montrer, se tenait de loin, et de temps en temps jetait sur le pauvre quelques cailloux dans l'intention de le réveiller; mais le sommeil du pauvre était trop profond, pour en être tant soit peu troublé. Cependant, ayant entendu le bruit d'un chariot qui vint à traverser la rue, il se réveilla en sursaut, et voyant un écu devant ses pieds, il ne fut pas peu surpris d'être devenu tout-à-coup aussi riche qu'il se le paraissait.

Je ne saurais vous dire avec quelle sollicitude il chercha de tout côté son bienfaiteur qui, craignant d'abuser trop long-temps de l'anxiété du pauvre, se présenta à lui, et le pria instamment de recevoir ce faible don. Autant la reconnaissance du pauvre fut sincère, autant la joie du jeune-homme fut pure et vraie. Combien se trouve-t-il aujourd'hui de jeunes-gens disposés à suivre un aussi bel exemple !

LXXXVII.

On rapporte que deux Religieux qui voyageaient, partirent de Nîmes, pour aller à Dijon. Chemin faisant, ils passèrent par un hameau où ils voulaient dîner ; mais étant entrés dans plusieurs maisons, ils n'y trouvèrent que des enfants, parce que tout le monde était allé travailler aux champs, d'où l'on ne devait revenir que sur le soir. Vous jugez combien ces Religieux étaient embarrassés ; la situation où ils se trouvaient était d'autant plus pénible, qu'ils mouraient de faim et de soif. Lorsqu'ils se furent long-temps promenés dans le hameau, ne pouvant rien trouver qui leur convînt, et ne rencontrant personne qui pût leur donner à dîner, ils usèrent d'un stratagême bien innocent pour obtenir par adresse ce qu'ils n'avaient pu obtenir par prières : en effet, les enfants auxquels ils s'étaient adressés jusqu'alors, leur avaient répondu qu'ils ne pouvaient rien leur donner sans l'agrément de leurs parents. Ils entrèrent dans l'une de ces maisons où ils avaient déjà trouvé deux petits garçons avec leur sœur ; et s'adressant à l'aîné des trois : Mon ami, lui dirent-ils, nous voudrions bien que tu nous donnasses quelque chose à manger, car nous mourons de faim. Nous n'avons rien, leur répondit l'enfant. Pourais-tu du moins, lui dirent nos

Religieux, nous prêter une marmite? Nous ferions un
peu de soupe, et, pour la faire plus promptement, nous
ne te demandons que de l'eau et un caillou. Les enfants
surpris de cette nouvelle manière de faire de la soupe,
s'empressèrent d'apporter à ces bons Religieux la marmite,
l'eau et le caillou qu'on leur demandait.

<hr>

LXXXVIII.

Suite.

ON mit la marmite au feu, et bientôt on vit l'eau
bouillir avec force, car on n'avait pas épargné le bois.
Les enfants à qui il tardait de goûter la soupe dont on
leur avait parlé, découvraient de temps en temps la marmite pour voir si le caillou était cuit. Après l'avoir inutilement sondé plusieurs fois, ils le trouvèrent plus dur
que l'acier, bien qu'il eût bouilli plus d'une heure entière.
Il parurent enfin s'ennuyer d'attendre plus long-temps,
et étant allés trouver les deux Religieux qui récitaient leur
bréviaire à l'ombre d'un tilleul, ils leur dirent que le
caillou ne cuisait point, et que le bouillon qu'ils avaient
goûté était tout-à-fait semblable à de l'eau. Un des
deux Religieux leur dit qu'il aurait fallu jeter dans la marmite une poignée de sel pour amollir le caillou. Ils le firent
aussitôt; et quelque temps après ils goûtèrent le bouillon,
qui leur parut un peu meilleur qu'auparavant. Allez maintenant, leur dirent les Religieux, allez jeter dans la marmite
un morceau de beurre avec cette poignée d'herbes que
nous avons coupée dans votre jardin, et soyez persuadés
que nous mangerons de bonne soupe. En effet, peu de
temps après qu'on eut mis le beurre et les herbes dans la
marmite, on goûta pour la troisième fois le bouillon qu'on
trouva excellent. Les bons Pères ayant coupé du pain, en

firent une soupe qui parut aussi bonne qu'elle pouvait l'être. Lorsqu'ils l'eurent mangée, et que leur estomac fut bien garni, ils remercièrent les enfants, et leur ayant fait cadeau du caillou miraculeux, ils poursuivirent leur route. Quand on connut cette aventure dans le village, on en rit beaucoup, ce qui ne fit pas rire les trois enfants qui avaient été dupes de nos pélerins.

LXXXIX.

Lettre d'un Père à son Fils.

Je ne sais, mon fils, pourquoi vous m'écrivez aussi rarement. Je ne puis deviner quel est le motif d'une aussi grande négligence. Je crains que vous ne soyez tombé malade, car quelle autre raison vous empêcherait de m'é-crire ? Vous ne devez pas ignorer combien vous m'êtes cher ; c'est pourquoi j'aime à me persuader que vous ne cesserez de répondre à ma tendresse pour vous. Délivrez moi de mon inquiétude, qui est aussi grande qu'elle peut l'être. Plus vous m'écrirez promptement, plus votre lettre me sera agréable. Il y a trois mois que je n'ai reçu aucune de vos nouvelles. Que ces trois mois m'ont paru s'écouler lentement ! Que j'ai passé de nuits pendant lesquelles je n'ai pu fermer l'œil ! Que ce silence ait été volontaire ou non, c'est ce que je ne sais point ; mais j'oublie le passé à condition que vous réparerez votre faute par des lettres fréquentes. Mandez moi sur-tout si vous faites des progrès dans la carrière des sciences qu'on vous enseigne là où vous êtes. Il me tarde de savoir si vous êtes des premiers de votre classe. Je sais combien vous êtes peu studieux ; vos professeurs vous ont toujours fait un crime de votre paresse et de votre dissipation ; il est temps enfin de songer à la nécessité de travailler pour pouvoir acquérir des connaissances précieuses, sans lesquelles on se fait toujours mépriser de tous ceux qui nous connaissent. Ecrivez moi donc au plutôt, mon cher fils, et mandez moi comment vous vous portez, et si vous travaillez de manière à contenter vos Supérieurs.

X C.

UNE fourmi était tombée par mégarde dans un ruisseau. L'eau coulait si rapidement, que le pauvre animal ne pouvait regagner le bord. Que va faire cette malheureuse fourmi ? Si Dieu n'a pitié d'elle, sa mort est assurée. Déjà elle avait fait d'inutiles efforts pour sortir de l'eau, quand elle fut aperçue d'une colombe qui était perchée sur une branche de peuplier. La colombe ayant compassion de la fourmi, détacha le plus vite qu'elle put un rameau léger qu'elle jeta dans l'eau. Ce n'était pas sans raison qu'elle espérait que la fourmi pourait s'en servir pour se tirer du mauvais pas où elle était engagée ; ce fut ce qui arriva en effet. La fourmi, à l'aide de cette branche, gagna la rive, et, de cette manière, échappa au péril le plus imminent. Elle n'ignorait pas qui lui avait rendu ce service signalé ; et elle désirait qu'il lui fût bientôt permis de le payer avec usure. Tandis qu'elle se séchait au soleil, elle aperçut un chasseur qui, le fusil en main, se disposait à tuer la colombe. Persuadée qu'elle ne trouverait jamais une occasion plus favorable de prouver à sa bienfaitrice combien elle lui avait d'obligations, elle courut vite à cet homme et lui piqua le talon. Le sentiment de la douleur qu'il éprouva, donna lieu à un mouvement subit qui fut aperçu de la colombe ; celle-ci s'envola avec d'autant plus de promptitude, que le danger était plus grand. — Si vous obligez, on vous obligera ; mais, pour rendre un service à un autre, n'attendez pas toutefois que vous en ayez reçu un de lui.

XCI.

DENYS l'Ancien, tyran de Syracuse, fut haï et méprisé à cause de ses vices. Il poussa la tyrannie à un tel point, que tout le monde l'avait en horreur. On sait qu'il était fils d'Hermocrate, et que, de simple greffier, il devint général des Syracusains. Après avoir déclamé contre les anciens magistrats, il les fit déposer, en fit créer de nouveaux et se mit à leur tête, l'an quatre cent cinq avant Jésus-Christ. Il fut presque toujours en guerre avec les Carthaginois. Ceux-ci ayant pris la ville de Géla, les Syracusains se soulevèrent contre lui ; mais le tyran les réprima, et donna ordre que tous les Carthaginois répandus dans la Sicile fussent massacrés. Denys voulait passer pour savant, et sur-tout qu'on crût qu'il n'y avait pas de poète plus habile que lui. Voulant être admiré et félicité de chacun, il fit venir à sa cour les poètes et les philosophes les plus distingués ; mais tant s'en fallut qu'ils vantassent l'esprit et les talents de Denys, qu'au contraire ils se moquèrent de lui. Plus le tyran croyait que ses ouvrages étaient bons, plus ils les trouvaient mauvais ; cependant, comme ils craignaient d'attirer sur eux sa vengeance implacable, ils faisaient quelquefois semblant d'approuver des vers qui n'étaient rien moins que bons, car Denys voulait passer pour aussi grand poète qu'habile guerrier ; mais quelques éloges qu'on lui donnât, il trouvait qu'on ne lui en donnait jamais assez, tant il était superbe et vain ! Son impiété égalait sa cruauté. On sait qu'il dépouilla la statue de Jupiter de son manteau d'or, et qu'il n'eut pas honte de le remplacer par un manteau de laine, en disant que le premier était trop chaud pour l'été, et trop froid pour l'hiver.

XCII.

QUELQUE peine que vous vous donniez pour changer le plomb en or, vous ne réussirez jamais. C'est une folie, que de perdre son bien en fumée; c'est faire preuve d'ignorance, que de s'imaginer qu'on peut transformer les autres métaux en or ou en argent. Si les lois punissent ceux qui passent leur temps à souffler des charbons et qui se vantent de posséder le secret du grand œuvre, c'est qu'ils sont ordinairement des fripons qui n'ont rien tant à cœur que de faire des dupes. Ce qui prouve évidemment qu'ils ne savent pas l'art de convertir la boue en argent, c'est qu'ils sont toujours gueux et misérables. Il y a dans le monde de ces vagabonds qui cherchent à s'insinuer dans les bonnes grâces de quelque homme riche et surtout avare. Ils ne manquent pas de lui parler d'abord des philosophes qui ont traité de la transmutation des métaux. L'avare écoute ce discours avec une joie secrète; mais il paraît douter que les métaux les plus vils puissent se transformer en or. Alors l'adroit fripon auquel il a affaire le fait jurer de ne pas trahir son secret; car, dit-il, si le ministre savait que je suis capable de changer la poussière en or, il n'y a pas de doute qu'il ne me fît renfermer pour me contraindre à révéler mon secret. L'avare, après avoir juré, demande qu'on fasse devant lui l'expérience, ce qu'il obtient de suite. Le fripon alors réclame un peu d'argent pour acheter des soufflets et un bassin, ensuite un peu d'or pour le mêler avec le plomb. Tout lui est accordé non sans peine; après quoi, il verse de l'eau bénite sur les charbons et sur le bassin comme pour chasser le démon; enfin, prétextant qu'il a besoin de sortir, il s'enfuit avec tout l'or qu'on lui a prêté.

XCIII.

Que l'avarice est une chose méprisable ! Mais, si ce vice est honteux chez les particuliers, combien n'est-il pas plus blâmable chez les princes ! L'histoire rapporte qu'un certain Pythius régnait en Lydie, et que, comme il y avait beaucoup de mines d'or dans ses petits états, il obligeait ses sujets à y travailler jour et nuit, sans leur donner aucun relâche. Sa femme qui avait, dit-on, beaucoup plus d'esprit que lui, et dont le cœur était plus humain que celui de son mari, avait pitié de ces pauvres gens; mais comment corriger le monarque ? Elle ne doutait pas que la chose ne fût des plus difficiles : en effet, il est rare de voir quelqu'un devenir tout-à-coup libéral d'avare qu'il est. C'était avec beaucoup de chagrin qu'elle voyait que, plus son mari amassait de richesses, moins il voulait en dépenser; il craignait même de s'en servir pour acheter les choses les plus nécessaires. Ce prince faisait consister tout son plaisir à enfermer son or et son argent dans de grands coffres dont il n'avait garde de confier la clef à personne. Un jour donc que Pythius était allé à la chasse, et qu'il en était revenu avec une faim dévorante, la princesse, son épouse, lui fit servir pour son dîner des plats remplis de pièces d'or et d'argent. D'abord ce prince, qui ne se doutait pas du projet de la reine, fut charmé de voir autant d'or, et passa quelques minutes à le regarder complaisamment; cependant, comme cette vue, quelque agréable qu'elle pût être, était loin de remplir son estomac, il pria sa femme de lui faire servir quelque chose à manger, car l'exercice de la chasse lui avait donné un violent appétit.

XCIV.

Suite.

La reine de Lydie répliqua en ces termes : « Je vous ai fait servir les mets que je savais vous être les plus agréables et les plus chers ; j'étais loin de penser qu'une chose que vous prisez autant, pût ne pas flatter votre goût et satisfaire vos désirs. A quoi donc, je vous prie, vous servent tous vos trésors, si, les possédant, vous vous laissez mourir de faim et de soif ? Quant à moi, je vous assure que je ferais beaucoup plus de cas d'un plat de lentilles, lorsque j'ai faim, que d'un coffre plein d'or. Si du moins vous ne craigniez point d'y toucher, et que de temps en temps vous vous servissiez de vos trésors pour subvenir à vos besoins et pour faire des aumônes, je me donnerais bien de garde de blâmer votre conduite ; mais, comme je vois que, bien loin d'y toucher, vous craignez même d'ouvrir les coffres qui les renferment, de peur d'être tenté d'en prendre quelque chose, je ne puis m'empêcher, eu égard à l'intérêt que je vous porte, de vous faire connaître non seulement quel est votre aveuglement, et combien est grande la douleur que j'en ressens, mais encore combien il vous importe, à vous roi, tant pour votre gloire particulière que pour celle de toute votre famille, de quitter un penchant si honteux, que tous les gens de bien l'ont en horreur. » Ainsi parla cette reine sensée. Son discours fit tant d'impression sur l'esprit de Pythius, qu'il lui fit changer de sentiment et de conduite. En effet il parut, dès-lors, avoir honte de son avarice au point qu'il devint, dit-on, dans la suite aussi libéral qu'il avait été avare auparavant. Jugez combien cette princesse se sut bon gré de l'artifice auquel elle eut recours pour corriger son mari de son avarice insatiable.

XCV.

Tant que vous n'étudierez pas les règles de votre syn=
taxe, tant que vous composerez vos devoirs sans consulter
la Table des matières de votre grammaire, laquelle vous
renverrait à la règle dont vous auriez besoin, vous ne pouvez pas espérer de faire des progrès dans les sciences. Que
vois-je tous les jours? des écoliers jouer en travaillant.
Ceux-ci prennent plaisir à voir une mouche voler, ceux-là
ont la hardiesse de tenir conversation en classe; les uns
fabriquent des mots latins pour enrichir la langue des Romains, qui leur paraît trop pauvre, les autres cherchent, à
la vérité, les mots qu'ils ne savent pas, mais ils referment
leur dictionnaire avec tant de précipitation, qu'ils ont oublié le mot qu'ils avaient cherché, avant de l'écrire. Leur
paresse est telle, qu'ils ne veulent pas se donner la peine
de rouvrir leur dictionnaire pour chercher ce mot une
seconde fois, quoiqu'ils sachent bien qu'ils ne s'en souviennent plus. Il en est beaucoup d'autres qui, sans se
mettre en peine que le mot qu'ils ont trouvé soit bon ou
mauvais, ferment leur dictionnaire, persuadés qu'ils ont
trouvé le mot qui leur était nécessaire; et souvent ce mot
ne convient nullement au sens de la phrase à traduire; le
premier qu'ils lisent leur semble toujours le meilleur.
N'allez pas croire qu'ils se fatigueraient à lire une demi-
page pour trouver le véritable mot dont il leur importerait
de se servir; ils n'auraient pas assez de temps pour jouer.
Est-ce donc ainsi que travaillent des jeunes-gens qui ont
intérêt de faire des progrès dans l'étude des belles-lettres?
Ce qui me fâche, c'est qu'il y en a parmi eux qui, nés
pour les sciences, auraient pu briller un jour dans le
monde par la variété de leurs connaissances.

* 4

XCVI.

Auguste ayant fait prisonnier Andiatorigès, le fit conduire à Rome avec sa femme et ses enfants, et ordonna que le père fût mis à mort avec l'aîné de ses deux fils. Les bourreaux qu'on avait chargés de cette horrible commission, demandaient quel était l'aîné des deux frères. Tous deux répondirent en même temps : Je suis le plus âgé, c'est moi qu'il faut faire mourir. C'était ainsi que l'un voulait conserver les jours de l'autre. Ce pieux combat ayant duré long-temps, l'aîné des deux frères se laissa vaincre enfin par les larmes et par les instances de sa mère qui, espérant tirer plus de secours de l'aîné, consentit, en sanglottant, à la mort du plus jeune. Quelle fut la douleur de cette malheureuse mère, qui, voyant son mari sur le point de perdre la vie, et ne pouvant sauver ses deux enfants à la fois, exhorte le plus jeune à se sacrifier pour son frère aîné! Un exemple aussi rare de l'amour le plus tendre entre deux frères, fut admiré même des ennemis de cette famille infortunée; car Auguste ayant appris ce beau trait de dévouement, ne se contenta pas de verser des larmes stériles sur l'action de l'enfant qui s'était volontairement dévoué à la mort, il fit encore venir à sa cour ce trop généreux frère, le combla d'honneurs et de caresses, rendit à sa mère l'époux dont elle devait être séparée; et, devenu plus humain qu'il ne s'était montré d'abord, il répara, autant qu'il était en lui, la barbarie de son procédé. Ce trait admirable fait plus d'honneur aux deux frères qui voulurent se sacrifier l'un pour l'autre, qu'à Auguste qui ne fut humain, dans cette occasion, que parce qu'un aussi noble dévouement aurait attendri les cœurs les plus durs.

XCVII.

Les affaires d'une république, quelque petite qu'elle soit, sont d'autant plus difficiles à conduire, qu'on les croit plus aisées. Il arrive souvent que ceux qui ont en mains les rênes de l'État, ne sont nullement dignes de le gouverner, tandis que ceux, au contraire, qui fuient le rang suprême, méritent le plus qu'on le leur défère. Un jour qu'Alexandre-le-Grand passait par la ville de Sidon, les habitants le prièrent de leur choisir pour roi qui il voudrait. Le monarque pensa qu'il était de son devoir d'offrir la couronne à son ami Héphestion. Celui-ci l'ayant refusée, Alexandre lui dit qu'il pouvait en faire présent à quelqu'un de ses amis. Héphestion, après avoir témoigné au roi combien il était reconnaissant, alla offrir le diadème qu'il avait refusé, à deux gentils-hommes chez qui il demeurait. C'étaient deux frères qui se faisaient estimer et admirer de tout le monde par leur rare probité. Vous croyez sans doute qu'ils se réjouirent en apprenant une nouvelle aussi flatteuse et aussi inattendue. Il est certain que, s'ils avaient pensé comme la plûpart des hommes, ils auraient été charmés et enorgueillis du titre qu'on leur proposait; mais on assure que, loin de l'ambitionner, ils répondirent à Héphestion qu'ils ne pouvaient accepter l'honneur qu'on leur faisait, parce qu'ils n'étaient pas issus du sang des rois. En conséquence la couronne fut donnée à un certain Abdalonyme, qui gagnait sa vie à cultiver la terre, quoiqu'il comptât des rois parmi ses aïeux. Alexandre lui ayant demandé comment il avait pu supporter sa misère : Plaise à Dieu, répondit-il, que je supporte de même la grandeur ! Ce fut ainsi qu'Abdalonyme succéda à Straton, roi de Sidon, qui fut détrôné par Alexandre, pour avoir refusé de se rendre.

XCVIII.

POUR avoir été insultés par un ennemi, est-ce à dire pour cela que nous devions lui rendre injure pour injure? Il me semble, au contraire, qu'il n'est rien tel que le précepte divin qui nous ordonne de faire du bien même à ceux qui nous ont fait du mal. Cette maxime si belle, si digne d'un chrétien, nous est enseignée par un païen même : c'est Carnéade, natif de la ville de Cyrène. Ce philosophe avait coutume de dire : Si l'on savait qu'un ennemi dût s'asseoir sur l'herbe qui cacherait un aspic, ce serait fort mal agir, que de ne pas le prévenir de ce danger. Ayant appris un jour qu'Antipater, son antagoniste, s'était détruit par le poison, il s'écria : Qu'on m'en donne aussi! De quoi, lui dit-on? du vin miellé, répliqua-t-il. Ceci prouve qu'il n'avait pas dessein de s'empoisonner, comme on l'a prétendu, mais qu'il aimait mieux boire que de se détruire. Carnéade n'avait pas moins d'éloquence que de probité; il était admiré et estimé de ses concitoyens, pour sa facilité à parler en public. Les Athéniens ayant été condamnés à payer cinq cents talents, pour avoir pillé la ville d'Orope, ce philosophe, député à Rome parla avec tant de chaleur, que Caton fut d'avis qu'on le renvoyât, parce que, disait-il, il éblouit tellement les esprits, qu'il est impossible de distinguer le vrai d'avec le faux. Il semble, ajouta-t-il, que les Athéniens, en le chargeant de défendre leurs intérêts, aient voulu triompher de leurs vainqueurs. En effet, la jeunesse romaine était accourue en foule pour l'entendre discourir. Carnéade mourut à l'âge de quatre-vingt-dix ans, l'an 128 avant J. C. Il fut le premier qui mit le doute à la mode, en soutenant qu'il n'y avait aucune vérité démontrée.

XCIX.

Lettre d'un Fils à sa Mère.

Nous sommes, ma chère maman, sur le point de jouir du fruit de nos travaux, qui ont été aussi pénibles qu'ils ont dû l'être. Bien loin d'avoir perdu notre temps, nous l'avons employé à acquérir des connaissances qui doivent nous servir beaucoup par la suite. Tous tant que nous sommes, nous avons fait paraître un tel enthousiasme, que nous méritons de recevoir de notre maître les récompenses qu'il a eu la bonté de nous promettre, tant il est vrai qu'il sait exciter l'émulation! Vous savez qu'étant aussi rigide qu'il l'est, il n'est pas homme à laisser ses élèves s'amuser, au lieu de travailler avec le plus d'ardeur qu'il est possible. Que de menaces ne nous a-t-il pas faites! On peut dire même qu'il s'est montré, cette année, aussi sévère que jamais. Sa sévérité nous a paru d'autant moins supportable, qu'il nous a empêchés fort souvent de jouer, craignant que nous ne travaillassions trop peu. Pour moi, ce qui m'encourageait, sans trop alléger mes peines, c'est que je me suis toujours flatté, à vous dire vrai, que je pourais obtenir de vous, ma chère maman, la permission de venir à la campagne passer le temps des vacances. Les preuves que vous m'avez données si souvent de votre tendresse, me font espérer que vous serez assez bonne pour me procurer ce plaisir, qui me sera aussi agréable que chose du monde. A quoi tient-il que je n'en jouisse bientôt? Que je serai heureux! Il me tarde de l'être; mais, quels que soient les agréments de la campagne, combien s'en faut-il qu'ils égalent la douce satisfaction que j'aurai d'embrasser un père et une mère que je chéris de toute mon âme!

C.

On ne peut pas parler de la Grèce, sans songer aux grands hommes que cette contrée célèbre a produits. On a coutume de diviser la Grèce en quatre grandes provinces : la Macédoine, l'Epire, l'Achaïe, et le Péloponèse. On ne trouve nulle part un sol plus fertile, un air plus pur. Ce fut là que les sciences, les lettres et les arts jouirent d'une célébrité d'autant plus grande, qu'ils étaient négligés dans beaucoup d'autres pays. Parmi les villes les plus illustres de la Grèce, on compte Athènes, Sparte, Corinthe, Thèbes, Salamine, Delphes, Sicyone et Mégare. Les Historiens eurent beau prétendre que les Grecs étaient originaires d'Asie et d'Egypte, ceux-ci assuraient qu'ils étaient nés dans le pays même qu'ils habitaient. Que ce pays était beau ! Que de savants, que de richesses il possédait ! Qui ne sait pas que les Grecs cultivaient les lettres avec autant de soin que l'art militaire, et que, chez eux, les talents de l'orateur n'étaient pas moins estimés et admirés que ceux du guerrier ? D'abord les Grecs furent gouvernés par des rois ; il y eut autant de royaumes, que de villes ; mais, le peuple ayant peu-à-peu usurpé l'autorité des princes, l'amour de la liberté enfanta le gouvernement républicain. Les villes d'Athènes et de Lacédémone, dévorées de l'ambition de commander, se déchirèrent l'une l'autre par des guerres civiles. La première, ayant appelé les Perses à son secours, faillit ruiner de fond en comble la liberté des Grecs. C'en était fait d'elle, si Miltiade n'avait remporté sur les Perses la célèbre victoire de Marathon. Dix ans après, Thémistocle les battit encore à Salamine. Ce grand avantage fut bientôt suivi des triomphes obtenus à Platée et à Mycale. Enfin, les grands succès de

Cimon déterminèrent Artaxerce à faire la paix avec les Grecs, qui n'employèrent leurs loisirs qu'à se déchirer de nouveau. De toutes les provinces de la Grèce, la Macédoine, loin de secouer le joug de l'obéissance, demeura seule fidèle aux lois d'un monarque. Les rois qui se firent le plus de réputation en Macédoine, furent Philippe et Alexandre, son fils, qu'il eut d'Olympias. Le premier, qui avait étudié l'art militaire sous Épaminondas, donna souvent de vives inquiétudes aux Athéniens; le second eut pour maître le philosophe Aristote, de qui il apprit l'art de gouverner. Ce que vous ignorez peut-être, Messieurs, c'est que la gloire du maître vivra plus long-temps que celle du disciple. La Grèce étant tombée enfin au pouvoir des Romains, ceux-ci la firent gouverner par un proconsul, et lui donnèrent le nom de province d'Achaïe, vers l'an 147 de J. C.

CI.

Si vous avez quelque crainte de Dieu, prenez bien garde de passer dans le déréglement les jours qu'il vous accorde pour le servir. Des chrétiens sur-tout ne devraient-ils pas avoir honte de mener une vie scandaleuse? Ils savent combien il leur importe de vivre et de mourir saintement. S'ils commettent des fautes, ils doivent prendre les moyens de les expier; or la prière, le jeûne et l'aumône sont les voies les plus sûres pour arriver au salut. Si je vous recommande, mes amis, de servir et de prier le Seigneur, ce n'est pas à dire pour cela que je vous défende de vous divertir; il est des amusements honnêtes auxquels il vous convient de vous livrer. Mais je ne saurais vous exprimer combien l'intempérance et le déréglement sont funestes. Il est certain qu'ils tuent non seulement le corps, mais encore l'âme. Que de personnes vivraient encore aujourd'hui, si elles avaient observé les lois de la tempérance! On a bien raison de dire, par exemple, qu'il y en a plus qui périssent par la gourmandise, que par l'épée. Si vous êtes assez aveugles pour ne pas craindre la mort que cause l'intempérance, craignez du moins le jugement qui sera porté sur votre âme, après qu'elle sera dégagée des liens du corps. Si vous voulez vous persuader combien il sera sévère, loin de vous abandonner à l'intempérance, vous serez au contraire d'autant plus sages et d'autant plus réservés, que vous l'avez été moins jusqu'à ce jour. N'oubliez pas que votre bonheur dans l'autre monde dépend de la manière dont vous aurez vécu dans celui-ci où vous avez si peu de moments à passer.

CII.

J'AIME beaucoup mieux me repentir un jour, dit le libertin, que de renoncer dès à présent aux plaisirs de la vie. J'aime bien mieux être toujours le dernier de ma classe, être accablé de reproches et de châtiments, dit l'écolier paresseux, que de remplir mes devoirs, ou d'entreprendre quelque chose qui contrarie mes goûts, et s'oppose à cette indolence qui fait seule mon plaisir. Je vous le demande, Messieurs, que pensez-vous de ce libertin et de cet écolier qui ont perdu toute honte? Dites-moi, je vous prie, quel cas vous en faites, ou, pour parler plus franchement, n'avez-vous pas une juste horreur de sentiments aussi bas, aussi contraires à la saine morale? Le premier, me direz-vous peut-être, est un insensé, un monstre qu'il faut éviter avec soin, puisqu'il n'a pas honte de sacrifier son honneur, son repos, sa vie même aux plaisirs et aux dérèglements les plus criminels; au lieu que le second, ajouterez-vous sans doute, n'est qu'un jeune-homme qu'il faut réveiller de sa léthargie, et ramener dans la bonne voie par les châtiments les plus durs, puisque la raison n'a pas assez d'empire sur son caractère. J'avouerai aussi, de mon côté, que le second me paraît bien moins coupable que le premier ; cependant qui me répondra qu'il ne lui devienne pas semblable un jour ? N'est-il pas d'ailleurs bien pénible pour des parents et pour des maîtres d'user de pareils moyens, et de s'armer d'une juste rigueur pour rappeler à leur devoir des jeunes-gens qui sont assez nonchalants pour s'en écarter tous les jours, malgré les reproches qu'on a coutume de leur faire ?

CIII.

Qui n'admirerait pas l'éloquence de Cicéron, le plus habile orateur qui ait jamais existé ? Je vous conseille de lire le plus souvent que vous pourez les harangues de ce grand homme qui fut aimé et admiré de ses contemporains. Qu'il vous importe de lire les excellents Traités qu'il a écrits sur la vieillesse et sur l'amitié ! Plus vous lirez ces ouvrages, plus ils vous paraîtront admirables. Si vous voulez vous faire un nom dans le barreau, passez les nuits à lire les superbes harangues que Cicéron a composées pour la défense de l'Etat ou de ses concitoyens. Etes-vous désireux de connaître les mœurs et les coutumes des anciens Romains, ne manquez pas de lire et d'étudier les œuvres de Cicéron. Combien en voyons-nous aujourd'hui qui soient capables d'entendre les ouvrages latins ! On néglige l'étude d'une langue qui n'est pas moins utile que riche ; mais combien de jeunes-gens se repentiront un jour de l'avoir négligée ! A les entendre, ils n'ont pas assez de temps pour étudier ; et tout le monde conviendra qu'étant beaucoup plus enclins au jeu qu'au travail, ils perdent plus de temps à se divertir, qu'ils n'en passent à travailler. Que font-ils en classe? Celui-ci, bien loin d'écouter les explications qui s'y font chaque jour, détourne sans cesse ses camarades de l'étude; celui-là, qui paraît toujours s'ennuyer du travail, ne fait que demander à son voisin : Quelle heure est-il? Sortira-t-on bientôt de classe? Ce n'est pas ainsi qu'on travaille, quand on veut devenir savant. Ils n'ont rien appris, ceux qui ont ainsi passé le temps des classes; ils sont sortis du collége sans être propre à grand'chose.

C I V.

UNE poule voyant qu'elle perdait tous les jours quelques-uns de ses poussins, porta ses soupçons sur un gros chat noir qu'elle voyait souvent rôder vers la brune autour du poulailler. Un jour qu'elle l'aperçut, elle lui parla en ces termes : C'est donc toi qui viens m'enlever ici ce que j'ai de plus cher? Si tu rodes sans cesse dans la basse-cour, c'est que tu espères d'y rencontrer quelque bonne fortune. N'auras-tu donc jamais honte de tes larcins qui désolent les pauvres mères? C'est à tort, ma bonne, répartit le chat, que vous m'accusez; je ne me promène ici que pour rétablir ma santé, qui est affaiblie par les guerres que je fais depuis long-temps à des légions de rats. Faut-il donc que vous soyez assez injuste pour m'accuser de faire du mal à vos jolis enfants! La poule parut se radoucir au discours de l'imposteur; mais, comme elle n'était pas entièrement persuadée qu'il eût dit vrai, elle crut qu'il était de son intérêt d'avoir toujours les yeux sur lui. Ce ne fut pas sans raison qu'elle surveilla le perfide animal; car, quelque temps après, ayant entendu des cris perçants, elle accourut toute tremblante, et vit avec douleur que le chat emportait dans sa gueule un de ses poussins,

qui avait eu le malheur de s'écarter. A cette vue, elle se
met à crier de toutes ses forces ; un dogue accourt et saisit
le scélérat qui, bien loin de jouir de son larcin, paya
sur son échine ses fourberies et ses brigandages accoutumés. Qu'enseigne cette fable, qui est l'image de la conduite de bien des gens ? Elle vous enseigne qu'il ne faut
jamais mentir, et que, quand on a fait un seul mensonge,
on ne mérite plus d'être cru de qui que ce soit.

CV.

DAVID, jeune berger, le dernier des enfants de Jessé,
dont les vertus n'étaient pas connues de sa famille, mais
que Dieu avait rempli de ses bénédictions, reçoit du prophète Samuel l'onction royale dans Bethléem, sa patrie.
Au milieu de son royaume, il est méprisé de ses propres
frères ; et ses sujets sont éloignés de lui rendre la justice qui lui est due pour ses excellentes qualités. Dieu
seul les voit ; la grandeur de ce prince ne peut être découverte que par une lumière divine. Jésus-Christ, roi
des rois, né à Bethléem, que les prophètes n'ont pas
manqué d'annoncer à la terre, est venu dans le monde,
et le monde ne l'a point connu ; il est venu chez lui, et
les siens ne l'ont pas reçu. Il a été méprisé de ses frères,
et outragé par son peuple ; il n'y avait que la lumière de
la foi qui pût apercevoir sa grandeur qui était invisible.
Pour punir Saül de ses crimes, l'esprit malin s'empare de
son cœur et l'agite violemment. On choisit David pour
calmer les fureurs du monarque ; il tire de sa harpe des sons
si harmonieux, que le démon prend la fuite. C'est par la
douceur de sa parole sainte, que Jésus-Christ a chassé les
esprits de malice ; c'est par l'onction de cette parole divine, que les pasteurs de son église rendent le calme aux
âmes que les passions ont trop violemment agitées. Les

pasteurs ne sont, en quelque sorte, que la harpe dont
le véritable David se sert pour faire entendre les accents
harmonieux de sa sublime doctrine. Armé d'un bâton et
d'une fronde, David ose attaquer le géant Goliath, qui
se rit des armes de son adversaire ; mais, malgré sa fai-
blesse apparente, le berger Israélite fait mordre la poussière au géant Philistin. Jésus-Christ animé du zèle de la
gloire de Dieu et du salut de ses frères, a vaincu le démon
en ne lui opposant que des armes faibles aux yeux du monde,
mais il était revêtu d'une force divine. Ainsi que le bâton
de David, sa croix n'est qu'un objet de risée pour les
cœurs idolâtres ; mais elle est la vertu de Dieu pour ren-
verser tout ce qui s'élève contre lui, et pour sauver son
peuple de l'esclavage du péché.

CVI.

Suite.

David persécuté par Saül et par ceux à qui il n'a fait que
du bien, n'oppose que la patience à l'injustice du prince
qui le poursuit, et deux fois il l'épargne au lieu de le faire
mourir. Jésus-Christ persécuté par ceux qu'il venait sauver, n'a repoussé leur haine implacable que par une douceur sans bornes ; au lieu de les anéantir, il les a épargnés : bien plus, il s'est offert pour eux à la mort, n'étant
venu sur la terre que pour épargner le pécheur, en détrui-
sant son péché. Après avoir essuyé bien des travaux et des
disgraces, David est reconnu roi par tous les enfants de
Jacob, qui n'ont rien tant à cœur que de se soumettre à
sa puissance. Après avoir enduré bien des persécutions,
Jésus-Christ est adoré comme le roi des rois, son Église
est reconnue par la suite, et tous les peuples se font un
devoir d'entrer dans son sein. Pour expier son crime,

David supporte la révolte de son fils ; après avoir passé le torrent de Cédron, il monte la colline des Oliviers, les pieds nus, pleurant le long du chemin, accompagné du peu de serviteurs fidèles qui partageaient sa tristesse. Jésus-Christ, l'unique roi d'Israël, se soumet aux humiliations les plus amères, pour expier un crime qui n'est pas le sien. Chassé de Jérusalem, poursuivi à mort par ceux qu'il a traités en enfants chéris, il traverse le même torrent de Cédron, et, le cœur navré de douleur, il se rend, avec peu de ses disciples, sur le mont des Oliviers, pour y adorer son père, et pour y accepter le calice qui lui est préparé. Durant son exil, David est abreuvé d'opprobres ; ses sujets l'accablent de malédictions et de pierres ; mais le saint Roi, bien loin de les punir, les supporte en silence. Jésus-Christ attaché sur la croix, est maudit par son peuple ; tous le chargent de reproches et de blasphêmes ; mais, l'Homme-Dieu, bien loin de leur répondre, demeure muet comme l'agneau en présence de celui qui le tond.

CVII.

J'ai reçu, mon cher ami, la semaine dernière, la lettre que vous m'avez fait l'honneur de m'écrire, et par laquelle vous m'annoncez que votre fils a quitté la maison paternelle. Je vous plains ; mais, à dire vrai, je ne sais lequel est le plus blâmable ou le fils ou le père. Si vous n'aviez pas permis qu'il perdît son temps à fréquenter des libertins, je doute, mon ami, s'il vous causerait aujourd'hui autant de chagrin que vous en ressentez. Un père est d'autant plus à plaindre, que souvent il ne peut douter qu'il ne se soit rendu malheureux par sa faute. Pourquoi souffriez-vous, par exemple, que votre fils sortît tous les jours de classe, et revînt à la maison bien après les autres ?

Ne convenait-il pas de l'avertir de ses premiers torts, et de le menacer de votre colère s'il persistait? Je prévoyais alors (1) tout le chagrin qu'il vous causerait. Combien de fois ne vous ai-je pas dit que vous vous repentiriez un jour de votre trop grande bonté! Je vous mandais que, plus vous épargneriez votre fils, plus il deviendrait libertin; mais, plus je vous donnais de conseils sur la manière d'agir que ses déportements exigeaient de vous, moins vous étiez disposé à les suivre. Je serais fâché cependant que vous vous abandonnassiez à la douleur; puisque votre fils n'a pas eu honte de se séparer de vous, ayez assez de courage pour renoncer à lui; et, puisqu'il faut que vous oubliiez aujourd'hui cet enfant dénaturé, parce qu'en effet il ne mérite plus que vous vous intéressiez à lui, venez au plutôt chez moi, je ferai en sorte de vous consoler de vos chagrins; les plaisirs purs que je vous offrirai à la campagne, ici où je suis, seront bien capables, à mon avis, de vous faire oublier le fils le plus ingrat que j'aie jamais connu.

CVIII.

Ce que je vous ai toujours conseillé, c'est d'étudier l'histoire ancienne, à laquelle vous paraissez fort étrangers. Mais, si je vous engage à connaître l'histoire ancienne, ce n'est pas que je pense qu'il vous faille négliger l'histoire de notre nation. La France était appelée Gaule, quand Jules-César en fit la conquête; il paraît qu'elle resta plus de quatre cents ans au pouvoir des Romains. Théodomire, venu de Constantinople avec une armée assez considérable pour faire tête aux Romains, les chassa de toute la Flandre. Après avoir sou-

---

(1) *Tout le chagrin qu'il vous causerait*, traduisez : quel chagrin il vous causerait.

mis beaucoup de peuples, il s'empara de la Bretagne, qu'il réduisit sous sa puissance avec une partie de la Picardie. Les Romains, ayant à leur tour attaqué ce valeureux prince, lui donnèrent la mort. Il arriva de là que les Francs s'étant retirés, la Gaule rentra sous la domination romaine. Pharamond, de race royale, se distingua par sa valeur dans la guerre que les Francs soutinrent contre leurs ennemis; ses exploits lui ayant donc concilié l'affection des soldats, les Francs le jugèrent digne de commander : c'est pourquoi on l'éleva sur un bouclier, et on le promena autour du camp, en le montrant au peuple qui, par ses acclamations, le reconnut pour son chef, tant il est vrai que le courage et la grandeur d'âme sont des qualités qu'on ne saurait trop estimer! Il paraît que Pharamond fut le premier législateur de la France ; on le regarde comme l'auteur de la loi salique, qui, en défendant aux femmes de monter sur le trône, veut que l'héritage entier appartienne aux enfants mâles. Pharamond, premier roi de France, ne régna que huit ans. On compte soixante-neuf rois depuis lui jusqu'à Louis dix-huit.

CIX.

JE ne saurais vous dire combien la prière est utile. Quand on ne demande pas au Seigneur les grâces dont on a besoin, on ne peut pas se flatter de réussir en rien. Un jeune homme, par exemple, doit prier Dieu de répandre sur son travail ses saintes bénédictions ; Dieu seul peut accorder à un enfant chrétien les secours qui lui sont nécessaires pour profiter dans les sciences qu'on lui enseigne ; c'est Dieu seul qui peut inspirer à un enfant l'amour du travail, qui lui fait trouver des charmes dans l'étude, et lui fait surmonter toutes les difficultés qu'il rencontrera

nécessairement dans la carrière épineuse où il est entré.
Ce serait en vain qu'un jeune-homme prétendrait arriver,
même à force de travail, au faîte de la science qu'il cultive, si Dieu ne le secondait dans son travail : bien plus,
sans l'aide du Seigneur, son savoir lui deviendrait funeste;
je veux dire qu'au lieu de le maintenir dans le chemin de
la vertu, le peu qu'il pourait avoir acquis ne servirait
qu'à le conduire à sa perte. Dieu seul peut donner un cœur
droit, et quiconque prétend marcher sans lui, donne
dans le travers, et trouve son malheur dans ce monde et
dans l'autre. O vous donc, mes amis, qui recherchez la
vertu, redoublez d'ardeur et de piété, adressez vos prières
à l'Esprit saint, et que chacun de vous lui dise avec le
plus de ferveur qu'il est possible : O Esprit consolateur,
venez éclairer mon âme, allumez dans mon cœur ce feu
divin sans lequel il n'y a rien de bon dans l'homme; ré-
chauffez en moi le goût du travail, écartez cette tiédeur
qui jusqu'à présent a retardé mes progrès, afin qu'après
avoir été, pendant ma vie, utile à mes semblables, je
puisse espérer de jouir, après ma mort, de la félicité pro-
mise aux justes.

C X.

CRÉSUS, roi de Lydie, ayant été vaincu par Cyrus, roi
de Perse, se souvint de ce que Solon lui avait dit autrefois. Il vit bien, mais trop tard, que tous ses trésors n'a-
vaient pas été capables de le délivrer de la main de ses
ennemis. Solon avait eu raison de lui dire que l'homme
de bien est beaucoup plus heureux que celui qui jouit
d'immenses richesses sans pratiquer la vertu. Cyrus s'étant
rendu maître de Sardes, ville capitale de Lydie, ordonna
qu'on arrêtât Crésus, et qu'on le fît mourir. Bientôt on le
chargea de fers, et l'on dressa un bûcher pour le brûler

tout vif. A peine y fut-il monté à la vue de tous les
Perses et de son ennemi même, qu'il s'écria : Solon,
Solon ! Cyrus lui envoya demander si celui dont il récla-
mait la protection était un dieu ou un homme. C'est, répondit Crésus, un des Sages de la Grèce que je fis venir
à Sardes, il y a peu de temps, pour apprendre quelque
chose de lui ; mais c'était plutôt pour lui faire admirer le
bonheur dont je jouissais. Ce sage Grec, loin de me féliciter de mes richesses, et de m'en estimer davantage, me
dit que les biens que je possédais n'étaient que vanité, et
que je devais attendre la fin de ma vie pour juger si j'étais
heureux ou non. Il était trop sage pour me louer ; plus j'attendais de paroles flatteuses de sa part, moins il m'en disait.
Hélas ! il prévoyait le malheur qui m'accable aujourd'hui,
et auquel il n'est plus temps de remédier. Ces paroles
touchantes ayant été rapportées à Cyrus, ce prince délivra
son ennemi de la mort qui le menaçait. Ce fut ainsi que
Solon, par ses sages avertissements, sauva la vie à Crésus,
et rendit le nom de Cyrus, plus célèbre encore.

<div align="center">~~~~~~~</div>

CXI.

QUEL est le plus malheureux de tous les hommes ?
c'est un roi qui croit être heureux, quand ses sujets gé-
missent sous le poids de la servitude. Son aveuglement le
rend doublement malheureux ; ne connaissant pas son malheur, loin de pouvoir s'en guérir, il craint même de le
connaître. Oh ! que la condition des rois est misérable !
c'est bien à tort qu'on envie leur destinée. La vérité ne
peut percer la tourbe des flatteurs, pour arriver jusqu'au
monarque, qui souvent n'a rien tant à cœur que de l'entendre. Qu'un roi est à plaindre, quand il est tyrannisé par
ses passions, quand il n'aime que ses plaisirs ! mais quelle

COURS PRAT. (Continue.)   5

est sa félicité, que son sort est digne d'envie, quand il met toute sa gloire à rendre ses sujets heureux ! Tel fut le sage Minos, qui régna dans l'île de Crète, après l'avoir conquise. Il eut soin d'écarter de ses Etats la volupté, le luxe, les plaisirs et l'oisiveté. Il fit fleurir ses lois, qui étaient encore en vigueur du temps de Platon, et son nom fut chéri de toutes les nations voisines contre lesquelles il n'eut jamais de guerre à soutenir. Le faste et la mollesse étaient inconnus en Crète, tout le monde y travaillait, et personne ne songeait aux moyens de s'y enrichir. Cette île, admirée de tous les étrangers, et fameuse par ses cent villes, n'avait pas de peine à nourrir tous ses habitants, bien qu'ils fussent en très grand nombre ; en effet, plus il y a d'hommes dans un pays, plus ils jouissent abondamment de toutes les choses nécessaires à la vie, pourvu toutefois qu'ils se livrent au travail que la nature elle-même commande.

CXII.

Vous savez sans doute que l'église notre mère va célébrer incessamment la naissance de Notre Seigneur, qui s'est fait homme pour nous racheter de la damnation éternelle, que nous avions méritée par le péché originel. Est-il une fête plus admirable que celle qui doit être bientôt célébrée avec toute la pompe dont elle est digne. Notre Sauveur ne s'est pas choisi un palais comme il aurait pu le faire, étant le Souverain du monde entier. Tous ceux à qui l'on a enseigné les saintes Ecritures, savent qu'il n'a pas dédaigné un lieu vil et qu'il a reçu le jour dans une étable. Si je vous demandais pourquoi il a choisi un lieu aussi désagréable, je crois que, tous tant que vous êtes, vous ne pouriez pas me répondre. Si le Sauveur du monde a voulu naître dans une étable, c'est qu'il a eu intention de nous donner un exemple de l'humilité et de la pauvreté que nous devons professer du moins de cœur. La nuit que notre Seigneur naquit, on entendit un concert mélodieux que faisaient les Esprits célestes en louant le Très-Haut du grand mystère qui s'accomplissait. Des rois avertis par une inspiration divine, et conduits par une étoile extraordinaire qui les précédait toujours, n'hésitèrent pas de venir déposer leur couronne aux pieds de cet enfant. C'est d'eux que nous devons apprendre à mépriser les biens périssables de cette vie, pour imiter notre Sauveur, qui est aussi notre Créateur et notre Dieu. Ne paraîtrons-nous donc pas avoir honte de rechercher avec empressement les commodités d'une vie passagère, lorsque Jésus-Christ, notre divin modèle, les méprise avec toutes les pompes et les vanités de ce monde. Imitons le Rédempteur du genre humain, pour pouvoir participer à la grâce qu'il nous a méritée par sa nativité, et pour jouir un jour de la gloire qu'il prépare dans le ciel à ses imitateurs.

<div style="text-align:center">~~~~~~</div>

CXIII.

On va reprendre les études qu'on n'avait abandonnées que pour six semaines ; vous comprenez, sans que je vous le dise, qu'on ne peut pas jouer sans relâche, et qu'il faut qu'un jour d'amusement soit suivi de plusieurs jours de travail. Qu'on est malheureux quand on ne sait pas se créer des occupations ! Et qu'il est agréable d'étudier de manière qu'on n'altère pas sa santé ! Le temps de vos vacances vous a paru peut-être un peu trop court ; mais soyez persuadés que, s'il avait été plus long, vous vous seriez certainement ennuyés de votre oisiveté. Comme les vacances ne vous avaient été accordées que pour donner du relâche à votre esprit, il aurait été à craindre que, si on

les eût prolongées, vous ne fussiez devenus trop dissipé,
et moins propres à reprendre vos exercices ordinaires.
Pour moi, il me semble que vous n'avez pas sujet de
vous plaindre. Vous vous êtes diverti à raison aussi
long-temps que vous pouviez raisonnablement le faire.
Il est certain que l'esprit a besoin de repos aussi-bien que
le corps : c'est une maxime qui nous est enseignée par
Esope, ce fameux esclave de Phrygie, dont les fables que
vous avez lues et étudiées, sont si ingénieuses, qu'elles
seront admirées de la postérité la plus reculée; mais il
ne faut pas que ce repos engendre le dégoût. Si celui
dont le corps a été fatigué par un travail long et pénible,
et qui a joui après cela d'un repos nécessaire, reprend
ce même travail avec une ardeur plus grande qu'auparavant, il vous importe également, à vous qui venez de
jouir de plusieurs semaines de vacances, de vous livrer à
l'étude, et de vous appliquer à vos devoirs avec un zèle
et un plaisir nouveaux.

<div style="text-align:center">~~~~~~~~</div>

CXIV.

Je sais que vous estimez beaucoup les richesses; faut-il
donc que vous ignoriez encore aujourd'hui combien la
vertu et l'amitié l'emportent sur tous les trésors! On voit
beaucoup de gens qui n'ont pas honte de préférer les
honneurs à la vertu; d'autres lui préfèrent la santé qu'ils
regardent comme le plus précieux des biens; mais soyez
persuadé, mon ami, que c'est se tromper grossièrement,
que de ne pas estimer la vertu et l'amitié beaucoup plus
que les richesses, les honneurs et la santé. La vertu fait
naître l'amitié, et tout le monde sait qu'il ne peut y avoir
d'amitié véritable sans la vertu. Quel que soit celui avec
lequel nous paraissons sympathiser, quelque estimable
qu'il nous juge depuis long-temps, il nous importe

beaucoup de ne pas le choisir pour ami, s'il n'est doué de toutes les vertus qui conviennent à un homme bien né, et s'il n'est exempt de ces défauts essentiels que nous avons intérêt de haïr. Qui n'avouera avec moi que non seulement la vertu a beaucoup d'attraits pour nous, lorsque nous la remarquons dans ceux avec qui nous avons le bonheur d'être liés, mais encore que nous l'aimons dans les personnes que nous n'avons jamais vues ? Curius et Fabricius sont morts depuis long-temps ; cependant avec quel plaisir ne nous souvenons-nous pas de ces grands hommes ! au lieu que nous nous rappelons avec douleur la conduite odieuse de Tarquin le superbe, de Catilina, de Néron, et de tant d'autres personnages fameux, qui seront éternellement haïs et méprisés des générations futures.

～～～～～～

CXV.

JUPITER ayant un jour réuni tous les animaux autour de son trône, leur parla en ces termes : « Que celui d'entre vous qui trouve à redire à son organisation, ose me le déclarer franchement ; il ne tiendra pas à moi que je n'y porte remède aussitôt. Singe, es-tu satisfait de ta condition ? Ne trouves-tu rien à blâmer en toi » ? « Tant s'en faut, répondit le singe, que je me plaigne de ma structure, qu'au contraire je la préfère à celle des autres animaux. N'ai-je pas quatre pieds comme eux ? Il n'en est pas de même de mon frère l'ours qui est si mal fait, que j'aurais honte, à sa place, de paraître en public ». L'ours sommé de répondre : « Bien loin de me plaindre, dit-il, je me regarde comme le plus beau des hôtes des forêts ; c'est de l'éléphant, par exemple, que j'ai pitié ; c'est une masse informe et grossière qui fait peur à tous ceux qui l'approchent ; je crois qu'on pourrait diminuer ses oreilles et augmenter sa queue ». « Pour moi, s'écria l'éléphant, je veux rester tel que je suis ; je m'estime beaucoup plus que la baleine dont l'appétit surpasse la grosseur ». La fourmi, jugeant qu'elle était elle-même un colosse, dit que le ciron était beaucoup trop petit. Lorsque les animaux se furent censurés les uns après les autres, Jupiter les renvoya, en leur disant : « Tout imparfaits que vous êtes, vous vous regardez comme exempts de défauts, et, en cela, vous ressemblez à l'espèce humaine ; en effet, les hommes sont si indulgents pour eux-mêmes, qu'ils se pardonnent leurs défauts ; mais, autant ils ont d'indulgence pour eux, autant ils sont sévères à l'égard des autres ». En général, on se voit d'un autre œil qu'on ne voit son prochain. Le maître du monde nous créa tous besaciers. Nos pères n'étaient pas autres que nous ne sommes, et nous ne valons pas mieux que nos pères. Chacun de nous a deux poches : celle de derrière renferme nos défauts, et celle de devant, ceux d'autrui.

<center>~~~~~~~~</center>

CXVI.

C'est le propre d'un homme sage et vertueux d'avouer les fautes qu'il a commises ; mais combien en voyons-nous qui agissent de la sorte ! Je vais vous raconter, à ce sujet, un trait qui fait honneur à Minucius, Général romain, dont vous avez entendu parler. Ce capitaine, quoique peu propre aux combats, était persuadé qu'il était le plus brave de tous les hommes, et que son habileté l'emportait sur celle des plus fameux Généraux. Un jour donc ayant eu la hardiesse d'attaquer Annibal, fils d'Amilcar, il fut complètement battu ; il est même à présumer que le Général carthaginois l'aurait pris ou tué, si le dictateur Quintus Fabius, qui connaissait le peu de talent de Minucius, n'était allé, avec son infanterie, lui porter un prompt secours. Minucius parut alors très fâché de son imprudence ; il connut alors combien il avait été peu sage de n'avoir pas écouté les avis de Fabius, qui lui avait conseillé de ne point attaquer le généreux fils d'Amilcar. C'est pourquoi, après sa défaite, il conduisit ses troupes au camp de Fabius, et parla en ces termes au dictateur : « Combien je me repens de n'avoir pas suivi vos conseils ! Vous avez remporté aujourd'hui deux victoires : l'une, sur Annibal, l'autre, sur moi. O mon père (car c'est ainsi que je veux vous appeler), c'est à vous seul de commander à l'avenir, et c'est à moi d'exécuter vos ordres. Que je serais heureux, si vous daigniez me pardonner tous mes torts ! Je vous promets de les réparer par ma conduite future ». Ainsi parla Minucius, et ses soldats reconnaissants envers ceux de Fabius, par qui ils avaient été secourus, les appelèrent leurs patrons. C'était le nom que les esclaves avaient coutume de donner à ceux qui leur avaient accordé la liberté.

CXVII.

Lorsqu'on est riche, on ne manque pas d'amis qui s'empressent à l'envi de nous offrir leurs services, quelque petits qu'ils puissent être ; mais la fortune ne nous a pas plutôt abandonnés, que ces amis, dont nous étions entourés à toute heure, n'ont pas honte de nous tourner le dos. Il nous importe donc d'amasser de véritables richesses, à l'aide desquelles nous puissions nous passer du secours des autres. Mais quelles sont ces richesses dont nous avons grandement intérêt de faire provision, tous tant que nous sommes ? Mes amis, ce sont la science et la vertu, qui jamais ne nous abandonnent, quelque malheureux que nous puissions être. Bien loin de nous être à charge, elles nous consolent au milieu de nos adversités; elles contribuent à alléger nos peines, quelque grandes qu'elles soient. C'est à force de travail, que nous pourrons acquérir la science, qui, après la vertu, est le plus précieux de tous les biens. Ce n'est donc pas sans raison qu'on vous exhorte tous les jours à employer utilement le temps de votre jeunesse; ce n'est pas sans raison qu'on vous prédit sans cesse, que vous vous repentirez d'avoir croupi dans une honteuse oisiveté. Croyez que, moins vous serez instruits, moins vous serez considérés; car on nous estime et l'on nous considère toujours à proportion que nous avons de connaissances. Que ce ne soit plus en vain que nous vous engagions à imiter ceux de vos camarades, qui n'ont rien tant à cœur que de satisfaire leurs maîtres; estimez la science autant qu'ils l'estiment peu, et soyez persuadés que, s'ils ne changent de conduite, ils seront un jour haïs et méprisés de tous les gens de bien, au lieu que vous en serez beaucoup chéris et estimés.

———————

CXVIII.

Il faut convenir que l'homme est sujet à bien des combats; il est d'autant plus malheureux, que ses passions le maîtrisent quand il n'a pas assez de courage pour les dompter. S'il veut s'en rendre le maître, ainsi qu'il le doit, elles lui font une guerre éternelle, et l'on peut dire, sans balancer, que cette guerre est d'autant plus violente, qu'il leur résiste avec plus de courage. S'il a le malheur de se laisser vaincre par elles, elles usurpent sur son âme une domination tyrannique, et il devient le plus malheureux des êtres qui existent dans ce monde.

Ce serait vainement, hélas ! qu'il voudrait secouer le joug insupportable qu'elles lui ont une fois imposé ; il faut qu'il se laisse asservir ; je dirai même que, plus il fait d'efforts pour se délivrer de leur servitude, plus elles appesantissent leurs chaînes. Que l'homme est donc à plaindre, lorsqu'il ne met pas tous ses soins à combattre ses passions ! Ce n'est que par la grâce de Dieu, que nous pouvons briser le joug de ces tyrans impérieux de nos âmes. L'homme tombe, c'est Dieu seul qui lui donne la force de se relever ; car, comme dit l'apôtre Saint-Paul « sans vous, ô mon Dieu, je ne puis rien faire, quelque désir que j'aie de vous être agréable ». C'est Dieu qui nous donne la volonté et le pouvoir de faire le bien. Que serait-ce de nous, s'il ne nous tendait une main secourable dans notre infirmité ? C'est donc à nous d'implorer sa bonté ; à nous, faibles roseaux, qui avons continuellement besoin de son appui, nous qui serions bientôt abattus par les orages que les passions excitent en nous, si sa main paternelle ne nous soutenait sans cesse. Plus nous le prierons souvent, plus nous serons en état de combattre nos passions avec succès.

<hr>

CXIX.

APELLE, un des plus célèbres peintres dont l'Antiquité fasse mention, naquit à Cos, à ce que l'on croit. Il aimait tellement sa profession, qu'il ne passait pas un jour sans manier le pinceau. Alexandre avait une si haute opinion des talents d'Apelle, qu'il ne voulut être peint que par lui. Le portrait de ce prince était fait avec tant d'art, que Pline assure que la foudre dont la main du roi était armée, semblait sortir de la toile. Il peignit aussi Alexandre à cheval. Le roi ne fut pas satisfait de l'artiste ; mais, un cheval qui vint à passer s'étant mis à hennir à la vue du cheval représenté sur la toile, Apelle dit au prince : « Est-ce que cet animal serait meilleur juge en peinture que votre majesté » ? On dit qu'Apelle ayant été accusé en Egypte d'avoir conspiré contre la vie de Ptolémée, aurait été condamné à mort, si le vrai coupable ne s'était fait connaître. D'autres prétendent que les rivaux d'Apelle sollicitèrent un jour les courtisans de Ptolémée pour qu'ils l'invitassent à dîner au nom du roi, persuadés qu'une telle témérité lui attirerait l'indignation d'un prince qui déjà le regardait avec dédain. Ptolémée, en effet, irrité de voir le peintre à sa table, lui demanda qui l'avait prié. Apelle ne sut que répondre d'abord ; il était loin de s'attendre à la question que lui ferait le roi ; cependant, sans se troubler, il se mit à tracer en quatre traits, sur la muraille, le portrait de Ptolémée. Ce portrait parut si ressemblant, qu'il fut admiré du roi et même de tous les courtisans. Ptolémée reconnut alors qu'il avait eu tort de témoigner autant de dédain à un aussi grand homme ; c'est pourquoi il l'estima dans la suite autant qu'il l'avait peu apprécié. Les courtisans, de leur côté, jugèrent alors qu'Apelle méritait autant de considération qu'ils lui en avaient peu accordé, tant il est vrai que, plus on a de mérite, plus on est exposé à l'envie et au mépris.

CXX.

PISISTRATE, un des descendants du roi Codrus, se signala de bonne heure par son courage et par son éloquence. Après avoir bien servi Athènes, lieu de sa naissance, après avoir conquis l'île de Salamine, il voulut être le tyran de sa patrie qu'il avait si glorieusement défendue. Tout favorisait ses projets. On ne sait laquelle des deux l'emportait chez lui, ou sa bravoure ou son éloquence. Sa naissance était illustre, et il avait autant d'affabilité, de prévenance que qui que ce fût. A une grande facilité pour parler en public, il joignait le masque du patriotisme et beaucoup d'artifice. Avec de pareils moyens, on ne peut manquer de réussir dans un gouvernement républicain, quand on a soif des dignités et des honneurs. L'égalité n'avait pas de plus ardent défenseur que lui ; et plus que lui, personne ne haïssait tout ce qui avait l'air d'une innovation. Le vertueux Solon, qui gouvernait alors la chose publique, ne tarda pas à découvrir les projets ambitieux de Pisistrate, et il n'eut rien tant à cœur que de les dévoiler aux yeux des Athéniens. Celui-ci n'eut pas plutôt vu qu'on avait pénétré ses desseins, qu'il eut recours à une ruse qui lui réussit admirablement. Ayant couvert de sang tout son corps, il se fit transporter dans cet état à la place publique ; il montra ses blessures au peuple, accusa ses ennemis d'avoir voulu l'assassiner, et se plaignit d'être lâchement persécuté pour le zèle empressé avec lequel il servait ses concitoyens. Nous avons vu se pratiquer en France les mêmes jongleries que celles dont le peuple d'Athènes fut témoin en cette occasion. Les hommes qui veulent se faire remarquer dans une république, ne manquent pas de crier qu'on les persécute pour les services qu'ils ont rendus, ou qu'ils veulent rendre à leur pays. Les Athéniens, touchés de ce spectacle, lui donnèrent cinquante gardes ; il en augmenta le nombre, et se rendit bientôt maître de la citadelle d'Athènes, l'an cinq cent soixante avant J. C. La ville, saisie de frayeur, reconnut l'autorité du tyran, qui, pour se faire bien venir du peuple, ne dérogea en rien aux usages de la république.

CXXI.

Suite.

CEPENDANT Lycurgue et Mégaclès eurent la hardiesse de se déclarer contre lui, et vinrent à bout de le chasser d'Athènes, d'où Solon était parti. Ses biens furent mis à l'encan, et il n'y eut qu'un citoyen qui osât en acheter. L'ambition fut cause que Mégaclès ne resta pas long-temps uni à Lycurge, qu'il regardait d'ailleurs comme un rival trop puissant, pour espérer qu'il résulterait pour lui-même quelque avantage de son union avec lui. Ce Mégaclès avait une fille; il engagea Pisistrate à l'épouser, lui promettant de le mettre en possession de l'autorité souveraine. Pisistrate ne fit pas difficulté d'épouser la fille de Mégaclès; et, après avoir joint ses forces à celles de son beau-père, il força Lycurgue à sortir de la ville. Comme il n'avait rien tant à cœur que de captiver les Athéniens, il eut recours à de nouveaux artifices. Il choisit parmi la populace un femme d'une taille majestueuse, capable de jouer toute sorte de rôles, et, lui ayant fait prendre le costume de Minerve, il la fit promener dans toute la ville, sur un char magnifique, après lui avoir donné l'ordre de crier que Minerve, déesse protectrice des Athéniens, ramenait le sage Pisistrate. Le peuple crut voir la déesse elle-même, descendue du ciel pour le bonheur d'Athènes. Dès que le tyran parut dans la ville, on alla au-devant de lui, on le reçut avec des acclamations qui ne permettaient pas de douter qu'on ne le vît avec plaisir reprendre l'autorité souveraine. Pisistrate ne se fit pas prier, il s'empara du pouvoir, et fit annoncer publiquement qu'il avait épousé la fille de Mégaclès. Ce qui ne lui fait pas d'honneur, c'est qu'il répudia bientôt sa nouvelle épouse. Mégaclès en fut tellement irrité, que, pour venger sa fille, il gagna à force d'argent la plûpart des Athéniens, et les troupes même de Pisistrate, qui, se voyant abandonné, se réfugia dans l'île d'Eubée, l'an cinq cent quarante-quatre avant J. C.

CXXII.

Suite.

CE ne fut que onze ans après, et par les intrigues de son fils Hippias, que Pisistrate sortit de son exil. Après s'être emparé de Marathon, il surprit les Athéniens, et rentra triomphant dans sa patrie. Persuadé qu'il importait à sa tranquillité de faire mourir tous les partisans de Mégaclès, il n'en épargna aucun. Mais, il faut en convenir, Pisistrate ne se fut pas plutôt affermi sur le trône, qu'il fit oublier ses cruautés par sa justice, sa libéralité et sa modération. Personne n'eut à se plaindre de sa conduite; son administration fut telle, que l'on disait de lui, qu'il aurait été le meilleur citoyen d'Athènes, s'il n'en avait pas été le plus ambitieux. Des citoyens l'ayant injustement accusé d'un meurtre, au lieu de les punir, il alla lui-même se justifier devant l'aréopage. Une autre fois ayant été accablé d'injures par un convive pris de vin, il ne voulut point en tirer vengeance. Les établissements qu'il fit faire ne tendaient qu'au bonheur de ses sujets. Il ordonna que les soldats blessés fussent nourris aux dépens du trésor public. Il assigna à chaque citoyen pauvre des fonds de terre dans les campagnes de l'Attique. Ce fut lui qui, le premier, fit jouir les Athéniens des ouvrages d'Homère; et ce fut par ses soins qu'on les mit dans l'ordre où ils sont aujourd'hui. Il fonda une académie à Athènes, et l'enrichit d'une bibliothèque publique. Enfin, après avoir régné trente-trois ans, moins en usurpateur qu'en père, il mourut l'an cinq cent vingt-sept avant J. C. Il laissa deux fils, Hipparque et Hippias, dont le premier lui succéda. Ces deux princes, que l'on connaît sous le nom de Pisistratides, marchèrent sur les traces de leur illustre père; mais ils ne purent faire oublier aux Athéniens l'amour de la liberté. Hipparque, qui partagea avec son frère l'autorité suprême, protégea les savants, et se distingua par ses connaissances. Néanmoins il se fit beaucoup d'ennemis dans une ville qui était excessivement jalouse de sa liberté, et il fut assassiné l'an cinq cent treize avant J. C., par une troupe de conspirateurs, à la tête desquels étaient Harmodius et Aristogiton. Hippias fut chassé d'Athènes, pour avoir tenté de punir les meurtriers de son frère Hipparque. Il se réfugia à la cour de Darius, roi de Perse, et fut tué à la journée de Marathon, en combattant contre les Athéniens, l'an quatre cent quatre-vingt-dix avant J. C.

CXXIII.

LES (1) Fakirs sont une espèce de moines Mahométans dont la superstition est si grande, qu'ils croient faire une action bien méritoire, quand ils ont l'avantage de tuer quelques juifs ou quelques chrétiens. Il est sur-tout dangereux de les rencontrer lorsqu'ils reviennent du pélerinage de (2) la Mecque, où ils vont visiter le tombeau de Mahomet; car c'est alors qu'ils se livrent aux emportements d'un zèle fanatique. Tel est, dit-on, leur funeste aveuglement, qu'ils se croient remplis de l'esprit de Dieu et de leur grand prophète, et que, pour mieux ex-

____

(1) Fakir (sorte de derviche), *fakirus*, i. m.
(2) Mecque (la), *Mecca*, æ. f.

pier leurs péchés, ils brûlent du désir d'exterminer les ennemis de leur religion. Faut-il que les hommes soient assez insensés pour se déclarer une guerre perpétuelle, au lieu de vivre en paix comme des frères qui ont une même origine! Un voyageur se donne bien de garde d'aborder ces furieux qui n'épargnent personne; il aimerait beaucoup mieux rencontrer quelques lions ou quelques tigres, puisque ces maniaques sont plus cruels que les bêtes mêmes. On dit qu'ils sont si opiniâtres dans le combat, lorsqu'ils viennent à se mesurer avec quelqu'un, qu'ils aiment bien mieux périr que de céder. Mais faut-il s'étonner qu'ils soient aussi intrépides, puisqu'ils espèrent que, s'ils meurent en combattant pour leur religion contre un infidèle, Mahomet les recevra sans hésiter dans un paradis délicieux? Pour moi, je ne doute pas que le zèle sanguinaire de ces moines ne soit désapprouvé des Mahométans qui ont tant soit peu de lumières et d'humanité. Quoi qu'il en puisse être, je conseillerais à un voyageur qui parcourrait ces contrées barbares, de s'armer d'une paire de pistolets pour se défendre contre le zèle extravagant de ces fakirs; car je ne connais pas d'autre moyen pour éviter la mort. A en croire ceux qui ont voyagé dans ces pays, les fakirs sont armés de sabres recourbés et tranchants, avec lesquels, d'un seul coup, ils fendent un homme de la tête aux pieds. Toutefois il est à propos de dire que les moines dont nous parlons, ne sont pas toujours transportés de la même fureur; ils laissent quelquefois les voyageurs passer librement; ainsi, Dieu me garde de conseiller à personne de commencer l'attaque! Mais, si Dieu nous défend de faire violence à qui que ce soit, il est loin de nous défendre de repousser une attaque injuste.

CXXIV.

ON ne saurait vous dire combien la perte du temps est affreuse et nuisible. Si vous saviez que de regrets éprouve celui qui a passé le temps de sa jeunesse dans de frivoles amusements, vous haïriez l'oisiveté beaucoup plus qu'on ne la hait ordinairement. La paresse n'est-elle pas la source de l'ignorance? L'homme ignorant n'est-il pas méprisé de tout le monde? d'où je conclus que, quand on veut acquérir de la science pour se faire aimer et considérer, on doit fuir la paresse avec autant de soin que les gens de bien fuient les occasions de pécher. Plus vous serez ignorants, moins vous serez estimés et favorisés de ceux qui vous connaîtront; or c'est la fainéantise seule qui conduit à l'ignorance. Que d'éloges ne donnons-nous pas à ceux qui brillent par leur savoir! Nous n'avons rien tant à cœur que de rechercher leur société, qui est aussi agréable que chose du monde; au lieu que nous fuyons la société des ignorants, parce que, loin de nous instruire et de nous plaire, elle est à charge à tous ceux qui ont le malheur de s'y trouver. Qui pourait dire combien les jeunes-gens se trompent grossièrement, lorsqu'ils s'imaginent que la science leur est inutile! S'ils savaient combien elle procure d'agrément, combien les ignorants s'ennuient, quel dégoût ils inspirent à ceux qui les connaissent, ils ne nous feraient pas un crime de les exhorter le plus souvent que nous pouvons à employer utilement des heures si précieuses, au lieu de les perdre à jouer et à causer. S'ils savaient combien il leur importe d'acquérir des connaissances, ils n'obligeraient pas ceux qui prennent soin de leur éducation à s'armer de sévérité pour leur inspirer l'amour de l'étude. Ils n'auraient rien tant à cœur que de passer leur jeunesse à étudier les moyens de devenir

heureux par la suite : or ils ne peuvent être heureux
qu'autant qu'ils auront autant d'instruction que de sagesse.
Ils ne seraient pas assez stupides, pour regarder leurs
maîtres comme des tyrans qui se plaisent à tourmenter des
esclaves, et qui laissent partout où ils passent des marques de leur cruauté. Loin de les considérer comme
leurs tyrans, ils ne verraient en eux que des pères spiri-
tuels, qui n'ont rien tant à cœur que leur avancement
dans les sciences, et qui, en les formant à la vertu, ne
désirent rien plus fortement que leur bonheur dans ce
monde, où la vertu seule nous procure des consolations
et des jouissances réelles.

CXXV.

CÉSAR fut un des plus grands capitaines qui aient existé.
Sylla ayant deviné quelle serait un jour son ambition,
voulut s'en défaire ; mais César fut assez heureux pour se
dérober à ses recherches, en changeant tous les jours de
demeure. Son éloquence et sa libéralité lui procurèrent
un grand nombre d'amis. Après avoir passé successive-
ment par tous les emplois inférieurs de la république, il
fut nommé gouverneur d'Espagne. Ayant obtenu pour
cinq ans le gouvernement des Gaules, il recula, par sa
bravoure, les bornes de l'empire, fit une descente en
Bretagne, île jusqu'alors inconnue aux Romains, et il
contraignit les peuples de la Germanie à regagner leur
pays. On admire sur-tout son activité et sa célérité dans
sa marche, laquelle était si grande, qu'il paraissait plutôt
voler que marcher. Il était adoré de ses soldats qui se
glorifiaient de servir sous un aussi grand capitaine. Il
n'est pas étonnant qu'ils lui portassent autant d'affection,
puisqu'il s'offrait le premier au danger, et que, loin de
de se tenir à l'écart sans s'embarrasser de ses soldats, il

partageait avec eux toutes les fatigues et les incommodités
du métier de la guerre. Comme il était sur le point de
marcher contre Arioviste, roi des Germains, on vint lui
rapporter que ses légions étaient consternées, et qu'elles
l'accusaient de témérité de ce qu'il voulait en venir aux
mains avec une armée aussi formidable, ayant lui-même
aussi peu de soldats qu'il en avait. César, qui n'ignorait
pas combien il était de son intérêt de combattre Arioviste lequel n'avait pas eu honte de trahir le parti des Romains, fit assembler ses soldats; et, après leur avoir re-
proché leur lâcheté, en vantant néanmoins avec adresse
la gloire qu'ils s'étaient acquise par leurs belles actions,
il leur demanda s'ils le croyaient digne de les commander, si c'était à eux de faire les fonctions de généraux ou
de soldats, s'il était obligé de leur rendre compte de ses
desseins, des moyens qu'il pouvait employer et qu'ils
ignoraient, pour vaincre l'ennemi. Enfin, il les amena
au point d'avoir honte de ce qu'ils avaient douté de la
victoire, César étant leur capitaine; et il enflamma tellement leur courage, qu'ils lui demandèrent à grands
cris de les mener contre Arioviste. Faut-il qu'un aussi
grand homme ait été assassiné par les siens! On pense
qu'il aurait évité la mort, s'il avait été assez avisé pour
suivre les conseils de sa femme, dont les songes funestes
lui avaient fait craindre ce qui arriva, et sur-tout s'il
avait lu l'écrit par lequel Artémidore lui conseillait de
ne pas se rendre au sénat.

～～～～～～

CXXVI.

On dit qu'un Gascon, qui était à jeûn depuis deux
jours, parcourait les rues de Paris sans savoir à qui s'a-
dresser pour en obtenir de quoi assouvir sa faim dévorante. Combien n'y en a-t-il pas malheureusement qui
se trouvent tous les jours dans la même détresse que ce

pauvre Gascon, et qui ne rencontrent qu'avec beaucoup de peine des hommes assez généreux pour leur faire l'aumône! Vous savez que, plus on est riche, moins on exerce la charité envers les autres. Dieu nous recommande cependant d'aider notre prochain à proportion que nous sommes riches. En courant de côté et d'autre, notre Gascon sentit une odeur fort agréable qu'exhalait la cuisine d'une maison opulente; il ne douta pas qu'on n'y fît très bonne chère. Il s'arrêta, et voyant qu'il entrait dans cette maison une foule de personnages bien vêtus, il demanda au domestique d'où provenait une affluence aussi considérable. Quoi d'étonnant, lui répondit le valet? la fille de notre maître se marie aujourd'hui, et l'on va faire la nôce. Il y a encore une autre demoiselle qui est en âge d'être mariée, et le moment viendra où l'on célébrera aussi son mariage. Le Gascon demande ce que le père donne en dot à ses filles, puis il entre dans la maison, de même que s'il était un des conviés. On le reçoit avec beaucoup de politesse, parce qu'on s'imagine qu'il est un des amis des plus proches parents. Armé d'une audace digne d'un Gascon, il s'approche du père, et lui dit à l'oreille : « Monsieur, j'ai une affaire à vous proposer, et il ne dépend que de vous de gagner cinquante mille francs ». Cela suffit, lui dit le financier, mettez vous à table avec nous, et nous parlerons de cette affaire après le repas. Les morceaux disparaissaient de dessus l'assiette du Gascon; à peine son verre était vide, qu'il le faisait remplir : enfin il but et mangea autant que quatre personnes à la fois. Après le repas, le financier le pria de passer dans son cabinet, et de lui conter l'affaire dont il voulait l'entretenir. Vous avez donné à votre fille aînée, dit le Gascon, cent mille francs de dot; pour moi je consens à épouser la cadette avec une dot de cinquante mille francs; il est clair que, par ce moyen, vous gagnerez cinquante mille francs. Quelle fut la surprise du financier! Il allait, dit-on, se fâcher, lorsqu'il songea qu'il valait mieux rire de cette aventure; mais il ne put s'empêcher de déclarer que le Gascon était un homme d'esprit.

CXXVII.

Quinte-Curce, qui s'est rendu célèbre par son histoire d'Alexandre-le-Grand, est un Auteur dont la diction est claire, facile, et quelquefois élégante. On croit qu'il vécut sous le règne de Vespasien et de Trajan; ce qu'il y a de certain, c'est qu'on voit sans peine qu'il ne peut être comparé aux bons Écrivains du siècle d'Auguste. Tant s'en faut qu'il les égale, qu'au contraire il leur est bien inférieur. Son style paraît un peu moderne en bien des endroits; et, pour peu qu'on connaisse Térence ou Tite-Live, on n'aura pas de peine à s'apercevoir que Quinte-Curce vivait beaucoup de siècles après eux. On trouve tant de fautes de géographie dans son histoire, qu'on l'accuse à bon droit de n'avoir connu que de nom certaines mers et certains pays dont il parlait. Cependant on avouera qu'un historien ne doit rien dire qu'il ne puisse prouver, du moins par le témoignage de quelques autres historiens, qui méritent qu'on ait en eux quelque confiance. Il y a dans l'histoire de Quinte-Curce beaucoup de faits que l'on ne trouve dans aucun autre historien; et je ne doute pas qu'il ne lui eût été bien difficile de prouver la vérité de ces faits, dont il ne pouvait avoir été témoin oculaire, puisqu'il vivait bien longtemps après le héros dont il a décrit les hauts faits. L'élégance et la pureté de son style font pardonner ses fréquents anachronismes et les erreurs qu'il a commises tant en géographie qu'en histoire. De dix livres dont la vie d'Alexandre se composait, les deux premiers sont

perdue, Freinshemius s'est efforcé de réparer cette perte
avec les secours qu'il a puisés dans des Écrivains qui ont
fait mention d'Alexandre et de ses conquêtes. Quelques-
uns croient que Quinte-Curce est le même que ce Cur-
tius Rufus qui parvint au consulat sous le règne de
Claude. Cet homme, né de parents obscurs, suivit en
Afrique un questeur romain. Un soir qu'il se promenait
sous les portiques d'Adrumète, il rencontra une femme
d'une grandeur surnaturelle, qui lui prédit qu'il gouver-
nerait un jour l'Afrique en qualité de proconsul. Rufus,
encouragé par cette singulière prophétie, revint à Rome,
et, étant parvenu à se concilier les bonnes grâces de l'Empereur, il fut nommé consul, passa ensuite en Afrique
en qualité de proconsul, et mourut dans cette province.

CXXVIII.

Il faut avouer que le corps humain est sujet à beaucoup
de maladies; mais ce qui les provoque le plus souvent,
c'est l'intempérance. On peut donc assurer, sans craindre
de se tromper, que, plus on sera sobre, plus on se ga-
rantira facilement des maladies qui ont coutume d'assiéger l'espèce humaine. Les premiers Romains et les Spartiates étaient tempérants au point qu'ils ne vivaient que de
légumes ou de mets qu'il leur était très facile de se procurer. Je ne saurais vous dire combien leur santé était ro-
buste; ils n'avaient besoin ni de médecins, ni de ces mé-
dicaments dont nous faisons si souvent usage. Pourquoi
les hommes d'aujourd'hui ne sont-ils pas les mêmes que
ceux qui existèrent il y a deux mille ans? Les armées romaines parcouraient d'immenses régions avec une telle
célérité, qu'elle tient, en quelque sorte, du prodige; elles
passaient d'Europe en Asie et en Afrique, sans éprou-

ver ces infirmités qui naissent fort souvent de fatigues
continues ou de changement de climat. Les soldats romains, il faut en convenir, étaient tout autres que les nô-
tres. Avant de partir pour l'armée, ils s'étaient endurcis
par les exercices du pugilat, de la lutte et de la course;
ils s'étaient accoutumés à souffrir le froid et le chaud, la
faim et la soif; ils passaient les nuits plutôt exposés aux
injures de l'air, que renfermés dans des tentes; tant il est
vrai que la tempérance et l'exercice contribuent à la
santé beaucoup plus qu'on ne croit. La tempérance que
pratiquent si peu de personnes, devrait être estimée plus
qu'elle ne l'est. La débauche tue plus de victimes que le
fer même. Les hommes vivraient beaucoup plus long-
temps, s'ils observaient les lois de la tempérance. Que la
santé est plus précieuse qu'on ne pense! Pour conserver
ce trésor, dont on ne connaît le prix que quand on l'a
perdu, il faut vivre sobrement. Oui, l'on jouira d'une santé
d'autant meilleure, qu'on sera plus sobre. Les pauvres
s'imaginent qu'ils sont malheureux, parce qu'ils n'ont
pas la faculté d'acheter certains aliments exquis dont les
riches se nourrissent; mais qu'ils se trompent grossièrement! Il n'est personne qui doive ignorer que les aliments sont d'autant plus salubres, qu'ils sont plus com-
muns, et que ceux qui sont préparés avec beaucoup d'art
par des cuisiniers très habiles dans l'art d'empoisonner,
sont pernicieux à la santé. Je ne saurais donc vous recommander trop souvent d'observer les règles de la tempérance.

<center>~~~~~~~~~~</center>

CXXIX.

MARC-ANTOINE, que l'on distingue par le surnom de
l'Orateur, de Marc-Antoine, le triumvir, était l'aïeul de
ce dernier. Il se distingua tellement au barreau de Rome,

sa patrie, qui alors pouvait passer pour la capitale du monde entier, qu'au jugement de Cicéron, l'Italie devint la rivale de la Grèce. Nommé questeur pour l'Asie, il venait de partir pour aller prendre possession de cet emploi, lorsqu'il apprit qu'on lui imputait un inceste devant le préteur Cassius, dont le tribunal passait pour l'écueil des accusés. Au lieu de garder le silence, suivant la prérogative qu'avaient les officiers absents pour le service de l'Etat, de ne pas répondre aux accusations portées contre eux, il revint à Rome, se justifia, puis se rendit à sa destination. Quelque temps après, il fut élu préteur pour la Sicile, dont il purgea les mers des nombreux pirates dont elles étaient infestées. Il fut ensuite proconsul en Cilicie, où ses victoires lui firent décerner les honneurs du triomphe; puis consul, et enfin censeur dans sa ville natale, où il se fit beaucoup estimer et considérer, tant pour son intégrité que pour son attachement à la république. Qui croirait qu'il fut massacré pendant les guerres civiles de Marius et de Sylla, l'an de Rome six cent cinquante-six, et qu'on suspendit sa tête à cette tribune aux harangues, où il s'était fait si souvent admirer? Il était alors âgé de cinquante ans. Sa perte fut vivement déplorée par tout ce qu'il y avait d'hommes éclairés. On est fâché qu'il n'ait pas mis au jour ses harangues qui lui firent tant d'honneur; il n'en voulut publier aucune, dans la crainte d'avoir, dans une cause précédente, fait usage de quelque moyen qui pût nuire aux causes qu'il plaiderait ultérieurement. Antoine avait autant de modestie que d'éloquence; il laissa deux fils : Marcus, appelé le Crétois, qui mourut de chagrin d'avoir échoué dans la guerre de Crète, qu'il avait entreprise étant préteur, et Caïus, surnommé (1) Hybrida, mauvais citoyen, qui fut banni après avoir commis en Achaïe des concussions qui,

---

(1) Hybrida, *Hybrida*, æ. m.

jointes à la conduite déréglée, l'avaient fait déchoir du
rang de sénateur. Antoine, qui se [...] publié
de ses beaux plaidoyers, a cela de [...] avec
nos célèbres avocats, dont on connaît [...]
qu'il profera peu d'instants avant de mourir : Vous voyez,
mes amis, que je ne suis pas accoutumé à perdre mes causes.
Cette fois, je plaide avec la Mort, et je [...]

CXXX.

Lettre d'un ami à son ami.

Je crains bien, mon cher ami, que tu ne sois malade,
car je suis persuadé que, si quelque chose de fâcheux ne
t'avait retenu à la maison, tu serais déjà arrivé dans ma
métairie, où je t'attends depuis un mois. Je ne doute
pas que tu ne me mandes au plus vite pourquoi tu
tu n'as pas tenu la promesse que tu m'as faite. Il me tarde
de savoir ce qui peut t'empêcher d'accourir à la campagne,
présentement que tu as renoncé aux fonctions publiques
qui ne laissaient pas de remplir tes moments. Tu n'i-
gnores pas combien je t'aime, combien je suis désireux
de te posséder chez moi. Il ne s'ensuit rien que je
monte à cheval pour aller à Paris m'informer moi-même
de ta santé; car je ne puis croire que, si tu étais bien
portant, tu ne viendrais pas promptement chez de
bons amis à qui il tarde de te recevoir. Mais bien
que, si tu n'étais malade, ou si tu étais retenu,
comme je le crains, par des affaires de la plus grande
importance, je ne pourrais m'empêcher de t'accabler
de reproches, qui seraient d'autant plus justes, que
tu m'avais promis plus formellement de te rendre
sans délai à ma maison de campagne; mais à Dieu ne
plaise que je soupçonne mon meilleur ami de m'aimer

aujourd'hui moins qu'il ne m'aimait par le passé. Cependant, si j'ai quelque sujet de me plaindre de ton peu d'empressement, confesse-moi ta faute avec toute la franchise dont tu es capable ; je ne suis pas homme à me fâcher sérieusement contre toi, puisque je ne te crois pas assez léger pour trahir tant soit peu les lois sacrées de l'amitié, et pour vouloir m'offenser en aucune façon. Que le chant des oiseaux, ô mon cher ami, que le murmure des ruisseaux, que les vertes campagnes, que toute la nature enfin, parée de ses plus beaux atours, me paraît triste, privé de ta présence et de tes doux entretiens ! Quand pourons-nous disserter ensemble sur les beautés des Ecrivains célèbres, tant de Rome que de la Grèce, qui seront admirés de la postérité la plus reculée, et que nous avons eu le bonheur de traduire ensemble sous des maîtres fort habiles ! Je te priais, au commencement de cette lettre, de m'écrire pour me faire connaître ce qui peut te retenir chez toi ; mais je change d'avis, je te défends de m'écrire : viens toi-même apporter la réponse le plutôt que tu pouras. Il n'aurait tenu qu'à toi de m'accompagner quand je partis pour la campagne ; mais tu me prias d'attendre que tu eusses achevé l'ouvrage que tu avais commencé. Je me donnai bien de garde d'interrompre ton travail ; mais que ton excuse était faible ! La solitude et la fraîcheur des bois, aussi bien que la paix qui règne à la campagne, sont amies des nymphes du Parnasse. Adieu, aies pitié de mes ennuis, et vole dans les bras de ton ami.

***

CXXXI.

Lettre d'un Père à son Fils.

IL me tarde de recevoir de vos nouvelles, mon cher fils. A vous dire vrai, je suis extrêmement surpris de votre négligence à m'écrire. Ce n'est pas là ce que vous m'aviez promis avant de quitter la maison paternelle pour retourner à votre collége, là où vous êtes. A vous dire ce que je pense, mon ami, je crains fort que vous ne perdiez votre temps, et que vous ne soyez peut-être un des derniers de votre classe. J'en serais d'autant moins surpris, que vous m'aviez fait espérer de recevoir de vous chaque liste des places qu'on donnerait en classe. Je vous déclare que, tant que vous ne m'enverrez pas ces listes des places, vous ne recevrez pas d'argent de moi ; et cependant je ne doute pas que votre bourse ne soit fort altérée ; car, si je m'en souviens bien, il y a plus de trois mois que je ne vous ai envoyé un petit écu, quoique je n'aie rien tant à cœur toutefois que vous ne manquiez pas de ce qui vous est nécessaire. Mon fils, je vous ordonne de m'écrire au plutôt, quand bien même vous seriez le dernier de votre classe. Pour n'avoir pas réussi un jour, s'ensuit-il qu'on ne réussisse pas un autre jour ? Pour peu qu'on ait de désir de bien faire, on obtient presque toujours les succès qu'on espère. Ne craignez donc pas de m'écrire si vous avez été heureux ou malheureux. Plus votre lettre sera longue, plus elle me sera agréable. Ne ménagez pas le papier ; et, si vous n'avez plus de quoi en acheter, empruntez d'un camarade quelque peu de monnaie, ou priez votre professeur de vous prêter deux feuilles, que vous lui rendrez aussitôt que je vous aurai fait passer l'argent dont vous devez avoir besoin. Je n'ai rien de nouveau à vous mander, si ce n'est que votre sœur compte bientôt se marier ; le parti qui se présente nous paraît d'autant plus avantageux, que nous appréhendions qu'elle n'épousât un homme que son peu de fortune devait faire exclure. Votre mère se porte bien, et elle ne peut s'empêcher de pleurer pendant que je vous écris ; elle craint que vous ne soyez malade, par la raison que vous gardez le silence.

Adieu, mon cher fils, je vous embrasse aussi tendrement
que je vous aime. J'oubliais de vous dire que, si vous ob-
tenez des prix à la fin de cette année, je vous acheterai le
cheval que j'ai promis de vous donner.

CXXXII.

JE me réjouis, mon cher ami, de ce que vous êtes revenu en bonne santé du long voyage que vous avez eu la
hardiesse d'entreprendre ; je vous félicite d'être devenu
beaucoup plus opulent que vous ne l'aviez espéré. Combien de gens vont chercher la Fortune aux extrémités de
la terre, et n'en reviennent que chagrins et misérables !
Pour vous, la Fortune vous a favorisé dans vos projets ;
et cette Déesse inconstante, qui se plaît à se jouer de la
cupidité des hommes, vous a comblé de ses faveurs.
Je suis d'autant moins surpris que vous ayez amassé de
grands biens, que je sais quelle est votre industrie :
d'ailleurs ayant été aussi fortement recommandé par le
ministre que vous l'avez été, vous deviez surmonter les
obstacles qui empêchent ordinairement que l'on n'amasse
de la fortune. Mais que vous serviront vos richesses, si vous
ne savez pas en jouir, et si vous êtes d'autant plus malheureux que vous êtes plus opulent. En effet, plus on a de
richesses, plus on a coutume d'en désirer ; plus l'ambitieux est élevé, plus il souhaite de l'être. De même que
l'hydropique ne peut étancher la soif brûlante dont il est
dévoré, de même celle de l'ambitieux ne peut être assouvie par les honneurs dont il est comblé. Jetez les yeux
sur Alexandre. Que l'univers lui semblait petit, lorsqu'il
fut arrivé dans les Indes ! Son ambition croissait à proportion de sa gloire. Ce n'était pas assez pour lui d'avoir
subjugué la Perse, dompté les Thraces, vaincu Porus,

roi des Indes, il aurait désiré que Dieu eût créé d'autres mondes pour les réduire sous sa puissance. O prince insensé, crains que les Dieux ne punissent ton ambition insatiable. Que l'aura servi d'avoir soumis tant de peuples, pris tant de villes, sacrifié tant de soldats? Lorsqu'une tombe, large de deux pieds, et longue de six, enfermera les dépouilles mortelles, tu éprouveras bientôt quelle est la vanité des grandeurs humaines. Tu marches à Babylone : c'est là que la Mort, qui moissonne sans distinction les monarques et les bergers, te prépare un tombeau. On ne se souviendra plus de toi, que pour rappeler les villes que tu as réduites en cendre par ton ambition, et les peuples que tu as tourmentés pour te faire un nom inutile.

CXXXIII.

ON voit beaucoup de gens qui deviennent méchants à proportion qu'ils sont heureux. Si l'on parcourt l'Histoire ancienne, on en trouvera bien des exemples. Cambyse, roi de Perse, enflé de ses succès à la guerre, exerça autant de cruautés que qui que ce fût. Il traita d'une manière aussi injuste que barbare un de ses plus fidèles courtisans, qui eut la hardiesse de lui représenter qu'il ne convenait pas à un roi d'agir comme un particulier. Un jour que Cambyse était échauffé par le vin qu'il avait bu outre mesure, ce loyal serviteur lui remontra aussi respectueusement qu'homme du monde, combien ce vice était indigne d'un prince. Tu penses donc, reprit Cambyse, que je n'ai pas maintenant la même adresse que j'ai coutume d'avoir. Pour te désabuser, je t'ordonne de faire venir ton fils, place le là où tu es, et je gage de le frapper au cœur avec la même flèche que je tiens en main. Il fallut obéir. Quand le jeune enfant se fut placé à l'endroit indiqué, Cambyse prouva à son malheureux père, par une expérience cruelle, que l'ivresse ne l'empêchait pas de tirer juste. Il serait trop long de citer tous les actes de barbarie dont la postérité la plus reculée lui fera toujours un crime. Tout ce qu'on peut assurer, c'est qu'on ne pouvait se soustraire à sa fureur, quand on avait le malheur de lui déplaire. Craignant un jour d'être détrôné par son frère Smerdis, il eut la cruauté de le faire mourir. Comme sa sœur pleurait la mort de son frère, ne pouvant souffrir ses larmes qui lui reprochaient sa barbarie, il la tua également. Il fit écorcher vif un juge prévaricateur, et clouer sa peau sur le fauteuil du tribunal; puis il donna la place de juge au fils du coupable, en lui recommandant de se souvenir toujours du siége où il était assis. Il n'y a pas de doute qu'un monarque ne doive faire punir ceux qui, loin de remplir avec probité les fonctions qui leur sont confiées, se laissent corrompre par l'appât du gain; mais il faut que les punitions soient proportionnées aux délits; et le roi de Perse devait se borner à punir, suivant les lois du pays, le juge prévaricateur, sans faire clouer sa peau sur le fauteuil où devait siéger son malheureux fils.

<hr>

CXXXIV.

Suite.

CAMBYSE s'étant mis en tête de conquérir l'Egypte, marcha contre les peuples de cette contrée d'Afrique; il parut si choqué de leur superstition, qu'il tua de sa propre main leur bœuf Apis, et pilla leurs temples. Quelque absurde que fût l'opinion des Egytiens, il appartenait à Cambyse de la respecter; la violence qu'il exerça n'en fut pas moins un attentat sacrilége. Lorsqu'il voulut prendre Peluse, il se contenta de placer en tête de l'arméé un grand nombre de chiens et de chats. La ville se rendit pour ne pas s'exposer à tuer, en se défendant, des animaux qu'elle adorait comme des Dieux. Ayant formé le projet de piller le temple de Jupiter Ammon, il envoya contre les Ethiopiens et les Carthaginois une armée de cinquante mille hommes. On ne cite de ce prince, que des traits d'impiété et de barbarie; c'est pourquoi il fut haï et méprisé de ses sujets, lesquels se réjouirent de sa mort qui fut aussi funeste que sa vie avait été cruelle. Il mourut à Ecbatane, l'an cinq cent vingt-un avant J. C., d'une blessure qu'il se fit en montant à cheval. Les Egyptiens ne manquèrent pas d'observer que ce malheur lui était arrivé dans le lieu même où il avait tué le bœuf Apis, qu'ainsi sa mort était une punition du ciel. Un Mage, nommé Smerdis, dont l'origine est inconnue, succéda à Cambyse. Il ressemblait parfaitement à Smerdis, fils de Cyrus, que Cambyse avait mis à mort; et c'était peut-être pour ce motif qu'il en portait le nom. Instruit de la mort de ce jeune prince, que l'on avait célée soigneusement aux Perses, et sachant en outre combien Cambyse était odieux à ses sujets, il forma le dessein d'usurper le trône, et de se faire passer pour le véritable Smerdis, fils de Cyrus. Il envoya, sans différer, des hérauts dans tout l'empire pour notifier son avénement au trône. Cambyse était en Syrie quand il apprit cette nouvelle; mais, comme il mourut dans le même temps, les Perses se soumirent à celui qui s'était emparé du trône, sans s'informer si c'était, ou non, le véritable Smerdis. Quand on usurpe une couronne, on ne la conserve qu'avec peine. L'usurpateur du trône de Cambyse ne devait sa dignité qu'à la fourberie. On lui avait autrefois coupé les deux oreilles en punition de plusieurs crimes qu'il n'avait pas eu honte de commettre. Comme il craignait d'être reconnu à cette marque, il ne paraissait jamais en public, qu'il n'eût bien caché la place de ses oreilles. On vint cependant à découvrir ce défaut tandis qu'il dormait. On le fit mourir après qu'il eut régné sept mois.

~~~~~~~

CXXXV.

LYCURGUE était issu du sang des rois de Sparte; il régna même quelques jours après la mort de son frère aîné; mais la reine s'étant déclarée peu après enceinte, il ne gouverna plus que comme régent du royaume. Il ne tint pourtant pas à cette princesse qu'il ne reprît la couronne; elle s'engagea à détruire son enfant, à condition qu'il l'épouserait. On ne doute pas que Lycurgue n'eût horreur d'un trône acquis par le crime; il rejeta la proposition infâme de la reine; et, dès qu'elle eut mis un fils au monde, il se hâta de le déclarer roi. Le sceptre était à Sparte un pesant fardeau, parce que la licence avait gagné tous les ordres, et que les lois étaient méconnues ou violées. Lycurgue ayant formé le projet d'en établir de nouvelles, voyagea dans cette intention en Crète, en Ionie, et pénétra même en Égypte. De retour à Sparte, il alla consulter l'oracle de Delphes sur la bonté des lois qu'il avait dessein d'établir. La prêtresse, après l'avoir qualifié d'ami des Dieux, déclara que ses lois rendraient le royaume de Sparte aussi parfait qu'il pourait l'être, c'est-à-dire, que la nation Spartiate serait la plus heureuse qui eût jamais existé. Fort (1) de cet oracle, Lycurgue se rendit dans la place publique, suivi de quelques citoyens armés, et proclama le nouveau code qu'il avait créé. Il voulut que l'autorité fût partagée entre les rois, le sénat et le peuple. Les rois n'eurent que le pouvoir de commander les armées et de présider le sénat. Vingt-huit sénateurs nommés à vie devaient examiner et proposer les

____

(1) Fort, *fretus*, *a*, *um*. abl.
~~~~~~~

affaires ; le peuple décidait en dernier ressort. Cent trente ans après, le roi Théopompe jugeant que le pouvoir du sénat était trop grand, lui opposa celui de cinq inspecteurs appelés Ephores. Tirés de la classe du peuple, et élus par lui chaque année, ces magistrats pouvaient casser, emprisonner, punir de mort les sénateurs, et suspendre les rois eux-mêmes de l'exercice de leurs fonctions, jusqu'à ce qu'un oracle décidât qu'ils seraient rétablis.

CXXXVI.

IL y a peu de princes que l'on puisse comparer à Antonin, surnommé le Pieux. Il gouverna Rome après Adrien par qui il avait été adopté. Il fut si bon et si vertueux, qu'il mérita d'être proposé pour exemple à tous les empereurs romains. Il régna plutôt en père qu'en roi, tant il se fit estimer et admirer de ses sujets ! Il soulagea de ses propres deniers le plus de malheureux qu'il put ; jamais les Chrétiens ne furent persécutés par lui. Il avait tellement horreur de la guerre, qu'il disait comme Scipion, qu'il préférait la vie d'un citoyen à la mort de cent mille ennemis. Ses contemporains ne craignirent pas de le comparer à Numa, auquel il ressemblait par ses vertus pacifiques qui le firent respecter des rois étrangers. Tel était son amour pour la justice, que des monarques éloignés le prirent plusieurs fois pour arbitre de leurs différents. Etant allé à Smyrne pendant son consulat, il descendit chez un sophiste qui l'obligea poliment à choisir un autre gîte pour la nuit. Long-temps après, ce sophiste étant venu à Rome, Antonin, alors empereur, lui dit en plaisantant qu'il pouvait loger dans son palais, sans craindre d'être congédié pour la nuit. Il n'y eut pas un citoyen qui n'osât lui demander quelque grâce, parce qu'il accueillait tout le monde avec bonté ; aussi fut-il chéri autant qu'estimé de tous ses sujets. Malgré toutes ses qualités qui le rendaient digne de la bienveillance universelle, il se fit des ennemis (car quel monarque n'en a pas autant que de flatteurs ?) qui eurent la hardiesse de conspirer contre lui. Antonin n'en fut pas plutôt informé, que, loin de les punir, il défendit même qu'on les tourmentât; ce que je ne saurais approuver : qui peut ignorer en effet combien il est dangereux de faire grâce aux scélérats ? C'est l'impunité qui les engage à commettre de nouveaux crimes ; aussi est-il de l'intérêt de ceux qui gouvernent, de ne laisser impuni aucun attentat contre la majesté du Souverain. Antonin mourut l'an cent soixante-cinq de J. C., après avoir régné vingt-trois ans.

～～～～～～

CXXXVII.

On a bien de la peine à persuader aux jeunes-gens, que la science l'emporte sur tous les biens de ce monde, que, sans elle, on ne mérite d'être ni protégé ni considéré de qui que ce soit. Je sais bien que la science ne s'acquiert pas sans peine ; mais quels avantages ne procure-t-elle pas ! Il faut convenir que, si les racines en sont amères, les fruits en sont bien doux. C'est elle seule qui nous console dans l'adversité, et qui, lorsqu'elle est accompagnée de la vertu, fait que nous trouvons plus de plaisir à remplir nos devoirs. On ne saurait donc trop vous recommander, Messieurs, de vous livrer à l'étude pour acquérir la science qui est estimée plus que jamais, aujourd'hui que l'on fait choix des hommes instruits pour leur confier les emplois les plus difficiles à remplir. Je ne saurais trop vous répéter que, plus vous cultiverez les lettres, plus vous les aimerez. N'entendez-vous pas dire partout qu'il est aussi agréable que glorieux d'orner son

* 6

esprit de connaissances utiles ? Ne voyez-vous pas qu'on est estimé partout à proportion qu'on est instruit, et que, plus on est ignorant, plus on est exposé à la risée publique ? Je ne vous conseille pas cependant de vous macérer par des veilles extraordinaires ; craignez, mes amis, d'altérer votre santé, trésor dont on ne connaît le prix que quand on a eu le malheur de le perdre. Si l'on examine combien peu de lettrés sont parvenus à une extrême vieillesse, on sentira combien les études immodérées sont pernicieuses à la santé. Si trois ou quatre savants sont morts dans un âge avancé, on peut citer deux cents hommes de lettres que leurs travaux excessifs ont empêchés de saluer même la porte de la vieillesse. Je l'avoue, que sert une vaste érudition sans la santé ? Faut-il qu'il y ait des hommes assez insensés pour sacrifier ce bien aussi précieux que chose du monde, dans la vue d'acquérir des connaissances qui, bien loin de les rendre meilleurs, ne servent souvent qu'à gâter leur esprit et à corrompre l'innocence de leurs mœurs ! Vous me ferez donc grand plaisir, mes amis, d'étudier avec plus de modération. Je vois tous les jours quelle est votre avidité pour apprendre ; on m'a rapporté que vous passez les jours et les nuits à feuilleter les livres. Je vous défends de travailler pendant la nuit, sur-tout en été, où les jours sont assez longs pour que vous trouviez le temps d'enrichir votre esprit de connaissances utiles. Il serait fâcheux qu'à force de travailler vous tombassiez malades ; j'aime beaucoup mieux vous voir bien portants et moins instruits, que fort savants aux dépens de la santé, que je regarde comme plus précieuse que toutes les richesses où l'avare place son bonheur et sa joie.

CXXXVIII.

Les Athéniens, qui jouent un rôle si important dans l'Histoire, ayant été long-temps en guerre avec les Perses, il est à propos que je vous fasse connaître les mœurs et les coutumes de ces derniers peuples. Leur monarchie fondée par le grand Cyrus, l'an cinq cent cinquante-neuf avant J. C., devint par la suite un des plus puissants royaumes qui aient subsisté. A Cyrus succéda Cambyse ; Darius fut remplacé par Xercès-le-Grand. Après avoir régné sept mois, Artabane laissa la couronne à Artaxerce dit Longue-Main. Celui-ci eut pour successeur Xercès second, que Sogdien remplaça. Darius second fut remplacé par Artaxerce-Mnémon, qui eut pour successeur Artaxerce trois. Arsès céda le sceptre à Darius trois, qui fut détrôné par Alexandre-le-Grand, l'an trois cent trente-un avant J. C. Depuis cette époque, la Perse fut tributaire des Grecs. Après la mort d'Alexandre, Seleucus-Nicanor s'établit dans cette contrée, et sa postérité y régna jusqu'au temps où les Parthes excitèrent de nouvelles révolutions dans l'Orient. Ces peuples s'étant emparés d'une grande partie de la Perse, la gardèrent pendant cinq cents ans. L'an deux cent vingt-neuf avant J. C., les Perses recouvrèrent leur indépendance sous la conduite d'un simple soldat, nommé Artaxerce, lequel fonda une nouvelle monarchie qui fut pour l'empire romain une dangereuse rivale. Les Perses mettaient tous leurs soins à élever convenablement la Jeunesse. Ils ne s'en reposaient pas sur la vigilance des parents, qui n'est que trop souvent en défaut ; ils craignaient avec raison qu'une aveugle tendresse ne les rendît incapables d'élever leurs enfants. L'Etat jugeait plus convenable et plus sûr de se charger de ce soin. Après ceux qui avaient rempôrté quelque avantage à la guerre, les citoyens qui avaient élevé le plus d'enfants, étaient les plus considérés. Toutes les lois des Perses tendaient à faire des hommes aussi vertueux que robustes ; c'est pourquoi on ne confiait les enfants qu'à des citoyens distingués par leur rang et par leurs vertus ; et on les accoutumait de bonne heure au travail et à la fatigue. Ils ne mangeaient que du pain et du cresson, ils ne buvaient que de l'eau. Rien n'était plus honteux chez les Perses, que de mentir ; aussi s'appliquait-on à inspirer de très bonne heure aux enfants l'amour de la vertu et l'horreur du mensonge. Ailleurs on ne manquait pas de décerner des châtiments contre les vices ; chez les Perses, on travaillait à les prévenir.

CXXXIX.

Suite.

Qui pourait douter que les Perses, qui apprenaient dès l'enfance à monter à cheval et à tirer de l'arc, qu'on accoutumait à supporter la faim et la soif, ne fussent des peuples très belliqueux ? Mais ils eurent le malheur de dégénérer, avec le temps, de cette valeur qui se faisait tant admirer parmi eux. Sous le règne de Xercès, du temps que cette monarchie était au faîte de la prospérité, l'an quatre cent quatre-vingt avant J. C., Léonidas, avec trois cents Spartiates seulement, arrêta au passage des Thermopyles l'armée entière des Perses, et fit périr vingt mille hommes, du nombre desquels se trouvèrent deux frères du roi. Les batailles de Marathon, de Salamine, de Platée et de Mycale, prouvent clairement combien les Grecs l'emportaient sur les Perses. Dans un our de combat, ceux-ci étaient assez aveugles pour compter plus sur le nombre, que sur la valeur et la discipline de leurs soldats. De tous les peuples anciens, les Perses sont ceux qui se sont le moins écartés de la religion primitive du genre humain. Chez eux, elle fut longtemps exempte des absurdités que l'on reproche aux nations idolâtres. Cependant ils se prosternaient devant le soleil, et ils adoraient le feu qu'ils regardaient comme l'âme de l'univers. Ce fut Zoroastre qui fonda chez eux la religion qu'ils professaient; on ne sait bien sous quel roi vécut ce philosophe, et quelles furent les actions de sa vie. Tout ce qu'on en rapporte, c'est qu'il fut le fondateur et le chef de cette secte de philosophes qu'on appelait mages, et qui, chez les Perses, étaient craints autant que considérés, parce qu'ils abusaient de leur pouvoir au point de se rendre redoutables même aux Souverains. Le gouvernement chez les Perses était despotique, comme dans toute l'Asie, et la couronne était héréditaire : de là les soins que l'on donnait à l'éducation des enfants qui devaient monter sur le trône. Les princes prenaient le titre fastueux de rois des rois; ils étaient révérés comme des Dieux par leurs sujets. Aucun d'eux n'osait paraître devant le trône, sans se prosterner en terre comme pour adorer celui qui jouissait du souverain pouvoir. Mais, quelle que fût l'autorité des princes, elle était cependant retenue dans de certaines bornes, par un Conseil composé des sept principaux de la nation. Les Perses se nommaient anciennement Achéméniens; ils furent appelés Perses, du nom de Persès, fils de Persée et d'Andromède, qui vint, dit-on, s'établir dans leur pays. Les anciens poètes les confondent souvent avec les Parthes. Persépolis était la capitale du royaume de Perse.

CXL.

DARIUS, premier de ce nom, était fils d'Hystaspe. Il conspira avec six autres seigneurs contre le mage Smerdis qui s'était emparé du trône de Cambyse. Après la mort de l'usurpateur, les sept satrapes convinrent d'élire pour roi celui d'entre eux dont le cheval hennirait le premier au soleil levant. La veille du jour fixé pour l'élection, l'écuyer de Darius conduisit le cheval de son maître près d'une jument, dans le lieu même par où les aspirants au trône devaient passer. Les seigneurs Persans ne furent pas plutôt arrivés, le lendemain, à cet endroit, avant le lever du soleil, que le cheval de Darius se mit tout-à-coup à hennir, en sorte que Darius fut proclamé roi : il était alors âgé de vingt neuf ans. Après avoir pris Babylone, conquis la Thrace, soumis les Indiens, il déclara la guerre aux Grecs, Hippias, fils du tyran Pisistrate, qui possédait peu d'amis, avait été contraint à sortir de la Grèce. Darius qui voulut le rétablir, eut assez peu de prudence pour envoyer des ambassadeurs à Athènes ; mais les Athéniens firent peu de cas de ses prières et de ses menaces. Quelque temps après, Darius employa des armes un peu plus puissantes. Persuadé que, pour peu que ses soldats voulussent combattre, il viendrait à bout de vaincre les Athéniens, il entra dans la Grèce avec une armée nombreuse. La présence d'une telle armée causa beaucoup de terreur aux Grecs. Plusieurs villes se rendirent à Darius ; il n'y eut que les Athéniens et les Lacédémoniens qui aimèrent mieux mourir, que de perdre leur liberté. Ils levèrent une armée de douze mille hommes, qui était, à la vérité, inférieure à celle des Perses pour le nombre, mais qui lui était bien supérieure en courage. Ils en donnèrent le commandement à Miltiade, qu'ils aimaient et estimaient beaucoup. Cet habile Général crut qu'il était de son intérêt de choisir un poste favorable; c'est pourquoi il conduisit son armée à Marathon, dans un lieu qui lui était connu. Quoiqu'il eût moins de soldats que Datis et Artapherne, Généraux de l'armée des Perses, il ne montra pas pour cela moins de fermeté. Il estimait moins le nombre que le courage de ses soldats. Darius, au contraire, se fiait moins à la valeur qu'à la multitude des siens. Il était le moins sage des deux. Son armée fut entièrement défaite. Loin d'être abattu par un aussi grand revers, il résolut de faire la guerre en personne; mais, dans le temps qu'il levait un nombre de troupes encore plus considérable, il mourut l'an quatre cent quatre-vingt-cinq avant J. C., à l'âge de soixante-cinq ans.

CXLI.

Vous vous plaignez, mon ami, de manquer de mémoire, et vous dites que c'est pour cette raison que vous ne pouvez répondre aux questions qu'on vous fait sur l'Histoire qu'on vous a enseignée. Je ne pense pas que vous ayez lieu de vous plaindre de ce manque de mémoire; en effet, vous ne vous donnez aucune peine pour cultiver cet heureux don de la nature. Tous les hommes ont plus ou moins de mémoire; quand on la cultive, on est certain d'en tirer toujours parti. Mais la plûpart des jeunes-gens se mettent peu en peine d'exercer leur mémoire; il leur importe peu de paraître instruits, ou non; pourvu qu'ils passent tout leur temps à jouer, ils s'inquiètent fort peu si leur ignorance ne leur sera pas par la suite extrêmement préjudiciable. A qui doivent-ils s'en prendre, si ce n'est à eux-mêmes ? Plus ils cultiveraient leur mémoire, plus ils retiendraient facilement ce qu'ils auraient appris. Il n'en est pas de la mémoire des jeunes-gens comme de celle des vieillards. Autant celle des vieillards est ingrate et stérile, autant celle des jeunes-gens est heureuse et tenace. Il semble que la mémoire s'use comme le fer. Ce n'est pas sans beaucoup de peine que les vieillards apprennent par cœur; et ils n'ont pas plutôt appris une chose, qu'elle s'échappe de leur mémoire comme l'eau, d'un vase rempli de trous. Il s'en faut beaucoup que la mémoire des jeunes-gens soit aussi ingrate; elle retient sans peine tout ce qu'on veut lui confier. Il ne tient qu'à vous d'être riches; vous avez un champ à cultiver qui peut vous produire un revenu immense; il vous enrichira à proportion que vous le cultiverez; et ne craignez pas que les semences que vous confierez à votre terre soient perdues : au contraire, elle vous rendra fidèlement tout ce que vous lui aurez confié. Vous avez de quoi vous enrichir, et vous vous plaignez de votre pauvreté! N'est-ce donc pas à bon droit qu'on vous accuse de paresse? Que diriez-vous d'un paysan qui, ayant une bonne terre, mourrait de faim pour la laisser inculte? D'où provient votre ignorance affreuse? de votre négligence à cultiver votre mémoire qui est un des plus beaux présents que vous ayez reçus de la Divinité.

<center>~~~~~~~</center>

CXLII.

Un homme dont je ne me rappelle plus le nom, possédait une fortune considérable dont il ne se servait que pour satisfaire ses fantaisies. Mais, comme il était accoutumé à jouir de toutes les commodités de la vie, il en conçut un tel dégoût, qu'il fut sur le point de se donner la mort. Ce qui l'arrêtait seulement, c'était le moyen à

employer pour se débarrasser d'un fardeau aussi pesant.
Tout-à-coup il est rencontré par un de ses amis qui, ne
s'étant pas plutôt aperçu de l'ennui et du chagrin dont il
était dévoré, lui arracha, comme malgré lui, son secret.
Quoi! lui dit-il, vous paraissez dégoûté de la vie; vous
ne savez plus comment vous pouvez faire usage de vos
immenses richesses pour en jouir convenablement? Eh!
mon ami, employez cet or, source funeste de vos chagrins, à soulager les malheureux qui, tous les jours, vous
demandent du pain; employez le à secourir votre famille
et vos semblables; et je vous assure que la vie, loin de
vous être à charge, vous paraîtra alors aussi courte et
aussi agréable qu'elle peut l'être. Le riche malheureux
dont nous parlons, ne put s'empêcher d'approuver un
conseil aussi sage; il lui tarda aussi de le mettre en pratique. Il n'eut pas plutôt soulagé quelques pauvres familles, et procuré le bonheur à tous ceux qui l'environnaient, qu'il s'écria, les larmes aux yeux : « Je sens que
je suis trop peu riche, pour faire autant d'heureux que je
le voudrais; je vois, hélas! que je ne vivrai pas assez
long-temps pour exécuter tous les projets de bienfaisance
que j'ai conçus, tant il est vrai qu'on n'est heureux qu'autant qu'on secourt ses semblables »! Ce fut au conseil de
son ami, que cet homme vraiment à plaindre dut son
repos, son bonheur et sa santé.

CXLIII.

Autant il aurait été glorieux pour Caligula, successeur
de Tibère, de se faire aimer et respecter de ses sujets, autant
il fut honteux pour lui de s'en faire haïr et mépriser. On sait
qu'il commit tant de crimes, qu'il devint l'opprobre du genre
humain, et que Rome n'eut pas de plus grand ennemi
que lui-même. Ce fut ce cruel empereur qui désirait

que le peuple Romain n'eût qu'une tête pour pouvoir la couper d'un seul coup. Son ambition l'aveugla au point qu'il voulut être adoré comme un Dieu. Il portait tantôt un trident comme Neptune, tantôt un caducée comme Mercure, et tantôt une lyre comme Apollon : bien plus, il n'avait pas honte de dire qu'il avait épousé la lune. Il fit tant de folies, qu'il serait difficile d'en faire l'énumération. Par exemple, il avait un cheval qu'il aimait et estimait tant, qu'il l'invitait quelquefois à souper. Alors il lui faisait servir de l'orge dorée, et il le faisait boire dans des vases d'or. Il lui avait fait faire une écurie de marbre, une auge d'ivoire, et des couvertures de pourpre ; il lui avait fait aussi présent d'un beau collier de perles, qui lui avait coûté fort cher. Il avait donné à ce cheval des domestiques richement vêtus, et des meubles très précieux, afin qu'il pût recevoir magnifiquement les personnes qu'il aurait invitées à manger. Il jurait par la vie et la fortune de son cheval ; il le déclara pontife, et lui promit de le faire consul. Il est constant qu'il aurait exécuté son dessein, si Rome n'avait pas eu le bonheur de le voir enlevé par une mort prématurée à l'âge de vingt-neuf ans. Il fut tué l'an quarante-un de J. C. On ne se rappelle son règne, que pour le détester. On ne sait en vérité laquelle des deux, sa folie ou sa cruauté, fut la plus grande.

CXLIV.

Il est ridicule de se faire un mérite des services qu'on rend aux autres, quand on leur a fait plaisir, sans le vouloir, et sur-tout quand on n'a cherché qu'à s'obliger soi-même. On ne rencontre dans le monde, que trop de gens qui sont toujours enclins à vanter le service qu'ils nous ont rendu ; c'est en vain que Phèdre, dont vous expli-

quez les ouvrages ici où nous sommes, a voulu les corriger par sa fable de l'Homme et la Belette ; je crois
que ces hommes sont trop vains, pour qu'on puisse jamais les faire changer de conduite ou de langage. On
nous raconte à ce sujet l'entretien d'un Chêne et d'un Porc
qui se querellèrent pour bien peu de chose. Des glands
étaient tombés au pied d'un Chêne; un Porc les ayant
rencontrés, se mit à les dévorer avec l'avidité qui est
propre à cet animal. Le Chêne n'eut pas plutôt vu que
le Porc, sans se mettre en peine s'il agissait bien ou mal,
dévorait ses fruits, qu'il lui cria d'un ton plein de menace :
« Qu'oses-tu faire, vil animal? Faut-il que tu sois assez
audacieux et assez peu civil, pour user de mes fruits
comme d'une nourriture qui t'appartient! Ne sais-tu pas
que je les ai produits à force de travail, et que je puis
seul en disposer à mon gré? Et ne devrais-tu pas, puisqu'il te plaît de les manger, me rendre grâces au moins
de la nourriture que je te procure en ce moment? Ingrat, qui uses de mon bien, et qui ne sais pas m'en remercier, éloigne toi au plutôt, je te défends de revenir
jamais près de moi. » « Qui peut t'engager, reprit le
Porc, à me faire cette injure? Je sais que ces glands t'ap-
partiennent, que tu peux en gratifier qui il te plaira; mais
conviens que, puisque tu ne les laisses pas tomber pour
moi, j'aurais grand tort d'être reconnaissant, et de te
prouver que je le suis. »

CXLV.

Personne n'ignore que les habitants de Lacédémone,
qu'on appelle aussi les Spartiates, se sont immortalisés
par leur grand courage, auquel on ne peut comparer que
leur grand amour pour la liberté. La guerre avait tant de
charmes pour eux, qu'ils en faisaient leur unique occu-

pation ; et c'était aux esclaves qu'ils abandonnaient le commerce et la culture des arts. Aussi modérés après la victoire, que valeureux dans le combat, ils se firent respecter de leurs voisins, en sorte que les Carthaginois, les Siciliens, les Thraces et les Egyptiens implorèrent souvent leur assistance. L'éducation que les enfants recevaient à Sparte, était aussi austère que chose du monde ; ils n'étaient pas plutôt en état de porter les armes, qu'ils volaient aux combats ; et, s'ils venaient à y périr, leurs mères, non moins courageuses que les hommes, se réjouissaient de leur mort. On peut connaître par quelques faits particuliers quel fut le caractère des Spartiates. Une mère dit à son fils qui partait pour l'armée : « Reviens avec ton bouclier, ou sur ton bouclier. » Une autre ayant appris que son fils avait été tué dans un combat, répondit : « Je ne l'avais mis au monde que pour cela. » Un citoyen nommé Pédarète, n'ayant pas été appelé à un Conseil dont il voulait faire partie : « Je rends grâces aux Dieux, s'écria-t-il, de ce que Sparte a trois cents citoyens meilleurs que moi. » Un seigneur Persan s'étonnait un jour de ce que Brasidas, qui avait fait en Asie un séjour aussi agréable que long, se réjouît d'être à la veille de retourner à Lacédémone : « Je connais les délices de ton pays, dit le Général, mais tu ne peux connaître les plaisirs du mien ». La mère de ce même Brasidas entendant élever son fils au-dessus de tous les capitaines que Sparte avait produits, ne put souffrir des éloges qui lui paraissaient blesser la gloire de sa patrie : « Mon fils était brave, dit-elle, mais Sparte a beaucoup d'enfants plus braves que lui. » Après la bataille de Leuctres, les parents de ceux qui avaient eu le malheur de périr, se félicitèrent mutuellement, et coururent dans le temple rendre grâces aux Dieux de ce que leurs enfants avaient fait leur devoir, au lieu que les parents de ceux qui avaient été assez lâches pour prendre la fuite, n'osaient se mon-

trer, ,tant étaient grandes la douleur et la honte dont ils
étaient pénétrés!

CXLVI.

Lettre d'une Mère à son Fils.

Vous ne pouvez ignorer, mon cher fils, combien je
vous aime tendrement, et quelle serait ma joie, si votre
père et moi étions assez heureux pour vous voir, les vacances prochaines, revenir à la maison paternelle couronné de lauriers. Autant il serait glorieux pour vous de
remporter un de ces prix que l'on proposera bientôt à
votre émulation, autant cette victoire nous comblerait
de satisfaction. Mais tel espère d'obtenir des récompenses
à la fin de l'année, qui n'en obtiendra aucune, parce qu'il
n'a pas travaillé avec assez d'ardeur, parce qu'il n'a pas
employé toutes les heures de l'étude à amasser des connaissances. Ce serait se tromper grossièrement, que d'espérer des prix sans avoir bien travaillé toute l'année. Cette
gloire ne s'achète pas à bon marché, on n'y parvient que
par une application qui ne se démente point. Ne serait-ce
pas vainement, que le laboureur se flatterait de recueillir à
la fin de l'année une ample moisson, s'il n'avait pas bien cul-
tivé son champ, s'il n'avait pas pris la peine de l'engraisser,
s'il n'avait pas mis tous ses soins à en arracher les mau-
vaises herbes? Vous avez aussi un champ à cultiver; il est
couvert de ronces et d'épines; il ne vous produira rien,
si, après l'avoir ensemencé, vous ne vous appliquez pas à le
purger de plantes parasites. L'écolier qui veut savoir s'il
a lieu d'espérer ou de craindre, doit se demander s'il a eu
soin de cultiver son champ, s'il a toujours suivi les bons
conseils qu'on lui a donnés, s'il ne s'est pas laissé en-
traîner par les mauvais exemples; car ce n'est que par un

travail assidu, par une soumission constante, qu'ont mérité et obtenu des couronnes les généreux athlètes qui vous ont précédé dans la carrière que vous allez parcourir. Quant à vous, mon cher fils , je sais que vous pouvez prétendre à la palme qu'on réserve aujourd'hui au travail ; je ne doute pas que', si vous voulez faire tous vos efforts , comme vous l'avez promis à votre père et à moi, vous ne remportiez la victoire. Prenez garde sur-tout de rien omette; ayez soin de rappeler dans votre mémoire tout ce qu'on vous a enseigné et expliqué ; mais, comme tous les efforts des hommes sont inutiles , s'ils ne sont favorisés du secours céleste, ne manquez pas d'invoquer le Père des lumières, et soyez bien persuadé que la vertu et la piété l'emportent beaucoup sur la science ; car la science, sans la vertu, n'est qu'orgueil et vanité.

CXLVII.

PERSÉE, fils de Philippe , et dernier roi de Macédoine, monta sur le trône l'an cent soixante-dix-huit avant J. C. (1) Il hérita de la haine de son père contre les Romains. Après s'être assuré de la couronne par la mort d'Antigone, son compétiteur , il leur déclara la guerre. Il fut d'abord aussi heureux que prudent; mais son avarice et son peu de courage l'empêchèrent de profiter de la victoire. Dans la suite, il fut entièrement vaincu à Pydna, par le consul Paul-Émile, l'an cent soixante-huit avant J. C. Désespérant alors de ramener la victoire sous ses étendards, il fût assez lâche pour s'enfuir dans l'île

---

(1) Philippe, père de Persée, était le cinquième du nom ; il ne faut pas le confondre avec Philippe deux, père d'Alexandre-le-Grand.

de Samothrace. On ne l'eut pas plutôt découvert dans cette île, qu'on l'amena à Paul-Émile. Le vainqueur le voyant à ses pieds, dans une posture humiliante, lui parla en ces termes : « Prince indigne de gouverner, pourquoi absous-tu ainsi la Fortune des événements que tu aurais pu maîtriser à ton gré, si tu avais su profiter de tes avantages ? Tu fais bien voir que tu ne méritais pas que le ciel t'accordât le pouvoir et les biens dont tu jouissais. Qui aurait pu croire qu'un descendant d'Alexandre aurait ainsi avili le sang illustre dont il est sorti ? Je reconnais à présent que tu n'étais pas un adversaire digne des Romains. Dans quelque personne qu'elle se trouve, la magnanimité est toujours admirée de la nation qui t'a vaincu ; mais elle méprise et déteste la lâcheté, fût-elle au comble du bonheur ». Paul-Émile ayant ainsi parlé, releva le roi de Macédoine, et le confia à la garde de Tibéron ; puis, s'étant retiré dans sa tente avec ses officiers : « Voyez, leur dit-il, si quelqu'un doit s'enorgueillir de sa bonne fortune. Il n'y a point de conquête, quelque brillante qu'elle soit, qui puisse affermir la condition des mortels ; plus ils sont élevés au-dessus des autres, plus ils sont exposés aux revers, et plus ils doivent craindre de tomber. Nous venons de détruire en un moment la maison du grand Alexandre ; personne de nous n'ignore qu'il fut le prince de la terre le plus puissant et le plus redouté. Persée lui-même, qui commandait à des milliers d'hommes, il n'y a qu'un instant, est réduit à un tel point de misère, qu'il est obligé de recevoir sa nourriture de la main même de ses ennemis ». On dit que le peuple Romain ne put s'empêcher de verser des larmes, en voyant dans les fers un monarque aussi puissant.

~~~~~~~~

CXLVIII.

Un ours dressé à la danse dès sa jeunesse par des Polonais, parut s'ennuyer enfin de ce genre de vie; il prit donc un jour la résolution de retourner dans les bois, d'où on l'avait tiré, pour y jouir des douceurs d'une vie tranquille avec les autres ours qu'il y avait laissés. Bientôt après, ayant trouvé le moyen de s'échapper des mains de ses conducteurs, tandis qu'ils s'enivraient dans un cabaret, il regagna promptement les bois, sa première demeure. Ses compagnons eurent bien de la peine d'abord à le reconnaître; mais à peine eurent-ils appris de lui qui il était, que chacun lui fit les plus vives démonstrations d'amitié, et que l'on entendit tout-à-coup la forêt retentir de joyeux mugissements. « Savez-vous que notre frère Roguignon (1) est arrivé, se disaient-ils les uns aux autres, lorsqu'ils se recontraient » ? Tous vinrent le féliciter de son heureux retour, et chacun de le questionner. « Qu'avez-vous vu, lui disait-on? que fait-on, que dit-on dans les pays d'où vous venez, et par où vous êtes passé » ? Le voyageur raconta aussitôt ses diverses aventures; et étant tombé sur l'art de la danse, il se mit à danser à la polonaise comme dans le temps où il était à la chaîne. Les ours qui ne pouvaient se défendre de l'admirer, voulurent l'imiter; mais à peine s'étaient-ils seulement levés sur leurs pieds de derrière, qu'ils tombaient à la renverse; et notre ours de rire de toutes ses forces. Plus ses camarades lui paraissaient lourds, plus il prenait plaisir à déployer ses grâces et son agilité. Enfin il dansa si bien et si long-temps, qu'il choqua toute la horde des ours, et qu'ils

____

(1) *Roguignon* ne changera pas.
~~~~~~~~

s'écrièrent d'une commune voix: « Quel est donc ce bala-
din qui prétend en savoir plus que nous, et valoir davantage? Retire toi promptement, et va déployer ailleurs tes chétifs talents ». Il ne tint à rien que tous ne
fondissent sur lui pour l'étouffer. Le pauvre danseur vit
bien qu'il lui importait de ne pas répliquer; et il fut trop
heureux de pouvoir prendre la fuite pour éviter la fureur
qu'avait provoquée la jalousie de ses camarades qui, peu
auparavant, l'avaient comblé d'honneurs et de caresses.

CXLIX.

MARC-AURÈLE succéda à Antonin le Pieux, son père
adoptif; comme lui, il se fit chérir de ses sujets. Il partagea le pouvoir suprême avec Vérus, son frère, qui était
loin de lui ressembler. Ils n'eurent pas plutôt terminé la
guerre avec les Quades, peuples de la Germanie, dont la
résistance aux Romains mérite d'être connue, que Vérus
mourut d'apoplexie. Marc-Aurèle régna seul. Voici ce
qui lui arriva pendant qu'il combattait contre les Germains :
« Les ennemis le serrèrent un jour si étroitement dans
une forêt obscure, qu'il se repentit bientôt d'y être
entré. Mais ce qui ajoutait à son embarras, c'est qu'il
manquait de tout dans ce lieu, où ses soldats ne trouvaient pas même les choses les plus nécessaires à la vie.
Cet état de détresse le contrariait d'autant plus, qu'il
aimait ses soldats, et qu'il ne voyait pas de quelle manière il pourait sortir avec eux de cette forêt. Ses
troupes dépourvues d'eau, étaient tourmentées d'une soif
si ardente, qu'il leur était impossible de la supporter
plus long-temps. D'ailleurs, le chaud était excessif au
point que les soldats étaient près d'étouffer et de mourir
de soif, quand quelques soldats chrétiens qui étaient

dans cette armée, offrant leurs prières au Seigneur, le conjurèrent d'avoir pitié d'eux, et de porter à l'armée le secours pressant dont elle avait besoin. Leurs vœux furent exaucés; il tomba aussitôt dans le camp des Romains une pluie douce qui rafraîchit les soldats, et leur fournit de l'eau en abondance. Mais quel prodige! Ils virent en même temps la foudre qui tombait sur leurs ennemis et les écrasait. Ceux-ci fuyaient d'autant plus vite qu'ils croyaient que le ciel lui-même combattait contre eux. Cette victoire fut d'autant plus avantageuse aux Romains, que leurs ennemis voyaient clairement qu'ils étaient favorisés du Ciel. L'Empereur fut reconnaissant à proportion qu'il recevait de Dieu des bienfaits plus signalés; c'est pourquoi il défendit qu'on persécutât dorénavant les chrétiens comme on avait fait jusqu'alors, et les soldats chrétiens qui avaient obtenu de Dieu ce miracle, furent appelés Légion fulminante.

CL.

C'EST le propre des magistrats injustes de prononcer des sentences iniques; mais il y aurait plus de danger qu'on ne pense à fermer les yeux sur les graves délits des juges prévaricateurs. Le monarque a intérêt de les punir d'autant plus sévèrement, qu'ils ont abusé de sa confiance et du pouvoir qu'ils ont de nuire. Parmi les nombreux exemples de prévarication qu'il me serait permis de citer, je choisirai le trait suivant que nous fournit le siècle dernier, et qui concerne un des juges de la ville de Nantes. Ce magistrat, indigne de ce titre, ayant convoité un champ d'un gentil-homme, son voisin, qui touchait à sa terre, le pria de le lui vendre, pour le joindre à son domaine. Le gentil-homme, ne voulant pas se défaire d'un bien qu'il avait reçu de ses ancêtres, répondit au juge qu'il voulait conserver son champ, et que, pour cette raison, il ne le vendrait à personne, à quelque prix que ce fût. Vous pensez bien que le juge était loin d'être satisfait de la réponse du gentil-homme; il eut le front de lui dire qu'il se repentirait de son refus, ce qui ne parut toutefois donner aucune inquiétude au voisin. L'issue de cette affaire prouvera qu'il eut tort de ne pas craindre que le juge se vengeât, ainsi qu'il l'en avait menacé. Cet homme pervers ayant pris des informations sur la conduite passée du gentil-homme, trouva trois citoyens qui l'accusèrent d'avoir volé un cochon à son curé vingt ans auparavant. Il est vrai que ce gentil-homme avait retenu dans sa maison un de ces animaux, qui appartenait au curé, et qu'il l'avait fait tuer; mais il ne l'avait pris que pour se divertir aux dépens du curé qui passait pour un avare, quoique riche: car il l'avait invité à venir en manger sa part. En effet, le curé s'était rendu à son invitation, par la raison qu'il était l'ami et le voisin du gentilhomme. On rit beaucoup de la gaillardise de celui-ci; l'affaire fut regardée comme une plaisanterie, et le curé n'avait jamais eu aucun dessein de lui en faire le moindre crime.

CLI.

Suite.

JE vous ai dit que le juge n'avait rien tant à cœur que de faire condamner son voisin, parce qu'il n'avait pas consenti à lui céder son champ; en conséquence il saisit une occasion aussi favorable de le perdre; et, sur la déposition des trois témoins dont nous avons parlé plus haut, le gentil-homme fut mis en prison. Quel ne fut pas son étonnement de voir qu'on l'arrêtât pour un délit auquel il n'avait pas songé une seule fois depuis vingt-ans ! Il subit les interrogatoires auxquels on soumet les prévenus ; on l'appliqua à la torture, on lui fit souffrir mille tour-ments ; or, comme il n'avait aucun témoin à décharge, puisque le curé était mort depuis six ans, il ne fut pas difficile aux juges de Nantes de le condamner, ce qu'ils firent en effet. Le pauvre gentil-homme protestait vainement de son innocence, et prenait le ciel à témoin de la faus-seté de l'accusation. Il était bien convenu d'avoir retenu dans l'année qu'il indiqua, un cochon qui appartenait au curé ; il assurait toutefois en même-temps qu'il n'avait pu regarder cette action comme un vol, mais qu'elle lui avait paru seulement une plaisanterie dont le curé lui-même ne lui avait jamais fait un crime. On n'eut point égard à ses allégations ; celui qui l'avait fait mettre en prison, et qui avait suborné les autres juges, lui envoya secrètement demander s'il voulait vendre son champ, et le donner pour le prix qu'on lui proposait. Le gentil-homme persista toujours à ne vouloir pas se défaire de l'hé-ritage paternel, et il répondit qu'il ne le vendrait jamais. Il savait qu'il était innocent, et il ne pouvait s'imaginer que des hommes préposés pour rendre la justice à chacun, pussent commettre une injustice à son égard. Il n'avait jamais pensé qu'il dût résulter pour lui le moindre dom-mage ni dans sa personne, ni dans ses biens, d'une plai-santerie dont personne, pas même le curé, ne s'était plaint. Que son erreur fut grande ! car il fut condamné à mort par ces mêmes juges ; et il termina sa vie sur le gibet, à l'âge de quatre-vingt-trois ans.

CLII.

Suite.

Vous pensez bien, sans que je vous le dise, que les parents du gentil-homme n'en demeurèrent pas là. Il n'avait qu'une fille, qui, pour demeurer avec son père, dont elle était chérie autant que personne, n'avait jamais voulu se marier. Il lui importait trop de venger la mort d'un bon père, dont elle connaissait l'innocence, pour rester inactive; mais, comme elle n'était point favorisée de la Fortune, et qu'il lui était impossible de poursuivre elle-même l'affaire, elle alla trouver les principaux de la noblesse du pays, dont la plûpart étaient ses parents ou ses alliés; elle leur peignit sa situation avec de si vives couleurs, qu'ils prirent fait et cause de la chose. Ceux-ci ayant attaqué les juges, eurent le courage de les accuser d'injustice envers leur ami commun; et, sur leur déposition, les juges de Nantes furent d'abord mis par provision dans les prisons de la ville, d'où ils furent transférés ensuite au Châtelet de Paris. On examina leur cause, on fit leur procès; on les obligea à payer à la demoiselle, fille du gentil-homme qu'ils avaient condamné injustement, une somme de soixante mille francs. On croit même que, par ordre de l'Autorité supérieure, ils subirent la peine du talion. Ce qu'il y a de constant, c'est qu'ils ne parurent plus dans la suite, ce qui fait croire qu'ils avaient été pendus ou étranglés dans l'intérieur de la prison. Quelques personnes néanmoins, qui se croient plus instruites, prétendent que des personnages recommandables par leur naissance et par leur autorité, obtinrent qu'ils seraient renfermés tout le reste de leur vie. Quoi qu'il en soit, il est avéré que ces juges prévaricateurs n'exercèrent plus leur charge, et qu'on ne les vit plus dans le pays où leur crime les avait rendus odieux. Que conclure de cette histoire qu'on lit dans les gazettes du temps? que le crime ne demeure jamais impuni ; que, tôt ou tard, Dieu, à qui rien ne peut être célé, permet que les actions les plus cachées soient découvertes, et que ce que nous croyons enseveli dans un éternel oubli, sera un jour dévoilé à la face des hommes. Ne faisons donc que de bonnes œuvres dont nous n'ayons jamais à rougir, tous tant que nous sommes, et qui ne nous procurent que de la gloire, bien loin qu'on puisse nous les imputer à crime.

CLIII.

PÉRICLÈS ne se distingua pas moins par son éloquence, que par ses talents militaires. Il eut pour maîtres Zénon et Anaxagore. Dès qu'il fut entré dans le gouvernement, il s'appliqua à gagner les bonnes grâces des Athéniens, et il eut le bonheur d'y réussir. Son pouvoir devint si grand, qu'il fit bannir par l'ostracisme Cimon et Thucydide, ses rivaux, qu'il fit rappeler quelque temps après. Depuis, ayant eu la conduite de l'armée dans le Péloponèse, il remporta une victoire célèbre contre les Sicyoniens, et passa dans l'Arcadie à la prière d'Aspasie, fameuse courtisane. Il prit Samos après neuf mois de siége ; ce fut pendant ce siége qu'Artémon, natif de Clazomène, inventa le bélier, la tortue et quelques autres machines de guerre. Périclès engagea les Athéniens à continuer la guerre contre les Lacédémoniens, craignant que, durant la paix, on ne le forçat à rendre compte des deniers qu'il avait maniés du temps qu'il était Général de l'armée. Dans la suite, on le blâma d'avoir donné ce conseil, et on lui

retira le commandement. Bientôt les Athéniens se repen-
tirent de l'avoir traité avec autant de rigueur ; ils dési-
rèrent qu'il revînt dans les assemblées ; mais Périclès se tenait alors renfermé dans sa maison, accablé de douleur
par la perte de tous ses enfants que la peste lui avait
enlevés. Alcibiade et tous ses amis lui persuadèrent de
se montrer en public ; les Athéniens le prièrent de leur
pardonner leur ingratitude ; et Périclès, touché de leurs
instances, reprit les rênes du Gouvernement. Peu de temps
après, il tomba malade de la peste. Comme il était sur le
point de rendre le dernier soupir, ses amis s'entretenaient
dans sa chambre de ses exploits et de ses talents, ne
croyant pas être entendus du malade qui paraissait avoir
perdu connaisssance. Périclès, rompant tout à coup le silence : «Je m'étonne, leur dit-il, que vous conserviez
aussi bien le souvenir et que vous me fassiez un mérite
de choses qui me sont communes avec tant d'autres Généraux, tandis que vous oubliez ce qu'il y a de plus
grand dans ma vie, et de plus glorieux pour moi : c'est
que je n'ai jamais fait prendre le deuil à aucun citoyen ».
Périclès mourut de la peste l'an quatre cent vingt-neuf
avant J. C. Ce fut principalement par son talent pour
l'éloquence, qu'il sut, pendant près de quarante ans,
gouverner en monarque la république d'Athènes.

CLIV.

LES avares craignent continuellement qu'on ne leur
enlève leur trésor. Molière était un grand maître dans
l'art de peindre les hommes. Lisez sa comédie de l'Avare,
et vous verrez avec quelles couleurs il trace le portrait
d'Harpagon dans la cinquième scène. Quoiqu'il ait caché avec autant de soin qu'il était possible ses dix mille

écus dans son jardin, il craint toujours que quelqu'un ne découvre son coffre ; et, comme il parle tout haut de la difficulté de bien cacher dix mille écus, ô malheur imprévu ! il voit son fils et sa fille s'entretenant ensemble, à quelques pas de lui. Il appréhende qu'ils ne l'aient entendu : — Y a-t-il long-temps que vous étiez là, dit-il d'un ton sévère ? — Nous ne faisons que d'arriver. — A dire vrai, ne m'avez-vous pas entendu ? — Non, mon père ; notre intention était de vous parler. — Je sais que vous m'avez entendu me plaindre de la misère des temps ; je disais qu'on a aujourd'hui autant de peine que jamais à trouver de l'argent ; que je serais l'homme le plus heureux du monde, si je possédais dix mille écus. J'aurais grand besoin d'avoir ces dix mille écus, je ne serais pas aussi pauvre qu'on me connaît. — Mais, mon père, il nous semble que vous n'avez pas à vous plaindre de la fortune ; on sait partout que vous avez assez de biens pour vivre aussi commodément que personne. — Qu'osez-vous dire-là ? Croyez-vous que, si j'étais aussi riche que vous le dites, je me plaindrais, comme je le fais, de ce que les temps sont aussi durs ? Faut-il que mes enfants soient mes plus grands ennemis ! Faut-il qu'ils publient partout que je suis un homme tout cousu de pistoles, afin que les voleurs viennent au premier jour me couper la gorge dans ma maison ! Ils ont menti ceux qui prétendent que j'ai assez de biens pour vivre ; il n'y a rien de plus faux que ces bruits, et je tiens pour fieffés coquins ceux qui se plaisent à les faire courir. — Est-ce donc être votre ennemi, que de dire que vous avez beaucoup de biens ? — Oui, certainement, car de pareils discours ne tendent qu'à faire égorger les gens. Nous sommes dans un siècle où l'on ne connaît ni honneur ni probité, où tout semble permis à quiconque veut s'enrichir. Pour moi, loin d'être opulent, j'ai à peine de quoi vivre tout seul ; à plus forte raison suis-je pauvre et très pauvre

ayant des enfants aux besoins desquels il me faut pourvoir sans cesse, si je ne veux pas qu'ils me volent. Je
disais donc que je serais trop heureux si j'avais dix mille
écus, et je vous le répète plusieurs fois, afin que vous
n'alliez pas vous mettre dans la tête que j'ai dix mille écus.

~~~~~~~~

CLV.

QUE de victoires ne remportent pas tous les jours sur
le genre humain la patience et la douceur! Ces vertus
étaient pratiquées par les Anciens; et l'on peut assurer
qu'elles étaient plus en vigueur dans les siècles passés,
que dans les temps modernes. Cependant, combien il est
beau de les mettre en pratique! Avec la douceur et la
patience, on se fait estimer et admirer de chacun; avec
elles, on vient à bout de tout ce qui semble le plus difficile, on surmonte tous les obstacles, on triomphe des
passions les plus violentes. Si ces vertus font honneur
à tout le monde, elles conviennent particulièrement aux
chrétiens à qui leur divin Maître en a donné des exemples
si touchants. Vous allez voir, Messieurs, jusqu'à quel
point elles sont utiles, et quels biens elles ont autrefois
opérés. Après que l'Amérique eut été découverte, des
prédicateurs zélés partirent de l'Europe pour aller prêcher dans ces nouvelles contrées, et enseigner aux habitants la Religion chrétienne. Un de ces prédicateurs,
plus zélé que ses confrères, prêchait jour et nuit tant en
public qu'en particulier; mais les cœurs de ces nations
étaient si féroces, qu'il ne pouvait les émouvoir. Un jour
qu'il exhortait ces incrédules à devenir plus dociles qu'ils
n'étaient, un des auditeurs, qui s'ennuyait de l'entendre
parler, lui cracha au visage. Quoi de plus lâche que cette
conduite? Une telle injure était d'autant plus blâmable,
qu'elle était en quelque sorte gratuite. Tant s'en fallut

* 7
~~~~~~~~

que le prédicateur se plaignît de ce qu'il avait été insulté par cet homme, qu'il n'interrompît pas même son discours; il ne fit que prendre son mouchoir dont il s'essuya le visage, comme si rien n'était arrivé. Ce barbare ne put s'empêcher d'admirer une telle modération, et confessa qu'il ne doutait plus que la Religion qu'on venait annoncer ne fût la meilleure de toutes. Il se convertit; et son exemple fut suivi de tous les habitants de la contrée, tant est grand le pouvoir de la véritable vertu!

CLVI.

DÉMÉTRIUS, roi de Macédoine, se rendit maître de tant de villes, qu'il fut surnommé Poliorcète, c'est-à-dire, preneur de villes. Etant venu à Athènes avec une flotte de deux cents cinquante voiles, il parvint à délivrer cette ville du joug que lui avaient imposé Cassandre et Ptolémée; il sut, en outre, chasser la garnison qu'y avait établie Démétrius de Phalère. Les Athéniens éblouis de de ses victoires, lui rendirent des hommages serviles, et n'eurent pas honte de lui élever des autels. Qui le croirait cependant? et voyez jusqu'où va l'ingratitude des peuples envers leurs bienfaiteurs! Ce prince, après avoir rendu les plus grands services aux Athéniens, partit un jour d'Athènes pour aller faire la guerre aux ennemis de cette république. Il laissa sa femme et ses enfants parmi les Athéniens, comme s'il les avait laissés avec ses plus intimes amis; mais il arriva malheureusement qu'il fut battu et vaincu par les ennemis, qui le mirent en fuite, lui et toute son armée. Démétrius, loin de perdre courage, se ranima au contraire par l'espérance qu'il avait que les Athéniens lui fourniraient de nouvelles troupes pour se venger de ses ennemis; mais, que son espérance fut trompée! Il s'était imaginé qu'il serait bien reçu d'eux: en effet, qui aurait cru qu'ils auraient été assez ingrats pour ne pas faire un généreux accueil à celui de qui ils avaient reçu tant de services? Bien loin d'user de représailles à son égard, ainsi qu'il convenait de le faire, ils témoignèrent, par leur lâcheté, qu'ils n'avaient jamais été dignes que Démétrius leur rendît de tels services; car non seulement ils ne voulurent pas le recevoir à Athènes, mais bien plus, ils lui renvoyèrent sa femme et ses enfants qu'il avait laissés dans leur ville avant de partir pour la guerre. Ils lui firent dire en même-temps qu'ils les lui renvoyaient sous prétexte qu'ils ne seraient peut-être pas en sûreté dans la ville d'Athènes, où les ennemis pouraient venir les prendre.

～～～～～

CLVII.

Suite.

CETTE conduite des Athéniens perça le cœur de Démétrius. En effet, qu'y a-t-il de plus cruel pour un homme bienfaisant, que l'ingratitude de ceux qu'il aime et à qui il a rendu service? Mais, quelque temps après, il arriva qu'il fut autant favorisé de la Fortune, qu'il en avait été maltraité, de sorte qu'il vint à la tête d'une grande armée, mettre le siége devant la ville d'Athènes. Les Athéniens alors tout épouvantés, parurent se repentir de la manière honteuse avec laquelle ils lui avaient renvoyé sa femme et ses enfants. On ne saurait dire à quel point ils étaient inquiets; ils se regardaient comme trop coupables pour oser espérer qu'il leur pardonnât; ils ne s'étaient point attendus qu'il pût jamais se venger d'eux. Ils crurent qu'il leur importait plus que jamais de défendre leur liberté; ils estimaient trop cette liberté, et faisaient trop peu de cas de la vie, pour ne pas combattre avec le plus grand acharnement. Comme il y avait assez de soldats dans Athènes pour faire tête à l'ennemi, ils protestèrent tous qu'ils ne se rendraient pas ; ils publièrent un arrêt qui condamnait à mort quiconque parlerait de se rendre, et ils dirent qu'ils mourraient les armes à la main plutôt que de tomber en la puissance de Démétrius. On ajoute même qu'ils furent assez téméraires, pour lui envoyer dire que, s'il était assez heureux pour triompher des Athéniens, il paierait bien cher sa victoire et ses lauriers. Ce peuple ingrat non moins que frivole ne faisait pas réflexion qu'il n'y avait presque point de blé dans Athènes, et que les habitants ne tarderaient pas à manquer de pain : or, que peut entreprendre un peuple qui manque de subsistance, quels que soient son courage et le nombre de ses soldats ? Il faut qu'il se livre tôt ou tard à la discrétion du vainqueur.

<div style="text-align:center">~~~~~~~~</div>

CLVIII.

Suite.

Les Athéniens se trouvèrent réduits à un tel état de détresse, qu'ils ne surent d'abord à qui avoir recours. Cependant, après avoir souffert quelque temps la faim, les plus raisonnables d'entre eux dirent : « Faut-il que nous soyons si aveugles, que de ne pas prévoir les maux horribles qui nous menacent ! Que nous importe de mourir par le fer ou par la faim, puisqu'il faut que nous périssions ? Les mortels généreux ont toujours eu pitié de leurs concitoyens ; ils leur ont pardonné les injures qu'ils en avaient reçues, quelque graves qu'elles pussent être ». C'est pourquoi, sans tarder davantage, ils ouvrirent les portes de leur ville à Démétrius et à ses soldats qui entrèrent dans Athènes. Les Macédoniens ne furent pas peu surpris de ce changement inopiné, car leur roi ne s'était pas attendu, deux heures auparavant, de rentrer aussi facilement dans Athènes. Démétrius n'y eut pas plutôt fait son entrée triomphante, qu'il fit soigneusement garder les portes de la ville, selon la coutume du vainqueur ; et, voulant effrayer les Athéniens qui s'étaient si mal conduits à son égard, il fit défense que personne ne sortît d'Athènes. Je vous laisse à penser quelles furent les inquiétudes des Athéniens, et de quelle douleur fut pénétré ce peuple qui était si jaloux de son indépendance. Démétrius, après avoir fait fermer les portes de la ville d'Athènes, commanda en personne que tous les hommes mariés allassent dans la grande place qu'il avait fait environner de soldats qui tenaient en main l'épée nue. Alors on n'entendit dans Athènes que des cris lugubres et des gémissements ; les femmes embrassaient leurs maris ; les enfants, leurs pères, et leur disaient le dernier adieu.

CLIX.

Suite.

QUAND ils furent tous assemblés sur la place, Démétrius monta sur un lieu élevé, et leur reprocha leur ingratitude dans les termes les plus touchants. Il était si pénétré, qu'il versait des larmes en leur adressant la parole ; tous gardaient le silence, et s'attendaient à tout moment que ce prince allait commander à ses soldats de les passer au fil de l'épée ; mais qu'ils furent étrangement surpris, lorsque ce bon prince leur dit : « Je veux vous montrer combien vous êtes coupables à mon égard : car enfin ce n'est pas à un ennemi que vous avez refusé du secours ; c'est à un prince qui vous aimait et qui vous aime encore, et qui ne veut se venger de vous qu'en vous pardonnant et en vous faisant du bien. Retournez chez vous. Pendant que vous êtes restés ici, mes soldats, par mon ordre, ont porté du blé et du pain dans vos maisons ». Un aussi bon prince méritait de jouir d'une vie heureuse ; cependant la Fortune l'ayant abandonné, il mourut dans la captivité. On envoya ses restes à Antigone, son fils, qui leur rendit les derniers devoirs à Corinthe, et les fit transporter à Démétrias. Sa postérité régna en Macédoine jusqu'au temps de Persée, qui fut détrôné par les Romains. On vante sur-tout le respect et la déférence que Démétrius eut toujours pour son père ; et c'est avec plaisir qu'on se souvient qu'Antigone fit remarquer à l'ambassadeur d'un prince étranger, la bonne intelligence qui régnait entre son père et lui. Démétrius mourut l'an deux cent quatre-vingt-six avant J. C. Il avait alors cinquante-quatre ans.

CLX.

FAERNE, poète de Crémone, nous raconte une histoire vraie, ou non, que les jeunes-gens ont grandement intérêt de ne pas perdre de vue. Ils reconnaîtront combien il est dangereux de contracter dans l'enfance des vices dont on a bien de la peine à se défaire quand on est grand. Mais, si les enfants ont le malheur de contracter des défauts nuisibles à leur bonheur et à la société, il est du devoir des parents de les corriger en usant de tous les moyens qui sont en leur pouvoir. Les enfants qui n'auront pas été repris et même châtiés par leurs parents, ne manqueront pas un jour de leur faire un crime de leur cruelle insouciance. C'est ce que vous allez voir. Il y avait un jour un enfant qui, au lieu de passer son temps à s'acquitter de tous ses devoirs de classe, ne songeait qu'à voler les livres de ses camarades ; il en emportait chez lui autant qu'il en rencontrait qui traînaient. Vous vous doutez bien que, quand il trouvait le moyen de voler du papier, de l'encre et des plumes, il le faisait. Tous les jours il allait de chez sa mère au collége, et il retournait du collége chez sa mère. Tant s'en fallait que celle-ci le punît, qu'au contraire elle lui donnait des éloges : « Que vous êtes adroit, mon fils, lui disait-elle! » Plus il volait, plus elle le louait de sa dextérité. O mère coupable, ce sera toi qui, sans le vouloir, conduiras bientôt ton fils à la mort! Enfin cet enfant qu'on exhortait à voler, commit au collége tant de larcins, qu'il fut découvert. Ses camarades trop bons parurent avoir pitié de lui, ils ne voulurent pas le livrer à la Justice; mais ils le remirent entre les mains de sa mère. Celle-ci ne fit qu'en rire. Le jeune-homme alla bientôt voler sur les grands chemins; il y fut arrêté par les archers, et conduit en prison. On lui fit son procès; il fut condamné à être pendu; mais ce n'est pas tout.

CLXI.

Suite.

LE malheureux jeune-homme étant sur le point d'être étranglé, déclara qu'il avait quelque chose à dire à sa mère; on dépêcha quelqu'un pour l'avertir de venir. Elle accourut le plus vite qu'elle put. « Approchez de moi, lui dit son fils, que je vous dise quelque chose en secret ». Lorsqu'elle se fût approchée, il lui mordit l'oreille si fort, qu'elle ne put s'empêcher de jeter un cri aigu. Alors se tournant vers les spectateurs, il leur parla en ces termes : « Ne soyez pas surpris de ce mauvais traitement : c'est cette mère elle-même qui est la cause de mon malheur, c'est elle qui m'a conduit ici et qui m'a attaché cette corde au cou, pour ne m'avoir pas corrigé dans ma jeunesse; elle m'a laissé jouir d'une trop grande liberté, dont j'ai abusé selon la coutume des jeunes-gens ; mes crimes passaient dans son cœur pour des gentillesses : c'était ainsi qu'elle filait la corde qui va m'étrangler. Profitez de cet exemple, ô mères trop indulgentes ; et vous, enfants trop déréglés, apprenez de moi qu'une sévère discipline ne conduisit jamais personne à la potence, mais que c'est elle qui fait l'homme de bien ; qu'une lâche condescendance n'a jamais fait au contraire, et ne fera jamais que des fainéants, des ingrats et des malheureux ». Ayant ainsi parlé, il renvoya sa mère qui se retira en pleurant, et se repentant d'avoir eu pour son fils d'aussi dangereux et d'aussi funestes ménagements. On ne peut lire cette histoire sans gémir sur la trop grande indulgence de la plûpart des parents, qui, loin de réprimer les désordres de leurs enfants, semblent les y encourager ; et certes l'on peut dire, sans craindre d'être démenti, que les enfants qui s'abandonnent à leurs funestes penchants à cause du peu de sévérité dont on use à leur égard, sont moins coupables que leurs parents mêmes.

CLXII.

Si la Sainte Vierge alla au temple, comme les autres femmes pour s'y purifier, ce n'était pas à dire pour cela que cette cérémonie lui fût aussi nécessaire qu'aux personnes de son sexe. Les colombes que les femmes des Juifs, après être accouchées, avaient coutume d'offrir au Seigneur dans son temple, marquaient à la vérité la victime que le Seigneur semblait exiger d'elles, pour rendre à leurs âmes la pureté qu'elles avaient perdue. Mais il ne s'ensuivait pas que Marie fût obligée de se soumettre à la même loi ; si elle le fit, c'est qu'elle aurait paru avoir honte de faire connaître de cette manière qu'elle était plus pure et plus sainte que les autres femmes. Elle savait, trop combien il lui importait de pratiquer la vertu d'humilité, quelle que fût d'ailleurs la pureté de son âme; elle ne voulait pas, en s'affranchissant de la loi commune, qu'on pût croire qu'elle fût plus juste qu'on ne l'est ordinairement sur la terre, et qu'elle commît moins de péchés que les autres femmes. Il est donc vrai de dire que, si Marie alla au temple pour offrir deux colombes, comme si elle avait eu des péchés à racheter, ce n'était réellement que pour montrer aux autres femmes que, plus elles se croyaient pures et justes, plus elles devaient avoir sujet de craindre d'être du nombre de celles que Dieu rejette, et pour leur faire connaître qu'elles peuvent trouver moins de raisons légitimes pour s'y soustraire.

CLXIII.

LE Tunquin est un des pays les plus considérables de l'Asie. On y célèbre une fête dont je veux vous entretenir ; c'est, dit-on, la plus solennelle des fêtes des Tunquinois, et elle a pour but de rendre aux morts le respect que leur rendent la plûpart de nos nations tant civilisées que barbares. Le dernier jour de l'an, les Tunquinois plantent devant leurs maisons une perche au haut de laquelle il y a un papier doré, qui a, selon eux, la vertu de chasser les démons. Après minuit, tout le monde est obligé d'ouvrir sa porte, par respect pour les morts qu'ils croient venir leur rendre visite au renouvellement de l'année. Ils leur préparent des lits de nattes, des mets de toute espèce, et tout ce qu'ils pensent devoir leur faire plaisir, persuadés qu'ils ne manqueront pas de profiter d'une aussi belle occasion. Après avoir attendu le temps nécessaire pour que les morts arrivent, ils s'imaginent que ceux-ci sont entrés invisiblement ; ils leur en témoignent toute leur joie, et les prient, par de profondes révérences, de se souvenir d'eux au commencement de l'année. Les trois jours suivants, on se garde bien de nettoyer la maison, quelque sale qu'elle soit, de peur que la poussière n'incommode les âmes qui y font leur séjour. C'est ainsi que des peuples, dont la religion diffère tant de la nôtre, s'empressent d'honorer les parents ou les amis dont la mort les a privés pour jamais. Il est à remarquer que beaucoup de peuples civilisés ne mettent pas autant d'empressement que les Tunquinois à célébrer la fête des morts. Il est si doux néanmoins de se rappeler et d'honorer en quelque sorte les personnes qu'on a aimées pendant leur vie, et de qui peut-être l'on a reçu des bienfaits que des cœurs, si peu reconnaissants qu'ils soient, doivent bien se garder d'oublier !

CLXIV.

Il y avait autrefois un homme qui était si pauvre, qu'il n'avait qu'une cabane sur le bord d'une petite rivière ; il gagnait sa vie à pêcher des poissons. Comme il n'y en avait que fort peu dans cette rivière, il ne faisait pas un gain bien considérable, de sorte qu'il ne vivait le plus souvent que de pain et d'eau. Il vendait ses poissons pour acheter du pain ; plus il prenait de poissons, plus il était content. Cependant il arrivait que, lorsqu'il n'en prenait pas autant qu'il l'aurait désiré, il paraissait aussi joyeux que s'il en avait pris beaucoup ; et, loin de se plaindre : « Une autrefois, disait-il, j'en prendrai davantage, je serai plus heureux que je ne l'ai été aujourd'hui ». Enfin il était content du peu qu'il avait, sans qu'il lui vînt jamais dans l'idée de convoiter le bien d'autrui. Il était persuadé que l'homme est d'autant plus heureux dans ce monde, qu'il désire moins de choses; il vivait sans inquiétude, il ne passait aucun jour sans chanter, il travaillait sans s'ennuyer du travail; il n'était pas occupé, comme le reste des hommes, à faire des visites, à en recevoir; il ne se mettait pas en peine si les affaires iraient bien ou mal; il est vrai qu'il ne recevait pas d'argent de ses fermiers, mais cela n'empêchait pas qu'il ne se crût aussi heureux que ceux qui en reçoivent. Quelque violent que fût le froid, il ne l'était jamais assez pour le geler dans sa cabane; car tantôt il allait se promener, tantôt il allait chercher du bois dont il garnissait bien sa chaumière. Il faut avouer que souvent il brûlait des feuilles pour du bois. L'été, il se chauffait au soleil; et, s'il trouvait ses rayons trop ardents pour y résister, il prenait le frais sous un hêtre touffu, et pêchait à la ligne.

CLXV.

Suite.

Il prit à notre solitaire la fantaisie d'aller à la ville pour voir ce qui s'y passait, et comment l'on pouvait être heureux loin du séjour tranquille des champs. On ne dit pas qu'il y fût encore allé, tant il trouvait de charmes dans l'humble manoir qu'il s'était choisi par goût! Comme il était près de partir, il rencontra un voyageur qui lui demanda s'il n'était pas égaré, et combien il y avait de pas de sa cabane au village le plus proche, pour trouver une maison où il pût coucher. «Le village le plus proche est éloigné d'ici de douze mille pas, répondit le pêcheur; il est certain que vous ne pourez pas y arriver de jour; car, comme vous le voyez, il est déja fort tard. Voulez-vous sans façon passer la nuit dans ma cabane?

Bien que je n'aie pas l'avantage de vous connaître, je vous l'offre de bon cœur telle qu'elle est. Je souhaiterais, mon ami, qu'elle fût plus honnête pour vous recevoir; mais vous savez que les pauvres ne peuvent pas être logés aussi magnifiquement que les riches ». Le voyageur qui craignait de s'anuiter, et qui, en outre, prenait plaisir à entendre ce vertueux solitaire, lui répondit : « Vous m'offrez votre maison de trop bonne grâce, pour que je ne l'accepte pas ». Le pêcheur invita donc son nouvel hôte à s'asseoir; puis il alluma du feu le plus vîte qu'il put pour faire cuire quelques petits poissons qu'il venait de prendre. Pendant qu'il apprêtait le souper, il chantait et paraissait de fort bonne humeur. « Que vous êtes heureux, lui dit le voyageur, de pouvoir vous divertir et vous égayer ainsi ! Que j'envie votre sort ! Il est certain que je donnerais tout ce que je possède au monde pour être aussi gai que vous ».

***

CLXVI.

Suite.

« Qui vous empêche, répliqua le pêcheur, d'être aussi gai que moi? Je n'ai jamais eu sujet d'être triste, ma joie ne me coûte rien; et, bien que je sois pauvre, ce n'est pas à dire pour cela que je doive être mélancolique. Je ne puis concevoir pourquoi vous n'êtes 'pas aussi joyeux que je le suis. Est-ce que vous êtes rongé par quelques chagrins? Qu'est-ce qui peut vous empêcher de vous réjouir? Avez-vous perdu quelque procès? La mort vous a-t-elle enlevé quelques-uns de vos parents ou de vos amis »? « Non, répondit le voyageur ». « Dites moi donc, je vous prie, quel peut être le sujet de votre tristesse ». « Hélas! reprit le voyageur, on m'a toujours regardé comme le plus heureux des hommes; mais il s'en fallait beaucoup que je fusse aussi fortuné que je le paraissais. J'étais marchand, je gagnais de grands biens; mais je n'avais pas même le temps de me reposer un moment; je craignais toujours qu'on ne me fît banqueroute, que mes marchandises ne se gâtassent, ou que les vaisseaux qui me les apportaient des pays lointains de France, ne fissent naufrage. J'ai donc quitté le commerce pour essayer si je pourais vivre tranquille. J'ai acheté une charge, qui me coûte bien cher, afin d'éprouver si je ne serais pas plus heureux dans la suite, que je ne l'ai été jusqu'à présent ». « Je ne suis pas surpris de tout ce que vous me racontez-là, interrompit le solitaire, en lui serrant la main, restez avec moi, mon ami, et vous conviendrez bientôt que le bonheur n'habite qu'avec la médiocrité ». Le voyageur ayant embrassé son hôte, lui promit de ne jamais le quitter : en effet, ils vécurent ensemble, et jouirent long-temps l'un par l'autre d'un bonheur inaltérable.

CLXVII.

POLYCRATE régnait à Samos, île de la mer Egée. Orotès, gouverneur de Sardes, ayant résolu de s'emparer de Samos, attira chez lui le tyran Polycrate, sous prétexte de lui donner une partie de ses trésors, afin qu'il l'aidât dans une révolte contre Darius premier. Polycrate s'étant laissé séduire par une telle promesse, se rendit à Sparte, où Orotès le fit mettre en croix l'an cinq cent ving-deux avant J. C. Un crime aussi noir ne pouvait pas demeurer impuni; en effet, n'était-ce pas par une insigne perfidie, qu'Orotès conspirait contre son roi, et qu'il venait de commettre un forfait inutile ? Darius ayant appris que ce satrape n'épargnait pas le sang de ceux qui avaient eu le malheur de lui déplaire, que son nom était exécré dans toute l'Asie mineure, enfin qu'il avait poussé l'insolence jusqu'à faire mourir un courrier qui lui avait apporté de la part du roi des nouvelles tant soit peu désagréables, résolut de se venger d'un ennemi dont les entreprises pouvaient lui devenir très funestes. On sait que les satrapes (qui, chez les Perses, étaient les gouverneurs des provinces de l'empire) avaient, dans leur département, une autorité presque souveraine; qu'ils nommaient à presque tous les emplois, et faisaient parvenir au prince les tributs qu'ils avaient levés; qu'il leur était permis de soudoyer des troupes, de traiter avec les états voisins, et même avec les Généraux des ennemis. Darius ne pouvait donc se défendre de redouter un ennemi aussi dangereux qu'Orotès. Cependant, comme, d'un côté, il ne se croyait pas bien affermi sur le trône, et que, de l'autre, Orotès avait plus de mille soldats à ses ordres, sans compter les secours qu'il pouvait tirer de son département, qui comprenait la Lydie, la Phrygie et l'Ionie, il crut devoir s'y prendre d'une manière sourde et cachée. En conséquence, il chargea un de ses plus fidèles officiers du meurtre d'Orotès. Après s'être rendu à Sardes, muni de plusieurs lettres du roi, cet officier tâcha de s'assurer de la disposition des troupes; et, quand il fut certain qu'elles étaient pour Darius, il fit lecture d'une lettre du roi, par laquelle il leur ordonnait de mettre à mort le satrape. Cet ordre ne tarda pas à être exécuté; puis tous les biens d'Orotès furent confisqués au profit du trésor royal; et tous ceux qui se trouvèrent dans sa maison furent transportés à Suse. De ce nombre était un célèbre médecin de Crotone, nommé Démocède, dont nous allons parler.

CLXVIII.

Suite.

Peu de temps après, Darius étant tombé de cheval, eut le
malheur de se déboîter le talon. Ce fut en vain que les médecins égyptiens qui passaient pour fort habiles dans la médecine, et que Darius avait toujours auprès de sa personne,
employèrent toute leur science pour sa guérison; le roi
passait les jours et les nuits sans dormir. On vint à parler
du talent admirable de Démocède, qui, étant à Sardes,
avait joui d'une célébrité aussi grande qu'aucun médecin
du monde; il était alors dans les fers : mais le roi qui n'a-
vait rien tant à cœur que sa guérison, le fit venir. Démocède ayant paru enchaîné devant Darius, celui-ci lui
demanda s'il se connaissait en médecine. Démocède le
nia, par la crainte qu'il avait que, s'il faisait preuve de
son art, on ne le retînt en Perse, et qu'il ne fût privé
pour toujours de sa chère patrie. Darius mécontent le
fit mettre à la question; il fallut avouer la vérité; voilà
donc Démocède reconnu pour médecin. Il commence à
appliquer des fomentations douces sur la partie malade;
le remède fût suivi d'une cure radicale. Darius, par
reconnaissance, lui fit présent de deux chaînes d'or. Démocède, les ayant reçues, lui demanda s'il croyait le bien
récompenser en doublant son mal (n'allez pas oublier que
Démocède parut devant le roi avec ses chaînes). Ce bon
mot fit rire Darius, qui ordonna à ses eunuques de le
conduire chez ses femmes pour leur faire voir celui à qui
il était redevable de sa guérison. Celles-ci s'empressèrent
de le combler de présents magnifiques; et ce jour seul
enrichit extrêmement Démocède. Ce médecin était de

Crotone, ville d'Italie, dans la Calabre ultérieure, d'où les mauvais traitements de son père l'avaient contraint à s'exiler. S'étant fait connaître à Egine par plusieurs cures merveilleuses, les habitants de cette île lui assurèrent par an un talent, ce qui revenait à mille écus de notre monnaie. Quelque temps après, il fut appelé à Athènes, où on lui donna cinq mille francs par an ; enfin il s'établit chez Polycrate, qui lui donna deux mille écus. Depuis qu'il eut le bonheur de guérir Darius, Démocède devint si puissant à Suse, qu'il eut l'honneur de manger à la table du Souverain. Qui croirait que son pouvoir alla même jusqu'à obtenir la grâce des médecins d'Egypte, qui tous avaient été condamnés à être pendus, pour avoir été moins habiles que le médecin de Crotone ?

CLXIX.

Suite.

DÉMOCÈDE était plus heureux à la cour de Darius, qu'il aurait pu l'être en aucun lieu du monde ; cependant, ce que vous aurez peine à croire, c'est qu'il se plaignait souvent d'être trop éloigné de sa patrie, vers laquelle il portait sans cesse ses regards et ses vœux. Un jour qu'Atossa, fille de Cyrus, et femme de Darius, attaquée d'un cancer au sein, et ne pouvant plus supporter son mal, fit venir Démocède dans son appartement, celui-ci promit de la guérir, à condition qu'elle voudrait bien, de son côté, lui promettre formellement de lui accorder une grâce qui ne préjudicierait en rien à son honneur. Atossa s'y étant engagée ne tarda pas à être guérie. La grâce que demandait le médecin consistait à lui procurer un voyage dans sa patrie. Atossa, un jour qu'elle s'entretenait avec Darius, lui représenta qu'étant à la fleur de son âge, il avait intérêt de montrer aux Perses qu'ils avaient pour roi un homme de courage. Mon dessein, interrompit Darius, est d'aller attaquer les Scythes. J'aimerais bien mieux, reprit Atossa, qui n'oubliait pas ce qu'elle avait promis à son médecin, que vous tournassiez d'abord vos vues du côté de la Grèce; j'entends parler souvent des femmes de Lacédémone, d'Argos, d'Athènes, de Corinthe; je voudrais en avoir pour être servie par elles; Démocède qui nous a guéris, vous et moi, vous serait d'un très grand secours pour cette entreprise. Le roi, déterminé à suivre le plan d'Atossa, chargea quinze des principaux des Perses de suivre Démocède en Grèce, et d'en examiner les lieux le plus exactement qu'il leur serait possible; mais il leur recommanda sur-tout de ne pas perdre de vue ce médecin, de peur qu'il ne s'échappât. Ensuite il fit venir Démocède; et, après lui avoir communiqué ses intentions, il lui permit d'emporter avec lui tous ses meubles, pour en faire présent à sa famille, lui promettant de lui en rendre de plus magnifiques à son retour. Mais Démocède, qui craignait que ce ne fût un piège que le roi lui tendait, pour connaître s'il avait dessein de revenir, ou non, laissa ses meubles à Suse. Les députés, après avoir examiné les principales villes de la Grèce, passèrent à Tarente, ville d'Italie. On y arrêta comme espions les seigneurs Persans. Démocède profitant de ce mouvement, leur échappa et s'enfuit à Crotone. Les Persans, ayant recouvré leur liberté, l'y poursuivirent; mais ils ne purent persuader aux Crotoniates de leur livrer leur concitoyen. Ceux-ci s'étant saisis du vaisseau, les députés retournèrent comme ils purent vers le roi; mais Démocède leur fit dire à leur départ qu'il allait épouser la fille de Milon, célèbre athlète de Crotone, dont le roi avait entendu parler. Darius ne songea plus à renvoyer les députés en Grèce.

COURS PRAT. (*Cinquième.*)   8

CLXX.

Ce serait se tromper que de croire qu'il suffit de lire tout ce qui a rapport aux usages et aux mœurs des Grecs et des Romains. Pour paraître instruit, on doit étudier et connaître pareillement ce qui appartient aux mœurs et aux coutumes des peuples modernes. Si je vous conseille souvent de lire des Voyages, c'est que je suis persuadé que vous y apprendrez bien des choses que vous ne paraissez pas avoir honte d'ignorer. Il ne suffit pas de savoir ce qui se passe en Europe; l'histoire des peuples d'Asie et d'Amérique est tellement utile à connaître, qu'on peut regarder comme ignorant quiconque est étranger à ce qui concerne les peuples de ces deux parties du monde. J'ai lu dans je ne sais quel Voyage, que les mœurs des sauvages américains diffèrent autant de celles des autres nations, que nos usages diffèrent de ceux des Chinois. Ils pensent bien autrement que les Européens relativement à l'élection d'un chef souverain. Il y a trois choses qui le font juger digne de commander et qu'on requiert en lui : ce sont la légèreté, l'industrie et la valeur. Aucune de ces trois qualités n'est plus estimée que l'autre; il faut que celui qui doit commander les réunisse. Vous ne pourez vous empêcher de rire en lisant de quelle manière on procède à son élection. On conduit tout nu le sauvage qui doit être élu chef, de sa maison à la campagne. Il n'y est pas plutôt arrivé, qu'il reçoit autant de coups de fouet que chacun peut lui en donner. Il faut observer que, plus il endure de coups, moins il lui est permis de se plaindre. Le lendemain, on le couche dans un lit plus dur qu'une pierre; là, chacun lui jette une poignée de grosses fourmis qui s'attachent tellement à sa chair, qu'elles ne lâchent prise que quand on les coupe par moitié. Le troisième jour, on conduit le candidat de la maison de campagne à la forêt voisine, où on le suspend à un arbre, au-dessous duquel on allume de grands fagots, dont on diminue cependant la quantité, lorsqu'on s'aperçoit que le malheureux ne peut plus soutenir les tortures ; et, si l'on a remarqué qu'il se soit plaint tant soit peu pendant le temps qu'il a souffert, il est déclaré à jamais indigne de commander. Vous voyez par là que, telles sont les coutumes des pays, tels sont les sentiments des peuples qui les habitent.

<hr>

CLXXI.

Lettre d'un Père à son Fils.

JE voudrais bien savoir, mon fils, quelles affaires sérieuses vous empêchent de m'écrire aussi souvent que votre mère et moi le désirerions. Bien plus, à voir vos lettres, on dirait que le temps, vous ayant manqué, est cause que vous ne les écrivez pas plus longues qu'elles ne sont. Cruel enfant, malheur à vous, si vous n'aimez pas davantage ceux de qui vous avez reçu le présent de la vie ! Dieu est loin de bénir et de récompenser les enfants ingrats. Vous n'ignorez pas qu'il y a plus de trois semaines que vous ne nous avez écrit, quand nous serions charmés que vous nous mandassiez tous les jours quelque chose. Y a-t-il quelqu'un qui ne regarde un enfant ingrat comme un monstre qu'il faut fuir et abhorrer ? Si vous saviez, mon fils, combien vous nous êtes cher, vous sentiriez que votre faute est trop grande, pour mériter d'être excusée. Vous nous écrivez le moins souvent que vous pouvez, et cependant nous ne doutons pas que vous ne trouviez beaucoup d'instants pour jouer. N'avez-vous pas, mon cher ami, beaucoup de choses à nous mander sur votre travail et sur les progrès qui doivent en résulter? Ne nous importe-t-il pas beaucoup de savoir si vous contentez vos professeurs, ou non; si vous mettez à profit le temps que vous avez à passer au collége? Pouvons-nous nous flatter que vous obteniez des prix à la fin de cette année? Avez-vous de la peine à entendre les Commentaires de César, qu'il vous faut traduire maintenant? Que vous semble de cet intrépide guerrier? Avez-vous soin d'étudier l'histoire grèque et l'histoire romaine dont la connaissance vous est aussi nécessaire que chose du monde? Que de choses à nous révéler, si vous étiez moins paresseux à écrire! Ah! si vous aviez besoin de tant soit peu d'argent, je doute, mon fils, si vous différeriez à nous en informer; mais, comme nous ne vous laissons manquer de rien, vous n'avez rien à nous écrire. Faites, mon fils, faites réflexion sur votre conduite; et nous sommes persuadés que, pour peu que vous y songiez, vous vous repentirez de votre ingratitude. Ne manquez pas d'interroger votre cœur, et soyez certain qu'il vous répondra que vous ne témoignez pas assez d'amour à celui qui est et sera toujours le plus tendre et le plus affectionné des pères.

CLXXII.

QUE la parole de Dieu est belle! Qu'elle renferme de préceptes utiles! Ce que je vous conseillerai toujours, c'est de la lire le plus souvent que vous pourrez. Vous savez combien Jésus-Christ plut aux docteurs de la loi, lorsqu'étant encore enfant il alla disputer avec eux sur l'explication de la loi de Moïse. Que son éloquence leur parut grande et vraie! Son esprit et sa douceur furent admirés de chacun. Gardez vous de croire qu'il leur annonça alors qu'il était le Messie; il ne le fit point, le temps de prêcher son évangile n'étant pas encore arrivé. Mais il n'y a pas de doute que les Docteurs de la loi et les Pharisiens eurent honte de leur ignorance, lorsqu'ils entendirent un enfant de douze ans parler aussi sagement, et leur expliquer les endroits cachés des Écritures, qu'ils ne pouvaient eux-mêmes comprendre. Les Juifs étaient si incrédules, qu'ils n'auraient jamais regardé Jésus comme le Messie, s'il n'avait prouvé par ses miracles, qu'il était véritablement Dieu. Mais, quand ils virent les lépreux guéris, les démons chassés, les boiteux marcher, les morts ressusciter, ils parurent avoir honte de leur aveuglement. Parmi les malades qui accouraient pour être guéris par Jésus, un paralytique lui fut présenté, et on le pria instamment d'opérer sa guérison : Vos péchés vous sont remis, lui dit Jésus. Les Pharisiens s'écrièrent que c'était une action indigne ; mais, pour mieux leur prouver qu'il était envoyé de Dieu, Jésus ordonna au paralytique de se lever et de marcher. Un jour qu'ils le virent manger chez Mathieu, avec des Publicains, ils parurent très choqués de le voir à table avec des gens qui étaient mal famés ; Jésus leur fit observer que c'étaient les malades qui avaient besoin de médecins, et non ceux qui se portaient bien. Il guérit encore un paralytique, auquel il ordonna d'emporter son lit : c'était un jour de sabbat; ce qui fit murmurer les Juifs et sur-tout les Pharisiens. Jésus leur fit, dans le Temple, une instruction très relevée sur cette prétendue violation de la loi ; or ils se scandalisèrent encore davantage de ce qu'il déclarait ainsi agir au nom de Dieu, son père; mais rien ne l'empêcha d'opérer, ce jour-là, d'autres guérisons, et de défendre une autre fois ses disciples, auxquels ils reprochaient d'avoir, un jour de sabbat, pris, dans un champ, des épis de blé. Cette expression dont il se servit, que le Fils de l'Homme est plus grand que le Temple, et qu'il est le maître du sabbat, les mit en fureur. Quoi de plus beau que cette parole qu'il adressa aux juges qui voulaient faire condamner la femme adultère : Que celui d'entre vous qui est sans péché, lui jette la première pierre ! Tel était l'esprit de douceur et de charité qui animait Jésus, dont le trépas fut aussi douloureux, que sa vie avait été admirable et glorieuse.

CLXXIII.

JE ne vous demande, ô mon Dieu, disait autrefois le Sage, ni les richesses, ni une extrême pauvreté. Cette prière est celle d'un homme qui, craignant de se distraire de lui-même au milieu des embarras inséparables de l'opulence, comme au milieu des horreurs de la misère, ne veut que la médiocrité : aussi tous les Sages, après Salomon, ont-ils formé le même désir. Qui peut douter que, plus nos trésors s'augmentent, plus nos besoins ne se multiplient ? Les superfluités deviennent des choses nécessaires au point que, par une juste punition de la Providence, la plûpart des riches ont peu d'argent, et que, s'ils en ont beaucoup, ils ont mille fantaisies à contenter, de sorte que, ne pensant jamais à ce qu'ils possèdent, mais songeant à ce qui leur manque, ils se croient souvent aussi pauvres que les pauvres mêmes. C'est un art bien rare que celui de savoir bien employer l'argent, de donner et de ne pas jeter, d'économiser et de n'être pas avare. Mais, ce qui me dépite sur-tout contre les richesses, c'est qu'elles enorgueillissent toujours celui qui les possède ; c'est qu'elles le rendent dur et intraitable envers les malheureux dont ils ne paraissent jamais avoir pitié. Mortels, qui n'êtes que cendre et poussière, je vous demande d'où peut provenir une aussi grande vanité. Vous êtes nus ; vous savez que vous mourrez et serez enterrés nus pour devenir la proie des vers ; dites moi donc pourquoi vous êtes enflés d'un aussi sot orgueil. Que n'entrez-vous dans l'étable où repose votre Dieu ? Vous verrez que, loin d'être enrichie d'or et de pierreries, elle n'offre qu'une simple et misérable crèche qui a reçu le Sauveur du monde. Ecoutez Jésus parler ; il vous dit qu'il est beau de mépriser les richesses dont l'homme est si vain ; et lui-même vous prouve qu'il est aussi humble que doux. Son humilité et sa pauvreté le firent haïr des Pharisiens, qui étaient assez insensés pour estimer les richesses qu'ils n'avaient pas honte de préférer à la vertu. Ils ignoraient que l'or ne nous est utile que, lorsque, passant dans d'autres mains, il cesse d'être à nous. Si le Sauveur du genre humain, qui a enseigné aux hommes le mépris des richesses, obéissait, d'un autre côté, avec autant de docilité aux ordres de ses parents, c'était pour enseigner aux enfants des hommes combien il leur importe d'être soumis à leurs supérieurs : c'est pourquoi les enfants qui ne rougissent pas de désobéir à leurs parents ou à leurs maîtres, les hommes qui estiment plus les richesses que la véritable vertu, qui abandonnent le Seigneur pour servir le démon de l'orgueil, sont détestés et seront un jour punis de celui qui tient entre ses mains nos destinées.

CLXXIV.

On a beau nous représenter le bonheur environné de plaisirs, de richesses et de dignités ; je soutiens qu'on n'est heureux que lorsqu'on croit l'être. Ce qui fait que nous sommes malheureux, c'est que nous pensons toujours, non pas aux biens dont nous jouissons, mais à ceux dont nous voudrions jouir. Nous nous persuadons que notre félicité serait accomplie, si nous pouvions obtenir une fortune semblable à celle d'un homme riche et puissant ; et le peuple se persuade pareillement que, s'il pouvait nous égaler, il serait pleinement satisfait. C'est ainsi que chacun, mécontent de sa condition, voudrait en changer. Mais en quoi consiste le bonheur ? à remplir tous ses devoirs, à se contenter de ce que la Nature a donné à chacun en partage. Il s'en faut beaucoup que les hommes pensent de même ; peu s'en faut que leur bonheur ne ressemble à celui des bêtes, dont toute l'existence se borne à cette vie. Il sont bien éloignés, grand Dieu ! d'être tous du même caractère ; leurs inclinations sont aussi différentes que les traits de leur visage. Les uns aiment la guerre, et les autres, le droit public. Celui-ci recherche avec soin les honneurs ; celui-là, au contraire, préférant les douceurs d'une vie tranquille et solitaire, a pour eux un souverain mépris : tous néamoins tendent au bonheur. Le voluptueux le cherche au milieu des plaisirs ; l'avare, dans ses trésors ; l'ambitieux, dans les honneurs et les dignités ; enfin, le savant, dans une gloire qui est une véritable fumée : mais, à dire vrai, ils se trompent presque tous ; car, lorsqu'ils sont parvenus à leur but, les choses arrivent tout autrement qu'ils n'avaient espéré : au lieu du bonheur qu'ils se sont donné la peine de chercher avec tant de soin, ils ne trouvent que des soucis rongeurs et des chagrins dévorants. Ce ne sont donc ni les plaisirs, ni les richesses, ni les honneurs qu'il faut rechercher avec empressement, puisqu'il est vrai que, plus on a de richesses, d'honneurs et de plaisirs, plus on a d'inquiétudes, de soucis et de remords. Pour être heureux autant qu'il est possible de l'être dans ce bas-monde, nous devons ambitionner le témoignage d'une bonne conscience, faire le plus de bien que nous pouvons, et n'avoir en vue que de plaire à Dieu, qui est la plénitude de tous les biens. C'est en lui que l'âme toujours altérée doit puiser, puisque, pour me servir des belles paroles de Saint Augustin, le cœur n'est jamais tranquille, jusqu'à ce qu'il se repose dans le sein de Dieu.

CLXXV.

NICIAS, Général athénien, ne fut pas moins célèbre par ses malheurs, que par son courage. Sa libéralité lui concilia de bonne heure la bienveillance des Athéniens; il se fit connaître, à son début dans la carrière des armes, par la conquête de l'île de Cythère qu'il enleva aux Lacédémoniens. Les Athéniens ayant résolu de porter la guerre en Sicile, Nicias, qui, loin d'approuver cette expédition, en avait prédit la funeste issue, fut chargé de la conduire. Il n'eut pas lieu d'être satisfait des mesures prises par Alcibiade et par Lamachus, qu'on lui avait donnés pour collègues ; et, malgré les obstacles qu'il éprouva, il fit cependant en Sicile des prodiges de valeur. Alcibiade ayant été rappelé par ses ennemis, qui l'accusèrent d'impiété et firent confisquer ses biens, Nicias se trouva seul chargé de la conduite de la guerre. Il profita de cette circonstance pour bloquer Syracuse ; et l'on pense que cette ville aurait été forcée à se rendre, si l'arrivée inattendue de Gylippe, Général corinthien, n'avait rendu le courage aux assiégés. Gylippe fit des propositions de paix qui, n'ayant pas convenu aux Athéniens, furent rejetées par eux. Il y eut plusieurs combats dans lesquels les Siciliens eurent l'avantage. Nicias, que ses revers abattirent, jugea qu'il était de son devoir de demander aux Athéniens, sinon un successeur, du moins des renforts,

* 8

On lui envoya Démosthène (qu'il ne faut pas confondre avec l'orateur Démosthène qui vécut long-temps après.). Arrivé avec une flotte puissante, ce Général livra bataille malgré le sentiment de Nicias ; il eut le malheur d'être vaincu, et tomba au pouvoir de l'ennemi. Vous dirai-je quel fut le désespoir de Nicias, quand il vit que, par l'imprudence de Démosthène, il s'en fallut peu que les affaires des Athéniens ne fussent entièrement ruinées ? Après avoir combattu quelque temps, persuadé qu'il ne pourait résister à tant de monde à la fois, il se rendit à l'ennemi avec toute son armée. Les Siciliens ne le virent pas plutôt en leur pouvoir, que, sans égard aux clauses de la capitulation, ils le condamnèrent honteusement à mort avec Démosthène. On dit que ses troupes périrent de maladie et de misère dans les quartiers où on les avait disséminées. Les Athéniens regrettèrent un Général aussi sage que vaillant dans l'infortuné Nicias, qui fut livré à la mort vers l'an quatre cent treize avant J. C.

<center>~~~~~~~~~</center>

CLXXVI.

Je ne saurais trop vous répéter combien la flatterie est dangereuse, combien il nous importe de la fuir ; elle est d'autant plus à craindre, qu'elle aveugle l'homme, et l'empêche non seulement de se connaître, mais encore de connaître les autres. La flatterie est cause que l'homme commet plus de fautes qu'il n'en ferait, s'il n'avalait pas le doux poison qu'elle lui présente. On raconte à ce sujet qu'un homme aussi riche que puissant, au lieu d'amis, n'avait que des flatteurs. En quelque endroit qu'il demeurât, en quelque lieu qu'il allât, de quelque endroit qu'il vînt, et par quelque lieu qu'il passât, il était toujours environné de lâches complaisants. Un jour qu'il avait dîné plus que de coutume, il étala nonchalamment dans un large fauteuil ses membres qu'il laissait aller ; ses deux bras pendaient de chaque côté ; sa tête, que les fumées des viandes et du vin avaient appesantie, était appuyée sur une oreille, et laissait l'autre à découvert pour entendre les fades louanges que ses flatteurs n'avaient pas honte de lui prodiguer de toute part. Se plaignait-il d'une voix mourante, qu'il avait fait une perte que rien ne pouvait réparer : « Tant mieux, lui disaient ses adulateurs, soyez persuadé qu'il vous en arrivera un plus grand bien » ; et, qui pis est, ils s'efforçaient de le lui persuader. Mais il avait tant mangé et tant bu, que la digestion se faisait difficilement chez lui. On lui prodigua tout ce qui pouvait la faciliter. Enfin, l'eau qu'on lui fit boire abondamment fut cause qu'il fit un si grand rot, qu'on l'aurait entendu de sa cour. Tous ses flatteurs de le complimenter aussitôt ; et quelques-uns, pour lui faire accroire qu'il avait éternué, s'empressèrent de lui crier : « Monsieur, Dieu vous assiste » ! Cet homme, quelque disposé qu'il fût à croire tout ce qu'on lui disait, fit réflexion qu'on n'éternue jamais par la bouche. « Vous me trompez, misérables que vous êtes, leur dit-il ! Ne sais-je pas fort bien que j'ai la bouche au-dessous du nez ; allez, sortez de chez moi, et que je ne vous revoie jamais ici où je suis ! » En même temps il les chassa de sa maison, en les menaçant de les faire battre, s'ils ne se retiraient au plutôt.

CLXXVII.

Personnages célèbres, cités par Cornélius Népos.

MILTIADE, fils de Cimon premier, naquit à Athènes ; il fut un des plus habiles Généraux que l'Antiquité ait produits. Il fit concevoir de bonne heure une grande opinion de lui aux Athéniens qui prévirent ce qu'il serait un jour. Sa modestie le fit aimer de tous ses concitoyens ; et, quoiqu'il fût d'une haute naissance, on oubliait sa noble extraction, pour ne parler que de ses vertus. Il rapportait son origine à Codrus, dernier roi d'Athènes, dont les descendants furent archontes ou préteurs perpétuels à Athènes, depuis Médon, fils de Codrus, jusqu'à Alcméon, qui fut le dernier de ces archontes perpétuels, en la place desquels on créa d'autres archontes qui se changeaient tous les dix ans. Après la mort de Stésagoras, son frère, Miltiade fut envoyé par les Athéniens dans la Chersonèse de Thrace (le mot *Chersonèse* signifie péninsule.) Ce fut l'oracle d'Apollon qui le désigna pour être mis à la tête de l'expédition qui se préparait contre les Thraces. Il ne fut pas plutôt arrivé dans leur pays, qu'il triompha de leurs efforts. Après avoir quitté la Chersonèse, il revint à Athènes, où il fut accueilli comme il méritait de l'être. Ayant reçu ordre de marcher contre les Perses qui voulaient envahir la Grèce, il les défit avec une armée beaucoup moins nombreuse que la leur. Cette bataille si célèbre se livra à Marathon, bourg de l'Attique, situé à dix milles d'Athènes. Les Grecs étaient commandés par Miltiade, et les Perses, par Datis et par Artapherne. Les premiers étaient au nombre de douze mille hommes, et les seconds, de trois cents mille. On assure que les Grecs ne perdirent que cent quatre-vingt-douze hommes, et les Perses, six mille trois cents. Pour éterniser le souvenir de cette victoire,

remportée par Miltiade, le 29 septembre de l'an quatre
cent quatre-vingt-dix avant J. C., les Athéniens élevèrent à Marathon de petites colonnes sur lesquelles ils
firent graver les noms des guerriers qui y périrent. Miltiade fit aussi par mer la guerre aux Perses et à leurs
alliés ; il s'empara de diverses îles de l'Archipel qui
avaient eu le malheur d'embrasser le parti des Perses.
Ayant laissé échapper l'occasion de prendre l'île de Paros, tant à cause de ses blessures, qu'à cause d'une terreur panique dont l'armée fut saisie, il se retira à Athènes, où ses ingrats concitoyens le condamnèrent à une si
forte amende, que, n'ayant pu la payer, il fut mis en
prison vers l'an quatre cent quatre-vingt-neuf avant J. C.
Il y mourut des blessures qu'il avait reçues au siége de
Paros. On ne saurait trop haïr l'ingratitude des Athéniens, qui n'eurent pas honte d'ajouter foi aux criminelles imputations faussement portées contre un homme
qui leur avait rendu tant de services désintéressés.

CLXXVIII.

THÉMISTOCLE, fils de Néocle, natif d'Athènes, fut
un homme illustre autant par ses vertus que par sa naissance. Il se livra à une telle débauche pendant sa jeunesse, que son père jugea à propos de le déshériter; mais
cette disgrâce, loin de l'abattre, ne servit qu'à relever
son courage. En effet, persuadé qu'il lui importait d'ef-
facer en quelque façon cette honte, et qu'il ne pouvait
en venir à bout qu'en se signalant par des actions extraordinaires, il se livra entièrement aux affaires de la
république, mettant un soin extrême à se faire des amis
et un nom. Ce qu'on ne lui pardonnera pas, c'est d'avoir
fait exiler Aristide, dont la réputation lui était insupportable. Prévoyant les périls dont sa patrie était menacée, il engagea les Athéniens à tourner leur sollicitude

vers la marine. Xercès, fils et successeur de Darius (1), s'étant mis en tête de rassembler contre la Grèce toutes les forces de l'Asie, le premier soin de Thémistocle fut d'engager tous les Etats de la Grèce à se réunir pour la défense commune; il fit rappeler Aristide, parce que son retour importait au salut de la république. Après avoir traversé la Macédoine et la Thessalie, Xercès arriva dans le lieu qu'on appelait le Pas des Thermopyles; trois cents Spartiates, sous la conduite de Léonidas, étaient déterminés à arrêter l'armée de Xercès ou à périr. Le roi de Perse, qui avait espéré vainement que les Grecs se retireraient, fit engager Léonidas à lui livrer le passage. Celui-ci rejeta ces propositions avec autant d'indignation que de hauteur. Xercès le fit sommer de rendre les armes : « Viens les prendre, répondit froidement le Spartiate ». On sait que Léonidas eut le malheur de périr, et que ses soldats accablés par le nombre, sans être vaincus, périrent tous, excepté un seul qui retourna à Sparte. Les Perses, enflés de leurs succès, vinrent mouiller auprès de Salamine, à la vue d'Athènes. Thémistocle fut d'avis qu'on restât à Salamine pour combattre une flotte aussi nombreuse que celle des Perses. Il eut ensuite recours à un stratagême pour ruiner les espérances de Xercès. Il fit dire à ce prince que, trop faibles pour résister au grand roi, les Grecs ne songeaient qu'à s'échapper. La flotte des Perses ayant donc attaqué celle des Grecs, fut entièrement défaite l'an quatre cent quatre-vingt avant J. C., grâce à la valeur et à la prudence de Thémistocle. Depuis, sur l'accusation des Lacédémoniens, les Athéniens chassèrent de leur ville ce grand homme, qui se réfugia chez Admète, roi des Molosses; puis en Asie et en Perse, où le roi lui donna trois villes pour sa subsistance. L'an quatre cent quarante-neuf avant J. C., il mourut à l'âge de soixante-cinq ans, à Magnésie, où il avala

______

(1) Darius mout l'an 485 avant J. C.

du sang de taureau, pour ne pas porter les armes contre
sa patrie.

CLXXIX.

ARISTIDE, fils de Lysimachus, naquit à Athènes ; il
mérita par ses vertus d'être surnommé *Juste*. Thémistocle, que les trophées de Miltiade empêchaient de dormir, était dévoré de la passion de la gloire. Aristide aimait et estimait pareillement la gloire autant que qui que
ce fût ; mais il la voulait telle, que la postérité ne pût jamais la lui ravir. Thémistocle, dont les intentions étaient
tout autres que celles d'Aristide, n'était occupé qu'à in-
fluencer la multitude, et à se concilier sa faveur. Celui-ci
sut mériter, par son parfait désintéressement, la confiance
et l'estime de sa patrie ; celui-là réunissait assez de vices
et de talents, pour en être l'oppresseur ou le défenseur.
La jalousie que le premier portait au second, fut cause que
les Athéniens condamnèrent à dix ans d'exil le citoyen le
plus juste et le plus vertueux qu'ils possédassent. Ils
avaient établi la loi qu'on nommait ostracisme, et dont
ils se servaient, tant ils étaient naturellement ombrageux,
pour se débarrasser de ceux dont le mérite les offus-
quait (1). Aristide, en partant pour l'exil, pria les Dieux
de ne pas permettre que ses concitoyens eussent jamais
lieu de le regretter. Il fut rappelé au bout de trois ans, à
ce que l'on croit. Jamais les mauvais traitements qu'il reçut de ses ennemis ne le firent dévier en aucune façon
des règles de la justice. Ce fut à tort que les Athéniens
craignirent qu'il ne servît les intérêts des Perses qui me-
naçaient de ravager l'Attique. C'était bien mal juger du
caractère d'Aristide. Il était tellement au-dessus de tout

______

(1) Ostracisme vient du mot grec ὄστρακον (*ostracon*), coquille d'huitre, parce que l'on donnait son suffrage en écrivant
le nom de l'accusé sur une coquille.

ressentiment, qu'il n'avait cessé d'exhorter les Grecs à défendre leur liberté. Il se trouva à la bataille de Salamine.
Ce fut là que, traversant, non sans danger, la flotte ennemie, il vint trouver Thémistocle qui lui confia le stratagême dont il venait d'user pour faire tomber les Perses
dans le piége. A peine la bataille, qui fit tant d'honneur
à la Grèce, fut-elle terminée, que Thémistocle fit part
à Aristide du projet qu'il avait conçu de brûler tous les
vaisseaux des alliés pour assurer l'empire de la mer aux
Athéniens. Celui-ci lui représenta que son projet était le
plus utile qu'on pût proposer, mais en même temps le
plus injuste. Les Athéniens l'ayant connu, ordonnèrent à
Thémistocle de n'y plus songer. Aristide se signala encore
à la journée de Platée, en Béotie. Comme on manquait
d'argent, sans lequel on ne pouvait continuer la guerre,
il fit ordonner que les receveurs porteraient tous les ans
à Délos quatre cents soixante talents. Après avoir rempli
les charges les plus importantes, et manié de fortes sommes
d'argent, Aristide mourut si pauvre, que non seulement
il ne laissa pas de quoi se faire enterrer, mais encore le
peuple pourvut sa fille d'une dot, et donna de quoi sub-
sister à un fils qu'il laissa, nommé Lysimachus. La mort
d'Aristide arriva l'an quatre cent soixante-sept avant. J. C.

CLXXX.

Pausanias, Général des Lacédémoniens, fut un des
plus grands hommes qui aient existé dans l'ancienne Grèce;
mais ses vices le firent mépriser des uns, autant que ses
grandes qualités le firent admirer des autres. Il se distingua à Platée où, étant Général avec Aristide, il défit
Mardonius, quatre cents soixante-dix-neuf ans avant J. C.
Depuis la bataille de Platée, qui est le plus beau monu-
ment de sa gloire, il ne s'occupa que de vastes projets
qui, au lieu d'être utiles à sa patrie, ne tendaient qu'à

l'asservir. Sa hauteur et son faste mécontentèrent les alliés, au lieu que les manières prévenantes des amiraux
Athéniens n'inspiraient que confiance et respect. Il en ré-
sulta que tous les alliés s'étant rangés du côté des Athéniens, réclamèrent leur protection, et leur déférèrent la
prééminence de rang que les Lacédémoniens avaient conservée jusqu'alors. Sparte eut assez de prudence et de
modération pour y renoncer. Les succès que Pausanias
avait obtenus contre les Perses qu'il avait vaincus sur
mer, l'honneur qu'il s'était acquis en délivrant de leur
joug plusieurs villes grèques, la célébrité que lui avait
procurée la prise de la ville de Bysance, enflèrent son
cœur à un tel point, qu'il résolut de s'agrandir aux dépens de sa patrie. Il proposa à Xercès de seconder ses
efforts, pour faire de la Grèce une province dépendant
de son Empire. Il ne conduisit pas l'intrigue avec une
telle précaution, qu'elle ne fût bientôt dévoilée. Il fut
rappelé à Lacédémone pour y rendre compte de sa conduite. Quoiqu'il fût tuteur et proche parent du jeune roi,
fils de ce Léonidas, qui avait péri si glorieusement à la
défense des Thermopyles ; les lois ne laissèrent pas de le
soumettre aux Ephores. Il eut le bonheur d'être renvoyé
absous, soit qu'on crût devoir avoir égard aux importants
services qu'il avait déjà rendus à sa patrie, soit qu'étant
fort riche, il eût trouvé moyen de corrompre ses juges.
Loin d'être utile à Pausanias, cette leçon ne servit qu'à
le rendre plus entreprenant. Ne perdant pas de vue ses
premiers projets, il renvoya les principaux prisonniers
sans rançon, et écrivit à Xercès que, s'il voulait lui donner sa fille en mariage, il le rendrait maître de toute la
Grèce. Il fut encore rappelé à Lacédémone, et il y fut
absous du crime de trahison. Mais un jeune-homme,
nommé Argilius, ayant prouvé par des lettres intercep-
tées, que Pausanias avait des intelligences avec Xercès
ce Général se retira dans le temple de Minerve qu'on ferma

aussitôt de murs, et il s'y laissa mourir de faim, vers l'an quatre cent soixante-onze avant J. C.

~~~~~~~~

CLXXXI

Cimon était fils du vaillant Miltiade qui gagna la bataille de Marathon. Il se constitua prisonnier pour racheter le corps de son père qui était mort dans les fers, sans avoir pu payer l'amende à laquelle il avait été condamné. Elpinice, sa sœur, qu'il avait épousée (car ces mariages étaient alors permis), le pria de consentir à ce qu'elle s'unît à Callias qui offrait de payer pour lui. Ce fut par ce moyen qu'il sortit de sa captivité. Parvenu en peu de temps aux premiers emplois, il eut le commandement de l'armée, mit en fuite les Thraces près du fleuve Strymon, et rétablit la ville d'Amphipolis où il envoya une colonie de dix mille Athéniens. Il eut le bonheur de détruire près de Mycale la flotte de Chypre et de Phénicie; et, dans le même jour, il remporta une autre victoire sur terre, près du fleuve Eurymédon, dans la Pamphilie. Ces avantages furent suivis de plusieurs autres sur la mer Egée, où il prit les îles de Scyros et de Thasos. A son retour, il fut condamné à l'exil par les intrigues de Périclès et d'Ephialte. Il employa le temps de cet exil, qu'il passa chez les Lacédémoniens, à les réconcilier avec le peuple d'Athènes. Ayant été rappelé cinq ans après dans sa patrie, il fut déclaré Général de la flotte des Grecs, qu'il conduisit dans l'île de Chypre, où, après s'être emparé de plusieurs villes, il mourut de maladie à Citium, quatre cents quarante-neuf ans avant J. C. S'étant senti près de mourir, il avait chargé ceux qui l'environnaient de cacher sa mort, de peur qu'elle ne nuisît aux affaires de l'Etat. Le secret en fut si bien gardé, que,
~~~~~~~~

trente jours après son décès, l'armée se conduisait encore par ses ordres. Telle fut la fin d'un des plus grands Généraux qu'aient eus les Athéniens. On ne saurait dire combien il fut regretté de ses compatriotes. Formé par les soins du vertueux Aristide, il avait appris de lui combien la probité est nécessaire aux hommes d'Etat. Sa libéralité était telle, qu'il ne commettait personne à la garde de ses terres ; chacun était libre de les exploiter ainsi qu'il le voulait. Il était si riche que, non seulement il faisait distribuer de l'argent à tous les pauvres qu'il trouvait, mais encore sa table leur était ouverte, ainsi que ses jardins ; et c'était là ce qui affligeait Périclès, qui ne jouissait que d'une fortune médiocre. Toutes les fois qu'il rencontrait des personnes mal vêtues, il s'empressait de leur donner ses propres habits. Il arriva souvent aussi que les funérailles des pauvres se firent à ses dépens.

CLXXXII.

LYSANDRE, fils d'Aristoclète, et Général des Lacédémoniens, ayant fait alliance avec Cyrus, fils de Darius-Nothus, en obtint des secours qui lui permirent d'attaquer les Athéniens avec lesquels Lacédémone était souvent en guerre. Après avoir pris leur flotte et tué trente mille hommes, il conçut le projet de s'emparer d'Athènes. Les habitants qui sentaient combien ils auraient de peine à résister, se rendirent l'année suivante. Ensuite Lysandre alla soumettre l'île de Samos, parce que ses habitants s'étaient déclarés en faveur des Athéniens ; puis il retourna triomphant à Sparte. La gloire qu'il s'était acquise était d'autant plus grande, qu'on lui avait opposé Alcibiade, dont la bravoure n'était pas douteuse. En outre, il avait forcé les Athéniens à demander la paix, lorsqu'ils auraient dû s'ensevelir sous les ruines de leur ville, plutôt que de céder honteusement la victoire. Assiégés par terre et par mer, abattus sous le poids de l'infortune, ils se virent contraints à recevoir la loi du vainqueur, qui leur fit dire : « Abattez le Pirée et les longues murailles ; ce n'est qu'à ces conditions que nous vous accordons la paix ; sachez que c'est ici le décret de Lacédémone ». Tous les trésors d'Athènes furent transportés à Sparte ; cette ville craignit pour ses mœurs la première fois qu'elle vit autant d'or entrer dans ses murs. Mais revenons à Lysandre. Après avoir établi à Athènes trente tyrans qui prirent le nom d'Archontes, il retourna dans sa patrie, où il fit tout son possible pour arracher la couronne aux rois, descendants d'Hercule, afin de la mettre sur sa tête. Quelques moyens qu'il employa pour parvenir à ses fins, il ne put réussir. Ce fut en vain qu'il essaya de corrompre les oracles de Delphes et de Jupiter Ammon, que les Lacédémoniens faisaient consulter. L'an trois cent quatre-vingt-quatorze avant J. C., les Athéniens, les Thébains, les Argiens et les Corinthiens s'étant ligués contre les Lacédémoniens, ceux-ci leur opposèrent Lysandre, dont la valeur faisait espérer qu'il vaincrait ces nouveaux ennemis ; mais il eut le malheur d'être tué sur le champ de bataille. Ainsi périt un des plus grands héros que Sparte ait produits, et celui qui termina la guerre du Péloponèse. Naturellement ambitieux, il était bien digne de lutter contre Alcibiade. Elevé dès son enfance dans la simplicité des mœurs spartiates, et dans les exercices qui étaient en usage à Lacédémone, il avait une fermeté d'âme que rien n'était capable d'ébranler. On peut juger de son caractère par deux de ses maximes favorites : la première « qu'on amuse les enfants avec des jouets, et les hommes avec des serments ; la seconde « qu'il faut alonger la peau du lion avec celle du renard ».

CLXXXIII.

ALCIBIADE, fils de Clinias, fut élevé par Socrate dans la maison de Périclès, son oncle. Il l'emportait autant sur les Athéniens par la noblesse de son extraction, qu'Athènes l'emportait en magnificence sur les autres villes de la Grèce. Pendant la guerre du Péloponèse, il fut chargé avec Nicias et Lamachus de l'expédition projetée contre les Syracusains. Ses ennemis le rendirent suspect au peuple pendant son absence, et l'accusèrent d'impiété. Comme il savait combien le peuple d'Athènes était inconstant et cruel, il aima mieux prendre la fuite, que de venir se justifier. Ayant appris qu'il avait été condamné, et que ses biens avaient été confisqués, il se jeta dans le parti des Lacédémoniens, auxquels il persuada d'assiéger Athènes. Il se retira ensuite vers Tissapherne, Général de Darius, parce que les Lacédémoniens qui craignaient qu'il ne les abandonnât, avaient résolu sa perte. Rappelé dans sa patrie, et avant d'entrer à Athènes, il obligea les Lacédémoniens à demander la paix. A son retour, il fut reçu en triomphe par ses concitoyens qui lui rendirent tous ses biens. Peu de temps auparavant, Lysandre avait fait élire quatre cents citoyens, puis, l'année suivante, cinq mille, pour gouverner la république. Ce fut alors qu'Alcibiade, qui avait été rappelé, fut élu Général avec Thrasybule ; mais ayant perdu une bataille, il se retira du côté de Périnthe où il fortifia trois places. Les chagrins qu'on lui suscita ne purent lui faire oublier ce qu'il devait à sa patrie. Il vint s'offrir à Philoclès, amiral athénien, pour combattre Lysandre ; mais Philoclès craignant qu'il n'acquît trop d'autorité parmi les troupes, refusa ce secours, et fut vaincu pour avoir méprisé ses conseils. Alors Alcibiade se retira chez Pharnabaze, satrape persan, qui lui donna Grunium, forteresse considérable en Phrygie, laquelle lui procurait cinquante talents de revenu. Les Lacédémoniens ayant pris Athènes, Alcibiade ne put souffrir que sa patrie, toute ingrate qu'elle était, restât plus long-temps esclave de Sparte, et il s'unit avec le roi de Perse pour détruire les Lacédémoniens. Critias et les autres tyrans que Lysandre avait établis à Athènes, voyant combien il leur serait difficile de contenir le peuple, tant qu'il pourait compter sur Alcibiade, sollicitèrent Lysandre pour qu'il le fît assassiner. Celui-ci pressa Pharnabaze de délivrer les Lacédémoniens, à quelque prix que ce fût, du seul ennemi qu'ils eussent à redouter. Pharnabaze donna des ordres pour tuer Alcibiade. On mit le feu à la maison où il s'était refugié; et, comme il se disposait à se défendre, on le tua à coups de flèches. Il mourut à l'âge de quarante-cinq ans environ, l'an quatre cent quatre avant J. C.

CLXXXIV.

THRASYBULE, qui naquit à Athènes, fut un des hommes dont cette ville eut le plus à se glorifier. Ami de la liberté, il chérissait trop sa patrie, pour souffrir qu'elle fût plus long-temps sous le joug des Lacédémoniens. Déjà il lui avait rendu d'importants services dans la guerre du Péloponèse; mais la gloire de la sauver lui était réservée. On se rappelle que Lysandre détruisit l'olygarchie à Athènes, et qu'il y établit trente tyrans pour gouverner cette ville. Il ne se borna pas à imposer ce joug aux Athéniens; il voulut encore que toutes les villes de leurs alliés fussent gouvernées de même. Son but était d'abaisser la république d'Athènes, et de transporter à

Lacédémone la souveraineté de toute la Grèce. On ne saurait dire combien ces trente tyrans se rendirent odieux par les vexations qu'ils exercèrent dans la ville. Si l'on en croit Xénophon, ils firent mourir, en huit mois de paix, plus de citoyens que les ennemis du dehors n'en avaient tué en trente-trois ans de guerre. Les deux plus considérables d'entre les tyrans étaient Critias, le plus emporté de tous, et Théramène, son ami. Celui-ci, plein d'honneur, aimait et estimait beaucoup ses concitoyens ; celui-là fondait son autorité sur la terreur ; il aimait mieux être craint que d'être estimé. Théramène employa tous ses efforts pour modérer les emportements de Critias ; mais, quand il vit que ses collègues n'avaient rien tant à cœur que d'exercer autant de cruautés que d'injustices, il se déclara ouvertement contre Critias, qui, dès lors, devint son plus cruel ennemi. Sa haine et sa vengeance ne furent satisfaites qu'en le faisant condamner à mort. Théramène but la ciguë sans se plaindre. Sa mort fut suivie du meurtre d'un grand nombre de citoyens ; et ce qui déshonore à jamais Sparte, c'est que, loin de désavouer les violences de ces fougeux tyrans, elle porta un décret sanguinaire qui ordonnait que tous ceux qui se déroberaient, par la fuite, à la domination des *Trente* seraient ramenés à Athènes. C'était dévouer à la mort ces infortunés fugitifs, que de les ramener dans une ville où l'on sacrifiait les talents et les vertus. Socrate fut le seul qui ne se laissa pas ébranler par l'iniquité des temps ; il eut la hardiesse de prendre en main la défense de Théramène ; mais, deux ans après, il paya de sa tête cet acte de courage. Thrasybule, plus heureux que Socrate, rassemble à Thèbes tous les mécontents ; il les engage à prendre les armes, non pas contre des citoyens, mais contre des ennemis. Tous s'arment à l'envi ; bientôt le parti des *Trente* est entièrement détruit ; et, grâce à la loi de l'amnistie que porta Thrasybule, le calme fut rétabli dans Athènes. Depuis, Thrasybule remporta de grands avantages dans la Thrace ; enfin, après s'être signalé contre les Lacédémoniens, il fut tué dans la Pamphilie, l'an trois cent quatre-vingt-onze avant J. C.

CLXXXV.

Conon, Général des Athéniens, était regardé comme l'homme le plus capable de tirer sa patrie de l'état humiliant où Lysandre l'avait réduite. Il s'était distingué dans la guerre du Péloponèse, et l'on avait droit d'espérer qu'il pourrait rendre de nouveaux services à ses concitoyens. Ce fut dans cette vue, qu'il se retira auprès de Pharnabaze, vice-roi des provinces d'Ionie, et gendre du roi de Perse. S'étant insinué dans les bonnes grâces de ce seigneur, il parvint à en faire un puissant appui aux Athéniens. Quoiqu'il parût servir sous Pharnabaze, il ne laissait pas de commander la flotte des Perses ; aussi empêcha-t-il Agésilas, roi de Sparte, d'exécuter le projet qu'il avait formé d'enlever au roi de Perse la plus grande partie de ses provinces. Agésilas ayant été rappelé à Lacédémone par les Ephores, fut remplacé par Pisandre, son beau-frère. Les deux flottes ennemies se rencontrèrent près de Gnide, sur les côtes de l'Asie mineure. Celle des Perses était commandée par Pharnabaze et par Conon ; Pisandre commandait celle des Lacédémoniens. Conon, qui savait qu'il lui importait de réparer son honneur, (car ce fut sous ses ordres, que les Athéniens avaient été défaits par Lysandre), mit tout en œuvre pour justifier l'opinion qu'on avait conçue de bonne heure de ses talents militaires. Il livra la bataille ; on combattit avec une telle opiniâtreté, que l'armée des Spartiates fut entièrement défaite ; ils perdirent cinquante vaisseaux et leur Général Lysandre. Tous les alliés de

Sparte ne purent se défendre de se déclarer en faveur des Athéniens. Conon, après avoir ravagé les côtes de la Laconie, rentra victorieux dans sa patrie. Quelle fut sa douleur de voir cette ville autrefois si florissante, réduite au même état où elle avait été à l'invasion des Perses! Il ressentit plus de tristesse que de plaisir à revoir sa patrie; mais, sans perdre de temps, il employa les sommes qu'il avait reçues du roi de Perse, à rétablir le Pirée, et à reconstruire les murailles qui avaient tant excité la jalousie des Spartiates, et qu'eux-mêmes avaient démolies peu d'années auparavant. Les Lacédémoniens plus alarmés de cette dernière action, que de ses victoires, obtinrent de Tiribase, satrape d'Asie, qui résidait à Sardes, qu'il ferait arrêter Conon sous prétexte qu'il avait voulu livrer aux Athéniens l'Ionie et l'Eolide. Conon fut arrêté sans être entendu, et conduit en prison. On croit qu'il y mourut vers l'an trois cent quatre-vingt-treize avant J. C.

〰〰〰〰〰〰〰

CLXXXVI.

Dion, capitaine syracusain, était fils d'Hipparinus. Ses talents le firent considérer de Denys, roi de Syracuse, qui lui donna en mariage la cadette de ses deux filles. L'aînée épousa Denys le jeune, qui succéda à son père à la faveur des promesses qu'il fit au peuple de le gouverner avec plus de douceur que n'avait fait Denys l'ancien; mais il ne fut pas plutôt monté sur le trône, qu'il exerça des cruautés qui ne peuvent se concevoir, et fit mourir ses frères. Sur les avis de Dion, son beau-frère, il invita Platon à venir à sa cour. Ce grand homme lui ayant conseillé d'abdiquer le souverain pouvoir, il le fit vendre comme esclave; et, comme Dion avait appuyé les

exhortations de Platon, il le persécuta; et lui ayant enlevé sa femme qu'il fit épouser à un autre, il le chassa
de Syracuse. Dion n'était pas homme à laisser impuni
un pareil outrage contre lequel il s'était vainement ré-
crié. Il rassembla quelques troupes, et en moins de trois
jours il prit Syracuse, et chassa le tyran l'an trois cent
cinquante-sept avant J. C. Denys se fit haïr pour ses
cruautés, des Locriens chez lesquels il s'était retiré.
Dix ans après, il rentra dans Syracuse; mais à peine y
fut-il revenu, que les Corinthiens, sous les ordres de
Timoléon, le forcèrent à sortir de cette ville. Alors il
se retira à Corinthe où il se fit maître d'école, charmé
de pouvoir faire trembler des enfants, puisqu'il ne pouvait plus commander à des hommes. Cependant Dion se
mit à la tête du Gouvernement pour empêcher les partisans de Denys de s'en emparer. Le peuple qui ne savait pas combien Dion pouvait lui être utile, parut lui
préférer Héraclide, né à Syracuse. Celui-ci eut le commandement des forces navales; Dion, celui des armées de
terre : mais, comme ils ne pouvaient se souffrir ni l'un
ni l'autre, parce que l'un voulait l'emporter sur l'autre,
Dion naturellement opiniâtre fit assassiner Héraclide.
Cette action qui le déshonore, le fit haïr des soldats et
des grands de Syracuse. On chercha dès lors les moyens
de le perdre. Un Athénien, nommé Callipus, que Dion
avait comblé de bienfaits, conspira contre lui, malgré le
serment qu'il avait fait de ne jamais attenter à la vie
de Dion. Il le fit assassiner dans sa chambre, au milieu de ses gardes. Ainsi périt Dion à l'âge de cinquante-
cinq ans, regretté des Syracusains, qui lui firent des funérailles aux dépens du trésor public. Ce ne fut qu'après
sa mort, qu'ils rendirent justice à un homme qu'ils regardaient comme un tyran pendant sa vie, quoiqu'on
n'ait à lui reprocher que le meurtre d'Héraclide. Il pé-

rit quatre ans après son retour en Sicile, l'an trois cent cinquante-trois avant J. C.

CLXXXVII.

IPHICRATE, Général athénien, d'une naissance obscure, s'éleva par ses vertus militaires aux plus grands emplois. A l'âge de vingt ans, il marcha avec Conon contre Agésilas qui menaçait d'envahir le territoire d'Athènes. Quelque temps auparavant, il avait été mis à la tête des troupes qu'on envoya chez les Thraces, afin d'y rétablir sur le trône Seuthès qui en avait été injustement dépossédé. La ville d'Athènes enrichie des dépouilles de la Grèce commençait à peine à recouvrer sa première splendeur, que les Lacédémoniens engagèrent quelques actions qui ne contribuèrent pas peu à rehausser la gloire d'Iphicrate. Avant d'exécuter le projet qu'il avait conçu de réduire Corinthe, il consulta les Athéniens; mais ceux-ci, peu clairvoyants sur leurs intérêts, s'opposèrent à une entreprise qui leur aurait fait recouvrer l'empire de la Grèce. Iphicrate, qui était loin de s'attendre à ce refus, renonça au commandement de l'armée, et fut remplacé par Chabrias. Lorsqu'Artaxerce entreprit la conquête de l'Egypte, les Athéniens crurent qu'ils ne pouvaient envoyer à ce prince un capitaine plus expérimenté qu'Iphicrate. Il ne tint pas au Général athénien, que l'Egypte ne fût entièrement soumise; les Egyptiens qui s'étaient opposés à sa marche triomphante furent battus. Après avoir pris Mendès (1), Iphicrate pensa que, sans attendre le reste de l'armée, il fallait marcher sur Memphis qui était dégarnie de troupes. Les Perses n'ayant voulu rien entreprendre, que les troupes ne fussent arrivées, Memphis trouva des défen-

---

(1) Mendès, ville d'Egypte, ainsi que Memphis.

seurs qui lui permirent de chasser les Perses de l'Egypte. Pharnabaze, qui commandait l'armée des Perses, prit le parti de se retirer en Asie ; Iphicrate revint à Athènes. Ayant été chargé de remettre Bysance sous la puissance des Athéniens, il partit avec Timothée et Charès. Au moment où on allait livrer le combat, une tempête vint disperser une partie des vaisseaux. Charès voulut qu'on engageât le combat ; Iphicrate et Timothée s'y opposèrent. Leur prudence fut regardée comme lâcheté. Iphicrate ayant été contraint à se défendre n'eut pas de peine à se justifier ; il fut absous, mais il renonça dès lors à la profession des armes. Personne mieux que lui ne sut faire respecter l'autorité des chefs, et accoutumer les soldats à une obéissance sans bornes. Il changea leurs habits et leurs armes, pour qu'ils fussent plus agiles dans les combats. Il épousa la fille de Cotys Ier, roi de Thrace, dont il eut un fils. Un sot de grande famille lui reprochant un jour la bassesse de son extraction, (car il était fils d'un cordonnier) : Je serai le premier de ma race, lui répliqua fièrement Iphicrate, au lieu que tu seras le dernier de la tienne. Il mourut l'an trois cent quatre-vingt avant J. C.

CLXXXVIII.

CHABRIAS, athénien, se fit un nom par les services qu'il rendit à sa patrie. Ayant attaqué l'amiral spartiate Pollis, près de l'île de Naxos, il remporta sur lui une victoire complète. Ce qui lui fit sur-tout beaucoup d'honneur, ce fut l'expédient dont il se servit dans la bataille de Thèbes, quand il vint secourir les Béotiens contre Agésilas, roi de Sparte. Ce Général de l'armée ennemie, un des plus grands princes qu'il y eût alors, était sur le point de gagner la bataille ; déjà il espérait de mettre les Athéniens en pleine déroute, lorsque Chabrias, après avoir défendu à son infanterie de quitter le poste qu'elle occupait, lui ordonna de soutenir le choc des ennemis le genou en terre, appuyé contre leurs boucliers, et de présenter la pique en avant. Agésilas, qui ne s'attendait pas à cette nouvelle contenance, et qui voyait, en outre, que les Athéniens se disposaient à combattre, fit sonner la retraite. Cette action rendit le nom de Chabrias si célèbre dans toute la Grèce, qu'on lui éleva une statue où il était représenté dans la même attitude qu'il avait fait prendre à ses soldats devant Thèbes : de là vint aussi que, dans la suite, les athlètes qui s'étaient signalés dans leur profession, se faisaient représenter dans la même attitude qu'ils avaient eue au moment où ils avaient remporté quelque avantage. Athènes eut différentes guerres à soutenir ; Chabrias fut chargé de les conduire, et il s'acquitta de cet emploi avec autant de zèle que de bravoure. Il eut le bonheur d'affermir sur le trône Nectanébus, roi d'Egypte, par les secours qu'il lui fournit. Il rétablit aussi dans ses états Evagoras, roi de Chypre ; mais ce fut par l'ordre des Athéniens. Il ne quitta pas l'île de Chypre, qu'il ne l'eût entièrement soumise. Quelque temps après, la guerre s'étant allumée entre les Egyptiens et les Perses, les Athéniens se liguèrent avec ceux-ci, et les Lacédémoniens prirent le parti de ceux-là. Agésilas faisait acheter bien cher les secours qu'il donnait aux Egyptiens. Chabrias, qui savait mauvais gré au roi de Sparte d'en user ainsi, et qui ne doutait pas qu'il ne pût l'égaler en courage, alla, de son chef, offrir ses secours aux Egyptiens qui lui donnèrent le commandement de leur armée navale. Les lieutenants du roi de Perse ayant été informés de cela, ne manquèrent pas de se plaindre aux Athéniens de la conduite de Chabrias. Il reçut l'ordre de revenir sur-le-champ à Athènes, et on le menaça de le condamner à mort s'il manquait à comparaître le jour indiqué. Cet ordre le fit promptement revenir à Athènes ; mais il n'y séjourna pas plus long-temps qu'il ne devait le faire. L'injustice des Athéniens à son égard lui parut tellement odieuse ; qu'il renonça à son pays. Cependant, les Athéniens ayant eu un combat à soutenir dans l'île de Chios , Chabrias y fit preuve de valeur sans y avoir été appelé. Ayant voulu aborder le premier dans l'île, il se trouva enveloppé par les ennemis, parce qu'il y était arrivé seul. Il résista le plus long-temps qu'il put, mais son vaisseau fit eau de tout côté. Il n'aurait tenu qu'à lui de se sauver à la nage ; il aima mieux périr avec honneur, que d'abandonner ses armes. Il mourut trois cents cinquante-sept ans avant J. C.

CLXXXIX.

TIMOTHÉE , fils de Conon l'athénien , n'eut rien tant à cœur que de marcher sur les traces de son illustre père. Il avait hérité de sa valeur et de ses grandes qualités; il les fit tourner à l'avantage de sa patrie. Il s'empara de Corfou, et gagna une victoire navale sur les Lacédémoniens qui virent avec peine qu'il leur fallait céder l'empire de la mer aux Athéniens. Ceux-ci furent tellement étonnés de cette victoire, que, pour la première fois, ils élevèrent aux dépens du public des autels à la Paix. Ce ne fut pas tout : pour conserver la mémoire d'une action aussi glorieuse, ils firent élever une statue à Timothée dans la place publique. Cet honneur était d'autant plus grand, que les Athéniens jusqu'alors n'avaient pas érigé de statue au fils d'un homme à qui ils eussent accordé autrefois la même récompense (1). On dit que quelques envieux placèrent sa statue près de celle de la Fortune qui

____

(1) Les Athéniens avaient érigé une statue en bronze à Conon, son père.

lui apportait les villes toutes prises, et enveloppées dans des filets pendant qu'il dormait. Timothée s'indigna de cette raillerie, en disant que cet honneur lui était dû, et non pas à la Fortune. Il s'empara de Samos, dont le siége avait, dans la guerre précédente, coûté fort cher aux Athéniens, sans qu'ils pussent la prendre; et il sut remettre cette île en leur puissance, sans qu'il en coûtât rien au trésor public. Ayant fait la guerre au roi Cotys, (qu'il ne faut pas confondre avec le beau-père d'Iphicrate) (1), il lui enleva un énorme butin qu'il fit porter au trésor. Il était déjà parvenu à un âge avancé, et vivait en simple particulier, lorsque la guerre s'alluma de tout côté contre les Athéniens. Philippe, roi de Macédoine, commençait à se faire craindre; et, quoiqu'on eût jeté les yeux sur Charès, pour l'opposer aux desseins ambitieux de ce prince, on n'appréciait pas encore assez son courage et son activité, pour s'y confier, et pour se flatter de repousser Philippe; c'est pourquoi les Athéniens donnèrent le commandement de la flotte à Menesthée, fils d'Iphicrate, et gendre de Timothée, avec ordre d'aller au plutôt se mettre à la tête de l'armée. Quelque confiance qu'on eût dans Menesthée, on voulut que son père et son beau-père lui servissent de conseil à cause de leur grande capacité, et on lui défendit de rien entreprendre sans les consulter. Ils firent voile vers Samos; mais, comme ils étaient près d'aborder dans cette île, il s'éleva une tempête si furieuse, que Timothée et Iphicrate furent d'avis de ne pas livrer tout de suite la bataille. Charès aima mieux tenter la fortune, que de se rendre aux conseils de ses collègues. Il eut le malheur d'échouer dans son entreprise; mais il manda à Athènes qu'il aurait réussi, s'il n'avait été lâchement abandonné par Timothée et par Iphicrate. Ce-

____

(1) Cotys, à qui Timothée fit la guerre, était roi de Paphlagonie, dans l'Asie mineure.

lui-ci fut absous ; celui-là fut condamné à une amende de cent talents. Il fut tellement indigné de cette injustice, qu'il se retira à Chalcis, où il mourut l'an trois cent soixante-trois avant J. C. Il n'eut pas plutôt terminé sa carrière, que les Athéniens parurent avoir honte de leur procédé. L'amende fut réduite, et l'on n'exigea que dix talents de son fils, lesquels servirent à reconstruire une partie des murailles de la ville.

CXC.

DATAMÈS naquit en Carie, contrée de l'Asie mineure. Dans la guerre qu'Artaxerce III, roi de Perse, eut à soutenir contre les Cadusiens, il fit connaître ce qu'on pouvait espérer de lui dans la suite. Les satrapes du roi s'étant révoltés contre leur maître, Datamès reçut ordre de marcher contre eux. Son bonheur, dans cette occasion, égala son courage. Thyus, dynaste de la Paphlagonie, ne voulant plus reconnaître les ordres que lui envoyait le roi de Perse, celui-ci résolut de le punir de sa désobéissance ; c'est pourquoi il chargea Datamès de marcher contre ce rebelle. Comme il était son proche parent, il tenta de le ramener à l'obéissance par la douceur ; il se rendit donc auprès de lui sans prendre d'escorte ; mais ce peu de précaution faillit lui coûter la vie. Sa mère le prévint que Thyus avait formé le projet de l'assassiner ; alors Datamès ne gardant plus de ménagement, attaqua Thyus, et le fit prisonnier. Artaxerce ayant magnifiquement récompensé Datamès, lui ordonna de porter la guerre en Egypte. Comme il se disposait à partir, le roi le chargea de tourner ses armes contre Aspis, satrape de la Cataonie, qui venait de se révolter contre son prince. Datamès, sans examiner que ces ordres l'arrachaient à un emploi bien plus considérable, crut qu'il était de son devoir d'obéir au roi ; il marcha donc contre ce satrape rebelle, te le défit. Les courtisans d'Artaxerce ne purent se défendre de haïr Datamès, à cause de ses succès et de la faveur dont il jouissait auprès du roi ; c'est pourquoi ils jurèrent sa perte. Celui-ci qui venait de partir pour l'Egypte, ne fut pas plutôt prévenu du complot qu'on avait formé contre lui, qu'il fait une ligue secrète avec Ariobarzane, lequel s'était révolté contre Artaxerce. A cette nouvelle, le roi alarmé envoie promptement Autophradate pour le combattre ; il savait combien Datamès était brave et actif ; il savait qu'il n'entreprenait jamais rien sans avoir pris toutes les mesures nécessaires pour agir. Autophradate avait plus de soldats que son ennemi ; cependant celui ci, quoiqu'il n'eût à opposer que sa propre valeur et l'avantage des lieux qu'il occupait, se sentit assez de courage pour en venir aux mains avec les Perses dont il tailla en pièces un nombre prodigieux, sans qu'il lui en coûtât plus de mille soldats. Autophradate persuadé que la prolongation de cette guerre pourait avoir des suites plus funestes pour son maître que pour l'ennemi, engagea Datamès à se réconcilier avec le roi. Quelque peu de confiance qu'il dût avoir en ce prince, il fit réponse qu'il enverrait ses députés à la cour de Perse. On les y accueillit assez favorablement ; c'est pourquoi Datamès pensa qu'il pouvait demeurer tranquille. Mais le fils d'Ariobarzane (1) avait promis au roi de le défaire de Datamès par trahison. En effet, ayant reçu le consentement d'Artaxerce, un jour qu'il avait attiré Datamès dans une embuscade, il le perça par derrière, et le renversa mort par terre, sans que personne pût venir à son secours. Ainsi périt, trois cent soixante-deux ans avant J. C., ce grand homme qui paraissait digne d'un meilleur sort.

----

(1) On le nommait Mithridate.

~~~~~~~

CXCI.

Epaminondas, Général thébain, fils de Polymnus, descendait des anciens rois de Béotie ; il se rendit célèbre autant par ses vertus sociales, que par ses talents militaires. Tel était son amour pour la vérité, qu'il ne lui arriva jamais de proférer un mensonge. Lié d'une étroite amitié avec Pélopidas, capitaine thébain, il eut le bonheur de lui sauver la vie dans une bataille. Quelque temps après, il lui conseilla de délivrer la ville de Thèbes du joug des Lacédémoniens qui y exerçaient la tyrannie, et s'étaient rendus maîtres de la forteresse dite la Cadmée. Aidé de Pélopidas, il gagna sur eux la célèbre bataille de Leuctres, l'an trois cent soixante-onze avant J. C. Il pénétra dans le territoire de Sparte, où il se fit des partisans. A son retour à Thèbes, il fut arrêté pour avoir violé les lois qui défendaient à un citoyen de retenir plus d'un mois le commandement. Il fut sur le point d'être condamné à mort pour prix des services qu'il avait rendus à son ingrate patrie. Loin de se plaindre de cette injustice, il pria ses juges de lui permettre de faire graver ces paroles sur sa tombe : « Ci-gît Epaminondas, qui fut puni de mort pour avoir sauvé sa patrie ». Vous ne sauriez croire combien les Thébains furent sensibles à ce reproche. Ils parurent avoir honte de leur conduite, et lui confièrent de nouveau le gouvernement de la république. Il fit ensuite la guerre en Thessalie, où ses armes furent victorieuses. Dans la guerre qui survint entre les Eléens et ceux de Mantinée, les Thébains prirent le parti des premiers, et les Lacédémoniens, aidés et favorisés des Athéniens, soutinrent les seconds. Epaminondas leur ayant livré bataille près de Mantinée, les défit entièrement ; mais il y fut blessé à mort d'un coup
~~~~~~~

de javelot dont le fer était resté dans la plaie. Il fut porté hors de la mêlée ; bientôt après, ayant appris que ses troupes étaient victorieuses : « J'ai assez vécu, s'écria-t-il, puisque je meurs sans avoir été vaincu » ; et en même temps il arracha le fer de sa plaie, et expira à l'âge de quarante-huit ans, l'an trois cent soixante-trois avant J. C. Les Thébains le pleurèrent d'autant plus amèrement, qu'ils perdirent avec lui la prépondérance qu'ils avaient acquise dans la Grèce. C'est avec raison qu'on a loué le désintéressement d'Epaminondas. Sa frugalité était si grande, que sa table n'était pas mieux servie que celle du plus pauvre citoyen. Il fut si probe, qu'il rejeta avec indignation les présents qui lui furent offerts par le roi de Perse. S'il excella dans la musique et dans la danse, c'est que ces deux arts étaient en grande estime chez les Thébains.

CXCII.

PÉLOPIDAS, fils d'Hippoclus, capitaine thébain, avait été exilé de son pays par la faction des Lacédémoniens qui craignaient son courage. Ce fut dans cet intervalle, que Phébias, leur Général, prit la Cadmée, citadelle des Thébains. Pélopidas l'ayant reprise par adresse quatre ans après, en chassa les ennemis, et depuis se trouva dans les plus célèbres expéditions avec Epaminondas, et sur-tout à la bataille de Leuctres. Il fut envoyé par les Thébains en ambassade vers Artaxerce, roi de Perse, qui parut l'estimer autant que personne. Ayant reçu quelque injure d'Alexandre, tyran de Phère, il persuada aux Thébains de tourner leurs armes contre lui. Il fut chargé de faire cette guerre. On l'avertit que le tyran avait plus de soldats que lui : « Tant mieux, répondit-il, nous en battrons davantage ». Sa confiance le perdit ; il tomba au pouvoir d'Alexandre; mais, quoique prisonnier, il le menaça de le faire punir de ses crimes. Le tyran lui ayant demandé pourquoi il cherchait la mort : « C'est, répondit-il, afin que tu périsses plutôt en méritant davantage la haine des dieux et des hommes ». A peine fut-il délivré par Epaminondas, qu'il parut n'avoir rien tant à cœur que de se venger. Il eut la hardiesse de s'exposer dans un combat, afin de tuer plus sûrement Alexandre de sa propre main. Il fut assez heureux pour remporter la victoire ; mais il fut tué en combattant vers l'an trois cent soixante-quatre avant J. C. Les Thébains, après lui avoir fait des obsèques magnifiques, vengèrent sa mort sur le tyran de Phère. On ne saurait donner trop d'éloges au courage de Pélopidas. La veille d'une bataille, sa femme qui craignait toujours de le perdre, lui dit toute en larmes : « O mon ami, je vous conjure de vous conserver pour vos enfants et pour moi ». « Voilà, répliqua Pélopidas, ce qu'il faut recommander aux jeunes-gens ; mais il ne faut recommander à un Général d'armée, que de conserver ses soldats ». Pélopidas eut le malheur d'avoir un fils dont la conduite blâmable contrastait avec celle de son père ; cependant il lui arriva un jour de reprocher à Epaminondas de ne s'être point marié : « C'est un mauvais service que vous rendez à votre patrie, lui dit-il, que de ne pas laisser d'enfants ». « Prenez garde de lui en rendre un plus mauvais, répartit Epaminondas, en lui laissant un fils tel que le vôtre. Quant à moi, ma famille ne périra pas ; car je laisse après moi une fille qui sera immortelle » ; (il voulait parler de la bataille de Leuctres). Ce qui prouve combien ces deux grands hommes servirent leurs pays, combien ils l'emportaient sur leurs compatriotes, c'est qu'après la mort de l'un et de l'autre, la ville de Thèbes retomba dans l'état obscur d'où ces deux illustres personnages l'avaient tirée par leur génie.

CXCIII.

AGÉSILAS II, roi de Sparte, était fils d'Archidamus II, de la famille des Proclides. Après la mort d'Agis,
son frère aîné, il fut élevé sur le trône des Lacédémoniens
au préjudice de Léotychide, son neveu. Quand on eut
appris à Sparteque le roi de Perse (1) mettait sur pied
une armée considérable pour réduire les Lacédémoniens,
on chargea Agésilas d'aller combattre ce roi puissant. Il
partit l'an trois cent quatre-vingt-quinze avant J. C.
L'année suivante, il remporta une victoire complette
sur Tissapherne, un des Généraux de l'armée des Perses,
qui avait voulu le tromper sous le faux prétexte d'une
trève. Artaxerce fut tellement indigné de la défaite de
Tissapherne, qu'il fit tuer ce Général. Agésilas étant sur
le point d'achever la conquête de l'Asie, on le rappela à Lacédémone, afin qu'il résistât aux Athéniens et
aux Béotiens qui désolaient le Péloponèse. Agésilas
pressa sa marche au point qu'il fit en trente jours le même
chemin que Xercès avait fait en un an. Il passa dans la
Béotie, où il défit les Thébains et leurs alliés à Coronée ; il se rendit maître de Corinthe ; et, après avoir
tourmenté les Mantinéens, il mit au pillage toutes leurs
terres ; mais, pendant qu'il triomphait de tant d'ennemis,
il eut la douleur de voir les Athéniens et les Thébains
remporter de grands avantages sur les Spartiates. Aucun échec ne fut plus fatal à ces derniers, que celui qu'ils
essuyèrent à la journée de Leuctres, et dont Agésilas
avait eu un secret pressentiment. Mais, lorsqu'Epaminondas vint mettre le siége devant Sparte, Agésilas fit une
si vigoureuse résistance, que tout le monde convint que

______

(1) Artaxerce II, surnommé *Mnémon*.

Sparte aurait été ensevelie sous ses propres ruines, s'il ne s'était trouvé un Agésilas pour la défendre. Il avait plus de quatre-vingts ans, quand il courut porter du secours à Nectanébus, roi d'Egypte, contre Tachos, parent de ce prince. On ne pouvait se défendre d'admirer Agésilas qui, assis sur la terre, sans tapis, la tête nue, mangeait avec ses soldats, tant était grande la simplicité de ses mœurs! Il tomba malade en revenant d'Egypte, et mourut dans la Cyrénaïque, à l'âge de quatre-vingt-quatre ans, vers l'an trois cent soixante-un avant J. C. Etant près de mourir, il défendit qu'on lui érigeât aucune statue pour honorer sa mémoire, persuadé, disait-il, qu'il ne devait pas y avoir d'autres monuments de sa gloire que ses seules actions. Son corps ayant été embaumé, fut transféré à Lacédémone. On dit qu'il était laid, petit et boiteux; mais son courage et tant d'autres qualités qui brillaient en lui, faisaient oublier les imperfections de son corps. Personne ne fût plus sobre que lui; sa prudence et son activité égalaient l'austérité de ses mœurs.

CXCIV.

EUMÈNE, né à Cardie, et lieutenant d'Alexandre, fut, de tous les Généraux de ce monarque, le plus digne de lui succéder. Après la mort de ce prince, l'an trois cent vingt-trois avant J. C., il eut en partage la Cappadoce et la Paphlagonie; mais Antigone (1), jaloux de son pouvoir, le contraignit à abandonner ces deux provinces. Eumène s'étant réfugié auprès de Perdiccas, vainquit Cratère et Néoptolème. Il tua ce dernier de sa propre main; et, le premier ayant péri peu de temps après dans un combat,

(1) Antigone avait été également lieutenant d'Alexandre; on le croyait fils naturel de Philippe.

il lui fit faire des funérailles magnifiques. Perdiccas, son allié, ne fut pas plutôt mort, qu'il tourna ses armes contre Antigone ; mais il fut défait, ses principaux officiers n'ayant pas fait leur devoir. Ses soldats furent assez lâches pour le livrer à Antigone. Comme on demandait au vainqueur de quelle manière il devait traiter le prisonnier : « Gardez le, dit-il, avec autant de soin qu'un lion ». On exécuta ponctuellement ses ordres ; mais quelques jours après, il permit à Eumène de recevoir ses amis, et il lui fit ôter ses chaînes. Peu s'en fallut même qu'il ne lui rendît entièrement la liberté à cause de son ancienne liaison avec lui. Mais, l'ambition l'emportant dans son cœur sur l'amitié, il ordonna qu'on fît mourir le prisonnier, dont il redoutait l'activité et le courage infatigables. Cet ordre cruel fut exécuté l'an trois cent quinze avant J. C. Quelques auteurs pensent néanmoins qu'Eumène fut assassiné à l'insu d'Antigone. Telle fut la fin d'un homme qui s'était élevé au souverain pouvoir par sa bravoure seule. Il s'était fait autrefois remarquer de Philippe par son adresse dans les exercices publics ; et, depuis, Alexandre, qui allait au-devant de tous les genres de mérite, l'éleva au grade de Général, et lui fit épouser une de ses belles-sœurs pour récompenser sa bravoure et sa fidélité. Eumène fut toujours respecté, même de ses ennemis. Antigone, qui avait eu la cruauté d'ordonner sa mort, s'empressa de lui faire des obsèques magnifiques. Ses restes furent envoyés à sa famille. On a observé qu'Eumène était si redoutable, que, tant qu'il vécut, les successeurs d'Alexandre n'osèrent prendre le titre de roi. Ce qui lui fait encore plus d'honneur, c'est qu'il ne combattit que pour les intérêts des enfants du héros à qui il était redevable de son élévation.

~~~~~~~

CXCV.

Phocion, célèbre athénien, fut élevé à l'école de Platon et de Xénocrate. Il s'était retiré dans une solitude où il vivait content de peu, sans se mêler des affaires publiques, quand il fut contraint à prendre les armes pour la défense de sa patrie, contre Philippe, roi de Macédoine. Il avait dit plusieurs fois aux Athéniens, qu'avant de faire la guerre, il était de leur devoir d'examiner s'ils pouvaient remporter la victoire. Tant qu'il fut à la tête des affaires, il pencha pour la paix, sans jamais perdre de vue la gloire de l'Etat, ni les projets ambitieux des peuples qui enviaient la prospérité des Athéniens. Il força Philippe à renoncer à la conquête de l'île d'Eubée. Sans avoir jamais brigué cet honneur, il fut chargé quarante-cinq fois d'administrer la république; et dans les différentes expéditions qu'il fit à la tête des armées, on l'aurait pris toujours pour un simple particulier. Etait-il à la tête des troupes, il marchait toujours nu-pieds et sans manteau, à moins qu'il ne fît un froid excessif. On croira sans peine qu'un homme qui se contentait de si peu, ne devait pas se laisser corrompre. Philippe et son fils tentèrent de le gagner par des présents ; mais Phocion, quelle que fut sa pauvreté, rejeta leurs offres, en disant qu'il ne se contentait pas de paraître homme de bien, mais qu'il voulait l'être en effet. Il empêcha Alexandre de faire la guerre aux Grecs, et lui conseilla de tourner ses armes contre les Perses. Alexandre s'étant souvenu de ce conseil au milieu de ses conquêtes, voulut l'en remercier par un don de cent talents. « A Dieu ne plaise, dit Phocion, que je me fasse payer de mes conseils » ! Alexandre le pria
~~~~~~~

de choisir, sur quatre villes de l'Asie, celle qui lui plairait le plus, pour jouir de ses revenus. Phocion refusa ; mais, pour ne pas paraître affecter du mépris pour ce prince, il le pria de rendre la liberté à quatre prisonniers détenus dans la citadelle de Sardes. Alexandre n'eut rien tant à cœur que d'obtempérer à la demande de Phocion. Antipater, successeur d'Alexandre, pria vainement ce grand homme d'accepter des présents ; il ne voulut rien ni pour lui, ni pour sa famille. Il était aussi bon orateur que grand Général. Démosthène craignait son éloquence ; et, lorsqu'il le voyait se lever pour répondre : « Voici, disait-il, la hache de mes harangues » , faisant entendre par ces mots, qu'il était le seul orateur capable de couper les nœuds de son discours, et d'en affaiblir les preuves. Le port du Pirée ayant été surpris par les ennemis, on accusa faussement de connivence avec eux Phocion, qui était alors gouverneur d'Athènes, et on le condamna à la mort, malgré son innocence ; il avait alors plus de quatre-vingts ans. Ce grand homme n'eut pas été plutôt sacrifié à la jalousie, que ses ingrats concitoyens reconnaissant combien ils étaient eux-mêmes coupables, lui érigèrent une statue, et firent mourir Agnonide, son accusateur, trois cents dix-huit ans avant J. C.

CXCVI.

Timoléon, Général célèbre, né à Corinthe, avait une si forte haine pour la tyrannie, qu'il fit périr son frère Timophaue, parce qu'il avait usurpé le pouvoir souverain à Corinthe. Cette action, qui fut approuvée des amis de la liberté, irrita tellement la mère de Timoléon, qu'elle lui défendit de paraître jamais en sa présence. Pour lui, il en conçut tant de chagrin, qu'il refusa de prendre part aux affaires publiques. Les Syracusains opprimés par Denys le jeune et par les Carthaginois, étant venus demander du secours aux Corinthiens, on choisit Timoléon, comme l'homme le plus capable de les affranchir du joug. Cet illustre citoyen venait de déclarer qu'il ne prendrait pas les armes, lorsqu'un mot plein de sens qui lui fut adressé par le magistrat de la république, le fit désister de son projet, en réveillant en lui la haine de la tyrannie : « O Timoléon, lui dit-il, si tu te mets à la tête de cette expédition, nous croirons que tu as tué un tyran : sinon, nous serons persuadés que tu as assassiné ton frère ». Il accepta le généralat, et fit voile vers la Sicile. Les Carthaginois ayant voulu s'opposer à son passage, il trompa leur vigilance. Icétas, chef des Léontins, qui s'était emparé de la citadelle de Syracuse, fut vaincu. Denys, voyant qu'il avait tout à craindre pour lui, se rendit à Timoléon qui, après avoir chassé de Syracuse Icétas et les Carthaginois, rasa la citadelle, et mit tous ses soins à affranchir le reste de la Sicile du joug des petits tyrans qui l'opprimaient. Timoléon passa le reste de sa vie à Syracuse, sans aspirer aux honneurs, content du service qu'il avait rendu aux Syracusains. Deux citoyens eurent la hardiesse de l'accuser de malversation ; le peuple allait les mettre en pièces, quand Timoléon se levant : « Syracusains, qu'allez-vous faire ? Songez que tout citoyen a droit de m'accuser, et gardez vous bien de donner atteinte à cette même liberté qu'il m'est si glorieux de vous avoir rendue ». Un jour qu'il sacrifiait aux Dieux, pour les remercier d'une grande victoire qu'il venait de remporter, deux assassins envoyés par les ennemis trouvèrent moyen de s'approcher de lui à la faveur de leur déguisement : un des deux allait le frapper, lorsqu'il est renversé par un inconnu qui le poignarde, et se sauve aussitôt dans un lieu écarté. Le camarade du mort, effrayé de ce coup

imprévu, embrasse l'autel, et demandant grâce à Timoléon, lui révèle tout le complot. Cependant on court à
la poursuite de l'inconnu, qui crie, « qu'il n'a commis
d'autre crime que celui d'avoir vengé la mort de son père,
que le malheureux qu'il venait de tuer, avait assassiné
autrefois ». Le fait fut reconnu véritable. Timoléon, conservé par un miracle divin, mourut tranquillement à Syracuse, l'an trois cent trente-sept avant J. C.

CXCVII.

AMILCAR, surnommé *Barca*, appartenait à une famille qui prétendait tirer son origine des anciens rois de
Tyr. Très jeune encore, il fut chargé de porter la guerre
en Sicile, où les Carthaginois avaient presque tout perdu :
c'était dans la dix-huitième année de la première guerre
punique. Il y avait cinq ans qu'il parcourait les côtes d'I-
talie, pour empêcher qu'aucun vaisseau n'en sortît, quand
Rome résolut de faire un effort pour accabler cet ennemi
devenu aussi redoutable que jamais. Hannon, amiral de
Carthage, ayant été vaincu par le consul Lutatius dans
un combat naval, près des îles Egates, l'an deux cent
quarante-deux avant J. C., les Carthaginois furent d'avis
de mettre fin à une guerre dont il leur était impossible
de supporter le fardeau ; la paix qu'ils demandèrent aux
Romains mit fin à la première guerre punique. De retour
en Afrique, Amilcar délivra sa patrie de vingt mille mer-
cenaires qui, réunis à des hordes de Numides, assiégaient
Carthage même. Après avoir détruit ces rebelles, et
châtié les Numides, il rétablit le calme dans toute l'A-
frique. Bientôt après, ne pouvant songer sans frémir au
traité de paix qu'il avait signé, il forma le projet de

se rendre maître de l'Espagne, espérant qu'il y leverait assez de soldats pour résister aux troupes que l'Italie fournissait aux Romains. Les services qu'il venait de rendre à sa patrie lui firent obtenir aisément le commandement de l'armée d'Espagne. Il se rendit à Abyla, débarqua en Espagne, et s'établit à Cadix, capitale de la partie de l'Espagne, qui était alors au pouvoir de Carthage. Il avait amené avec lui son fils Annibal, âgé de neuf ans; et ce fut à son arrivée en Espagne, qu'il fit jurer à cet enfant une haine éternelle aux Romains. Il commanda neuf ans en Espagne; il subjugua plusieurs nations très belliqueuses, fonda Barcelone, et se fit aimer et estimer de ses compatriotes, parce qu'il enrichit sa patrie des dépouilles qu'il y fit transporter. Les historiens ne nous ayant pas conservé l'histoire de ses conquêtes en Espagne, nous ne pouvons parler que de la bataille qu'il livra aux Vectones, peuples de la Lusitanie, et dans laquelle il fut tué l'an deux cent vingt-huit avant J. C. L'armée élut à sa place son gendre Asdrubal qui fonda Carthagène et se fit un nom célèbre en Espagne. Amilcar fut regretté des Carthaginois auxquels il avait rendu de très grands services. Il laissa trois fils, dont Annibal fut l'aîné; en parlant d'eux, il avait coutume de dire qu'il élevait trois lions qui déchireraient un jour le sein de Rome.

CXCVIII.

Annibal, fils d'Amilcar, avait à peine vingt-cinq ans quand il fut nommé généralissime de l'armée carthaginoise en Espagne. Après un siége de huit mois, il s'empara de Sagonte, dont les habitants souffrirent les der-

nières extrémités avant de se rendre. Ayant franchi les
Alpes qu'on croyait inaccessibles, il parvint en neuf
jours aux cîmes les plus élevées de ces montagnes, et
s'ouvrit si facilement un chemin en dissolvant les rochers
par le moyen du vinaigre et du feu, que les éléphants
passèrent tout armés dans des lieux auparavant imprati-
cables. Cornélius Scipion et Sempronius l'attendaient au
débouché des montagnes ; il défit l'un sur le Tésin,
l'autre sur la Trébia, battit Flaminius au lac de Thrasymène, et peu après remporta à Cannes une célèbre
victoire sur Terentius Varron qui avait livré la bataille
malgré Paul-Emile, son collègue, lequel y perdit la
vie. Le carnage fut si grand, qu'Annibal envoya à Carthage trois boisseaux remplis d'anneaux de chevaliers tués
dans ce combat. Si Annibal avait aussitôt marché droit
à Rome, il est probable qu'il s'en serait emparé à la
faveur de la consternation qui y régnait. Au lieu donc
de profiter d'une aussi belle victoire, il laissa son armée
s'amollir dans les délices de Capoue où elle passa l'hiver.
Quintus Fabius-Maximus qui, étant dictateur après la
bataille de Thrasymène, avait commencé à rétablir les
affaires par ses délais qui le firent surnommer *Temporiseur*
suivit le même système étant consul l'an deux cent treize
avant J. C. L'année suivante, Marcellus prit Syracuse ;
Fulvius Flaccus s'empara de Capoue, malgré Annibal
qui, quelque temps après, fut rappelé en Afrique pour
faire tête à Scipion. D'abord il s'aboucha avec lui dans
l'espoir de terminer les différends de leurs républiques ;
mais les propositions qu'ils se faisaient n'ayant pas été
reçues, ils en vinrent à une bataille qui se livra deux
cents deux ans avant J. C., près de Zama, et qu'Annibal perdit avec vingt mille hommes, ce qui le déter-
mina à conseiller aux Carthaginois de demander la paix.
L'an cent quatre-vingt-quinze avant J. C. il se retira
vers Antiochus, roi de Syrie, pour lui persuader de

prendre les armes contre les Romains. Ce prince, pour n'avoir pas suivi les conseils d'Annibal, fut bientôt vaincu. Les Romains ayant exigé d'Antiochus qu'il leur livrât Annibal, celui-ci se réfugia chez Prusias, roi de Bythinie, qu'il excita à déclarer la guerre à Rome. Le sénat ayant appris qu'il était chez Prusias, envoya Flaminius le demander à ce prince. Annibal craignant d'être livré aux Romains qui l'exigeaient de Prusias, s'empoisonna. Près de rendre le dernier soupir : « Délivrons d'inquiétude le peuple romain, s'écria-t-il, puisqu'il trouve trop long d'attendre la mort d'un vieillard ». Ainsi périt un des plus grands Généraux de l'univers, à l'âge de soixante-quatre ans, l'an cent quatre-vingt-trois avant J.-C.

CXCIX.

Caton (M. Porcius), naquit à Tusculum (1), l'an deux cent trente-deux avant J.-C. Il vint du pays des Sabins à Rome, où il fut élu tribun militaire. Il déploya beaucoup de courage dans une bataille que les Romains livrèrent à Annibal. Il fut questeur en Afrique sous Scipion, et commanda ensuite tant en Espagne qu'en Grèce, où il fit admirer sa valeur et sa prudence. Après avoir été préteur, il fut nommé consul avec le même Valérius Flaccus qui lui avait conseillé de venir à Rome, et il fit tous ses efforts pour maintenir la loi Oppia qui défendait aux dames d'étaler un luxe désordonné. Il dompta quelques peuples d'Espagne ; et, tribun dans la guerre de Syrie, il combattit vaillamment contre Antiochus. Parvenu à la censure qu'il obtint malgré la sévérité de son caractère, il l'exerça avec autant de rigueur que d'impartialité, et accusa même son collègue de dilapider

---

(1) Tusculum se nomme aujourd'hui *Frascati*

le trésor public. Ennemi du luxe , il s'opposa de toutes
ses forces à ceux qui voulaient introduire en Italie les
beaux-arts dont s'honorait la Grèce. Il craignait que la
mollesse et la corruption n'entrassent dans Rome avec les
sciences et les lettres ; et l'on se souvient sans doute de
quelle manière il traita le philosophe Carnéade qui était
venu à Rome faire admirer son éloquence sophistique. Il
disait souvent que la république était perdue , si les Romains adoptaient les usages des Grecs : ce qui ne l'empêcha pas cependant d'apprendre la langue grèque dans
sa vieillesse. Il ne voulut pas que son fils eût d'autre
maître que lui. Caton lui enseigna à lancer le javelot,
et il l'accoutuma à boire indifféremment chaud et froid, et à
traverser hardiment les fleuves les plus rapides. Sa réputation d'homme vertueux était si bien établie , que Virgile
en a fait un des juges des enfers , et que Cicéron lui fait
jouer le premier rôle dans le dialogue de la vieillesse. Il
ne se repentait que de trois choses : d'avoir passé un jour
sans rien faire , d'avoir confié un secret à sa femme , et
d'avoir fait par eau un voyage, au lieu de l'avoir fait
par terre. Personne n'était plus sobre que lui ; il ne
buvait que de l'eau , il se contentait des mets qu'on lui
présentait, et jamais il ne gourmandait ses esclaves. A l'âge
de quatre-vingts ans , il épousa en secondes nôces une
jeune femme dont il eut un fils qui devint le gendre
de Paul-Emile. Autant Caton l'emportait sur la plûpart
de ses concitoyens en vertus et en talents propres aux
hommes d'état , autant il l'emportait sur eux par ses
connaissances en agriculture. Il composa plusieurs ouvrages qui méritent d'être regrettés. Il mourut dans
un âge fort avancé, l'an cent quarante-sept avant J. C. (1).

____

(1) Caton , dont il est ici question , est connu aussi sous le
nom de l'*Ancien* (Priscus) , ou de Caton le *Censeur*. Il mourut
à quatre-vingt-cinq ans.

C C.

POMPONIUS (Titus.), illustre chevalier romain, perdit son père, étant encore fort jeune. Il était aussi instruit qu'homme du monde ; et, s'il quitta Rome, où il vivait heureux, tranquille et considéré, ce fut parce qu'il craignait d'être enveloppé dans le massacre des guerres civiles. Voyant que les uns étaient pour Sylla, et les autres pour Cinna, et ne sachant pas comment vivre à Rome avec dignité, sans blesser un des partis, il se rendit à Athènes, emportant le plus d'argent qu'il put. Il s'y fit tellement aimer, que, lorsqu'il en partit, les Athéniens lui élevèrent des statues en mémoire de sa libéralité et de ses talents. Il était si profondément versé dans la littérature des Grecs, et parlait leur langue avec tant de facilité, qu'on lui donna le surnom d'*Atticus*. Sylla, qui se trouva à Athènes avec Pomponius, le pressant de revenir avec lui : « Je n'ai garde, lui dit-il, de retourner vers ceux que j'ai quittés pour ne pas porter les armes contre vous ». Il ne rentra dans sa patrie, que quand tout y fut pacifié. Telle était sa modération, qu'au milieu des dissensions civiles, il était également chéri de tous les partis. Il se rangea toujours du côté des meilleurs citoyens, et ne laissait pas douter qu'il ne pensât comme eux, sans cependant se hasarder au milieu des tempêtes civiles. Il ne demanda point, pouvant le faire avec avantage, les places qui donnaient du crédit, parce qu'il n'était plus possible d'y prétendre, sans blesser les lois, ni de les remplir, sans courir de très grands dangers. Quand César porta la guerre dans son pays, Pomponius resta neutre ; et cette conduite fut si agréable à César, qu'après sa victoire, loin de l'inquiéter, il lui rendit son neveu et son beau-frère qui s'étaient trouvés dans le camp de Pompée. Antoine devenu puissant se ressouvint des services qu'il avait reçus de Pomponius, et il lui manda de ne rien craindre, et de se rendre auprès de lui. Pomponius profita de cette circonstance pour rendre le plus de services qu'il lui fut possible à tous les proscrits qui en avaient besoin, présents ou absents. Bien qu'il eût beaucoup d'argent, personne ne fit moins d'acquisitions, et ne bâtit moins. On ne saurait dire jusqu'à quel point il était généreux et obligeant ; il n'y a que son érudition qu'on puisse comparer à sa libéralité. Sans être sorti du rang de chevalier, il se trouvait allié par Agrippa, son gendre, à Auguste ; il en était l'ami, quoiqu'il eût des liaisons avec Antoine. On sent combien il lui fallut de sagesse et de prudence pour se faire bien venir de ces deux rivaux. Il avait joui d'une santé si heureuse, que, pendant plus de trente ans, il n'eut besoin d'aucun médecin ; mais une maladie à laquelle on n'avait pas fait assez d'attention, l'enleva à l'âge de soixante-dix-sept ans, l'an trente-trois avant J. C. (1). Il ne nous est resté aucun de ses ouvrages dont le plus considérable fut les *Annales*, ou plutôt, comme dit Cicéron, une *Histoire universelle*, qui renfermait un espace de sept cents ans.

----

(1) Ou l'an de Rome 721.

ABRÉGÉ

DE

L'HISTOIRE GRÈQUE.

AVIS.

Les Historiens n'étant pas d'accord sur les dates
d'un grand nombre d'époques, nous avons cru
devoir nous conformer au savant ouvrage de l'abbé
Barthelemy.

SUPPLÉMENT
AU COURS PRATIQUE, etc.

HISTOIRE GRÈQUE.

La plus ancienne guerre dont l'histoire grèque fasse mention, est celle des Argonautes, qui arriva vers l'an 1360 avant J. C. Les Argonautes étaient des princes de la Grèce, qui, sous la conduite de Jason (1), se rendirent dans la Colchide pour en rapporter la toison d'or. Lorsqu'ils furent débarqués près de Troie, Hercule, un des Argonautes, délivra Hésione, fille de Laomédon, qui avait été exposée à un monstre marin. Le père, pour reconnaître (2) le service important qui lui avait été rendu par Hercule, avait promis à ce héros de lui donner et sa fille en mariage et ses plus beaux chevaux; Hercule convint qu'il accepterait, à son retour (3), Hésione et la dot promises. Jason étant arrivé dans la Colchide, et ayant gagné les bonnes grâces de Médée, fille du roi, vint à bout de son dessein par l'assistance de cette princesse; et l'ayant épousée, il la transporta en Thessalie avec la toison d'or. Hercule ne fut pas plutôt revenu à Troie, qu'il demanda de nouveau à Laomédon la récompense que celui-ci était convenu de lui donner. Ce roi parjure n'ayant pas voulu remplir sa promesse, Hercule le tua, s'empara de la ville de Troie, et y établit Priam, fils du roi lui-même. Cette expédition arriva environ l'an 1226 avant J. C.

---

(1) Sous la conduite de Jason; *traduisez :* Jason étant conducteur, chef.

(2) Reconnaître, *persolvere, persolvo, is, persolvi, persolutum.* act.

(3) A son retour, *traduisez :* que lui de retour accepterait... (de retour, *redux*, m. f. n. *reducis*, etc.)

Vers l'an 1406 avant J. C. régnait dans l'île de Crète le sage et vertueux Minos. Egée, père de Thésée, et roi d'Athènes, avait livré à la mort, dans l'Attique, Androgée, fils du roi Minos; c'est pourquoi celui-ci, pour venger un pareil attentat, fit la guerre aux Athéniens qui étaient aussi tourmentés pour lors des horreurs de la famine. Les Athéniens ayant consulté l'Oracle, eurent pour réponse qu'ils ne cesseraient de souffrir la famine et la guerre, qu'ils n'eussent rendu à Minos la satisfaction qu'il était en droit d'exiger pour la mort de son fils. Ce prince leur ordonna, en expiation de leur crime, d'envoyer tous les ans en Crète sept jeunes-gens et autant de jeunes-filles, pour y être dévorés par le Minotaure. Thésée fut du nombre de ceux qu'on choisit pour aller en Crète; mais, par l'entremise d'Ariane, fille de Minos, dont il parvint à se faire aimer, il tua le Minotaure, et délivra sa patrie d'un impôt qui lui était onéreux.

Dans ce même temps, c'est-à-dire, vers l'an 1329 avant J. C., arriva la fameuse guerre de Thèbes. Œdipe ayant tué par mégarde son père Laïus, roi de Thèbes, et ayant épousé sans la connaître, sa propre mère Jocaste, dont on lui accorda la main pour le récompenser de ce qu'il avait tué le Sphinx, monstre qui infestait le voisinage de Thèbes, eut de Jocaste deux fils trop célèbres dans l'histoire sous les noms d'Etéocle et de Polynice. Œdipe ayant reconnu qu'il était parricide et incestueux à-la-fois, s'arracha les yeux de chagrin, et se démit de la royauté. Quelques-uns pensent qu'il fut banni de Thèbes par ses enfants, et qu'il se retira dans l'Attique avec sa fille Antigone qui lui servait de guide. Ce nom d'Antigone rappelle toutes les vertus filiales que possédait à un très haut degré la fille du malheureux Œdipe. Etéocle et Polynice convinrent entre eux de régner tour-à-tour, pendant un an. Après avoir gouverné Thèbes pendant douze mois, Etéocle ne voulut pas céder la royauté à son frère qui, s'étant retiré à Argos auprès d'Adraste, épousa la fille de ce roi. A cette occasion il s'éleva une grande guerre contre Thèbes, Polynice ayant engagé Adraste, son beau-père, ainsi que d'autres princes, à épouser sa querelle contre son frère. Il y eut six princes qui prirent les armes pour venger l'offense faite à Polynice, et qui combattirent avec lui; ce furent Adraste, roi d'Argos; Tydée, fils d'Œnée le Calydonien; Capanée, fils d'Hipponoüs; Hippomédon, fils de Nisimaque; Parthénopée, fils de Méléagre; et Amphiaraüs, qui avait épousé Eriphyle, sœur d'Adraste. Tous ces princes, sans excepter Polynice, périrent dans cette fatale expédition, si ce n'est Adraste qui, ayant échappé au carnage avec un petit nombre des siens, s'enfuit à Athènes où il implora les secours de Thésée contre les Thébains qui ne voulaient pas souffrir qu'il rendît les honneurs funèbres aux Argiens tués les armes à la mains. Thésée marcha contre Thèbes d'où il revint triomphant.

Environ trente-sept ans après, les Troyens eurent une guerre terrible à soutenir contre les Grecs (1). Cette guerre a été chantée par Homère et par Virgile; voici ce qui y donna lieu. Priam, roi de Troie, avait eu plusieurs enfants d'Hécube, son épouse; l'un d'eux, nommé Alexandre ou Pâris, ayant fait voile pour le Péloponèse, enleva Hélène, femme de Ménélas, roi de Sparte, laquelle passait pour la plus belle femme de son temps. Les Grecs irrités de cet affront, ayant réuni leurs forces, firent la guerre aux Troyens sous le commandement d'Agamemnon, roi de Mycènes, et frère de Ménélas. Ceux qui se signalèrent le plus dans cette guerre furent Achille, Ajax, Ménélas, Ulysse, Diomède, Protési-

____

(1) Troie, capitale de la Troade, était située dans la Phrygie, contrée de l'Asie mineure. On l'appelle aussi *Ilion*.

las, Patrocle, Agamemnon, Nestor et Pyrrhus, fils d'Achille. Tant que vécut Hector, le plus brave des Troyens, les Grecs n'obtinrent pas de grands succès ; mais, ce vaillant guerrier ayant été tué par Achille, les Grecs qui n'avaient plus à redouter la valeur d'aucun prince troyen, poussèrent vivement le siége, et la ville ayant été prise, ils la détruisirent de fond en comble l'an 1282 avant J. C. Le siége de Troie dura dix ans entiers.

Ce qui suit de plus près dans l'histoire grèque, c'est le retour des Héraclides, c'est-à-dire des descendants d'Hercule, dans le Péloponèse (1). Hercule, du côté de son père et de sa mère, descendait des rois de Mycènes. Après sa mort, Eurysthée, son frère, qui était roi de Mycènes, fit tous ses efforts pour détruire sa postérité, de peur qu'un jour ils ne vinssent à revendiquer ce royaume. En conséquence, il ordonna à Ceyx, chez lequel ils étaient alors à Trachis, de les mettre en sa puissance, ou de les chasser de ses états, le menaçant de lui faire la guerre, s'il n'obtempérait pas à ses volontés. Les Héraclides effrayés d'un pareil ordre, et voyant que personne n'osait les recevoir par la crainte qu'Eurysthée cherchait à inspirer, se réfugièrent chez les Athéniens qui avaient alors Thésée pour roi. Eurysthée ayant mené contre eux une grande armée, fut tué dans la bataille. Les Héraclides victorieux ne tardèrent pas à rentrer dans le Péloponèse, et à recouvrer tout ce qu'ils avaient perdu ; mais bientôt affligés par la peste, parce que, suivant l'avis de l'Oracle, ils étaient revenus avant le temps marqué, ils furent obligés de sortir du Péloponèse. Peu de temps après, ils y revinrent ; mais ils en furent repoussés. Enfin, environ

----

(1) Le Péloponèse, célèbre péninsule située dans les parties méridionales de la Grèce, se nomme aujourd'hui *Morée*.

quatre-vingts ans après la ruine de Troie, ils envahirent de nouveau le Péloponèse et s'y établirent (1). Les Ioniens étaient, en ce temps-là, maîtres de l'Achaïe; mais ayant été contraints à s'en éloigner, ils se refugièrent dans l'Attique où ils furent très bien accueillis par Mélanthus qui régnait alors à Athènes. Son fils Codrus, qui lui succéda, joue un rôle important dans l'histoire. Sous son règne, il s'éleva une guerre entre les Doriens, nouveaux habitants du Péloponèse, et les Athéniens. L'Oracle avait déclaré que ceux dont le chef périrait à la guerre seraient maîtres de la victoire. A cette nouvelle, Codrus ayant pris l'habit d'un simple soldat ou plutôt d'un berger, entra dans le camp ennemi, portant sur son dos un fagot de sarment; il y fut tué par un soldat qu'il blessa à dessein d'un coup de serpette. Les Doriens, ayant appris sa mort, se retirèrent en grande hâte, et les Athéniens furent délivrés de la guerre par la bravoure de leur chef qui eut le courage de s'offrir à une mort volontaire pour le salut de la patrie. Après un trépas qui fait tant d'honneur à Codrus, on confia l'administration de la république à des magistrats appelés Archontes, qui furent d'abord créés à vie. Médon, fils de Codrus, fut le premier archonte; il entra en charge l'an 1070 avant J. C. Peu de temps après la mort de Codrus, les Ioniens passèrent dans l'Asie mineure sous la conduite de ses deux fils, Nilée et Androcle, et bâtirent plusieurs villes sur les côtes de la mer, qui, à cause d'eux, fut appelée mer Ionienne. Cette expédition des Ioniens eut lieu 1076 ans avant J. C. Les villes qu'ils fondèrent furent Ephèse, Milet, Colophon, Samos, Clazomènes, Halicarnasse, Cos et Téos.

Vers le même temps, les Eoliens ayant été pareillement chassés de la Laconie par les Héraclides, se retirèrent en

---

(1) On croit qu'ils s'en rendirent maîtres l'an 1202 avant J. C.

Thrace, sous le commandement de Penthésilée, fils d'O-
reste. Après sa mort, ils passèrent en Asie, et s'y établirent dans cette partie qui reçut d'eux le nom d'Eolide.
Ils bâtirent la ville de Smyrne. Les Doriens, de concert avec les Héraclides, s'étant emparés du Péloponèse,
y fondèrent deux royaumes : celui de Lacédémone (1)
et celui de Corinthe. Proclès et Eurysthène, fils d'Aristodème, s'emparèrent de Lacédémone, après en avoir
chassé les Achéens et les Orestides. C'est d'eux que sont
descendues les deux familles de leurs rois dans cette
ville, savoir les Proclides et les Eurysthénides qu'on
regardait comme les plus puissants. Je ne dois pas oublier
de dire que les Proclides s'appelaient aussi les Eurypontides, à cause d'Eurypon, petit-fils de Proclès. Dans
le temps que les Héraclides commencèrent à régner à
Lacédémone, ils établirent leur domination à Corinthe,
dont les Eolides et les Sisyphides étaient auparavant les
maîtres. Alethe y fut le premier roi de la famille des Héraclides, et Télesthe le dernier. La royauté fut abolie,
mais plutôt par l'ambition de quelques familles, que
l'amour de la liberté. Après Théleste, qui mourut l'an 779
avant J. C., la famille des Bacchiades, qui descendait de
Bacchia, fille de Bacchus, gouverna la ville, choisissant
tous les ans parmi ses membres un magistrat à qui elle donnait le nom de Prytane. Cette forme de gouvernement dura
jusqu'au temps de Cypselus (2) qui, ayant fait périr les Bacchiades, s'empara de la souveraineté qu'il retint trente ans.
Périandre, son fils, qui lui succéda, régna quarante-quatre
ans ; ainsi, depuis le commencement du règne des Héra-

---

(1) Il ne faut pas oublier que Lacédémone est appelée également Sparte.

(2) Cypselus, fils d'Eétion, fut ainsi appelé d'un nom grec
qui signifie *coffre*, parce que sa mère l'avait caché dans un
coffre pour le soustraire aux poursuites des Bacchiades. Il régna
à Corinthe l'an 656 avant J. C.

élides jusqu'à la mort de Périandre, il s'écoula environ six cents ans.

L'an 845 avant J. C. florissait à Sparte Lycurgue, un des plus fameux législateurs qui aient existé. Il était fils d'Eunome, roi de Sparte, frère de Polydecte, roi des Lacédémoniens. La veuve de son oncle, qui était enceinte après la mort de son mari, lui offrit de lui abandonner le trône, à condition qu'il l'épouserait et ferait mourir l'enfant qu'elle portait dans son sein. Lycurgue feignit de consentir à cette proposition, tout injuste qu'elle était ; mais il eut soin de faire conserver l'enfant, lorsqu'il fut venu au monde ; et, pour prouver qu'il ne songeait point à monter sur le trône, il gouverna l'Etat en qualité de tuteur. Aussitôt que Charilaüs (c'était le nom de l'enfant) fut devenu majeur, Lycurgue se mit à voyager dans les pays lointains, pour mieux prouver encore qu'il n'avait aucune prétention à la couronne de son oncle. Après avoir visité l'île de Crète, l'Asie et l'Egypte, il revint dans sa patrie rapportant un code des meilleures lois qu'il avait recueillies des différents peuples-chez lesquels il avait voyagé. Il s'appliqua à partager par égales portions toute la Laconie (1) entre ses compatriotes ; il abolit entièrement l'usage de l'or et de l'argent, persuadé que l'argent et l'or sont la principale cause de toutes les querelles et la source de tous les vices ; il y substitua une monnaie de fer très pesante ; et, afin que le luxe ne fournît à qui que ce fût de prétexte pour amasser des richesses, il prescrivit à tous de manger en public, et de s'accoutumer à une vie frugale et dure. Voulant que les lois durassent aussi long-temps qu'il fût possible, il feignit d'aller à Delphes pour consulter l'oracle d'Apollon ; et, avant de partir, il fit prêter serment

____

(1) La Laconie, contrée méridionale du Péloponèse, dont la capitale était Sparte ou Lacédémone.

à tous ses compatriotes de ne rien changer à ses lois, qu'il ne fût revenu dans sa patrie. Il fit voile vers la Crète, où il resta jusqu'à sa mort. Avant de mourir, il ordonna qu'on jetât ses os dans la mer ; de peur que, si on les transportait à Sparte, les Lacédémoniens ne se crussent dégagés de leur serment.

Vers l'an 884 avant J. C. on rétablit les jeux olympiques qui avaient été institués trois cents trente-quatre ans auparavant. Ce fut à Iphitus, roi d'Elide, qu'on en dut le rétablissement (1). Ces jeux furent appelés Olympiques, parce qu'ils se célébraient tous les quatre ans près d'Olympie, ville de l'Elide, dans le Péloponèse. On ne saurait dire quelle était l'affluence des citoyens qui s'y rendaient de toutes les parties de la Grèce et des contrées les plus éloignées. L'an 743 avant J. C., les Lacédémoniens firent la guerre aux Messéniens, parce qu'ils les accusaient d'avoir fait violence à quelques femmes de Sparte, qui étaient venues offrir un sacrifice dans un temple commun aux deux nations, et d'avoir tué Téléclus, roi de Sparte, qui avait voulu s'opposer à cet outrage. Les Messéniens eurent beau nier cet attentat, en disant que Téléclus était venu dans le temple avec une troupe de soldats déguisés en femmes, dans le dessein de les surprendre, la guerre n'en eut pas moins lieu ; les Spartiates jurèrent de ne pas revenir chez eux avant d'avoir pris Messène (2). Ils demeurèrent, contre leur attente, dix ans au siége de cette ville ; craignant alors que la prolongation de la guerre ne leur fît plus de mal qu'aux Messéniens, dont les femmes, par leur fécondité, réparaient la perte qu'ils faisaient des leurs, au lieu que les Spartiates perdaient l'élite de leur

____

(1) Ce n'est que de l'an 776 avant J. C. que date l'ère des Olympiades, c. à d., l'année où l'on commence à compter les événements dans la chronologie grèque.

(2) Messène, autrefois Maura-Matra, capitale de la Messénie, dans le Péloponèse.

jeunesse sans pouvoir la remplacer, puisqu'ils étaient hors
de chez eux, ils renvoyèrent à Sparte les jeunes-gens qui
n'étaient pas liés par serment, et ils leurs permirent de
contracter toutes les alliances qui leur conviendraient. Les
enfants qu'ils eurent des femmes qu'ils prirent sans distinction, furent appelés Parthéniens. A leur retour, les
Spartiates témoignèrent à ces enfants la plus grande indif-
férence. Les Parthéniens apprenant que leur naissance
illégitime les excluait de tout héritage, prirent le parti
que leur commandait le désespoir. S'étant joints aux Hélotes (1), ils formèrent avec eux le funeste projet de mas-
sacrer les citoyens de Sparte, et de s'emparer de leurs
biens. C'était dans l'assemblée générale que le complot
devait éclater; un bonnet jeté en l'air devait être le signal
du combat. La méfiance des Hélotes fit tout découvrir.
Aussi, lorsque le peuple fut assemblé, les magistrats
firent défendre par un héraut, à qui que ce fût, de jeter
en l'air son bonnet. On ne tira aucune vengeance du
complot des Parthéniens. Ces jeunes-gens s'étant choisi
pour leur général Phalante, fils de celui qui avait conseillé aux Spartiates de renvoyer à Lacédémone les jeunes-
gens qui n'étaient pas engagés par serment, s'en allèrent
chercher fortune ailleurs, et, après mainte aventure, ils
arrivèrent enfin en Italie, et s'étant emparés de Tarente,
après en avoir chassé les anciens habitants, ils s'y établirent. Pendant ces entrefaites, les Messéniens ayant été
vaincus furent réduits en servitude.

Trente-neuf ans après, les Messéniens reprirent les
armes à l'instigation d'Aristomène, homme doué d'un
grand courage, qui les exhorta à secouer le joug des Lacédémoniens, sous lequel ils gémissaient depuis trop
long-temps. L'oracle de Delphes ordonna aux Spartiates
de demander un Général aux Athéniens; ceux-ci, pour se

____

(1) Les Hélotes, appelés quelquefois *Ilotes*, étaient des e
claves publics à Sparte.

moquer d'eux, leur envoyèrent le poète Tyrtée, qui était, dit-on, boiteux. Sous sa conduite, les Spartiates, qu'enflammait la lecture de ses vers mâles et énergiques, obtinrent de grands avantages contre les Messéniens. La plûpart d'entre eux ayant été chassés de leur patrie, firent voile vers la Sicile, et s'emparèrent de Zancle (1), qu'ils appelèrent Messine, du nom de leur ville. Ainsi se termina la seconde guerre contre les Messéniens.

Vers l'an 624 avant J. C., vivait à Athènes le législateur Dracon, dont les lois étaient tellement sévères, qu'on disait qu'elles étaient écrites avec du sang. Il punissait de mort tous les criminels, quels qu'ils fussent; la paresse était châtiée aussi rigoureusement que l'assassinat: aussi ne doit-on pas s'étonner qu'elles aient été toutes abrogées, à l'exception de celles qui concernaient le meurtre. Ce fut Solon qui, quelque temps après, eut l'honneur de réformer les lois de Dracon, pour en substituer de plus douces. Dans ce temps-là, c'est-à-dire, vers l'an 560 avant J. C., il s'éleva une guerre terrible entre les Athéniens et les Mégariens. Ceux-ci avaient formé le projet de s'emparer des Dames athéniennes, tandis qu'elles célébraient les mystères de Cérès, à Eleusis, ville de l'Attique. Informé de ce dessein, Pisistrate, qui jouissait d'un grand crédit à Athènes, mit en embuscade la jeunesse athénienne, attaqua à l'improviste les Mégariens, lorsqu'ils furent débarqués, et peu s'en fallut même qu'il ne s'emparât de leur ville. Mais, comme il avait vaincu pour lui-même, et non pour sa patrie, il s'empara adroitement du souverain pouvoir; car s'étant fait donner chez lui plusieurs coups de fouet, il se mit à courir par les rues, le corps tout déchiré; et, ayant fait assembler le peuple, il se plaignit de la cruauté des

____

(1) Zancle, île et ville de Sicile, située sur le détroit qui sépare cette île de l'Italie.

Grands, de qui il prétendait avoir reçu ce mauvais traitement, soutenant qu'il était haï du Sénat, parce qu'il aimait et favorisait le peuple. Par cet artifice, il se procura des gardes pour sa personne, et, avec leur secours, il s'empara du Gouvernement. Quoiqu'il eût été chassé deux fois de la ville d'Athènes, il laissa le royaume à son fils Hippias, dont le frère nommé Hipparque fut assassiné par une troupe de conjurés, à la tête desquels étaient Harmodius et Aristogiton. Par ce moyen, les Athéniens recouvrèrent leur liberté dont ils étaient fort jaloux. Hippias, peu de temps après, se retira auprès de Darius, roi de Perse. On croit qu'il fut tué à la bataille de Marathon.

Il n'est pas hors de propos de donner ici un abrégé des affaires des Perses, à cause des guerres continuelles qu'ils eurent à soutenir contre les Grecs. Les Assyriens commandèrent à une grande partie de l'Asie pendant plusieurs années ; quelques-uns disent pendant treize cents ans, mais d'autres, avec plus de vraisemblance, disent pendant cinq cents ans seulement. Leur dernier roi fut Sardanapale, qui fut tellement haï à cause de la vie molle et efféminée qu'il mena, qu'Arbace, vice-roi de la Médie, se révolta contre lui. Sardanapale s'étant mis à la tête d'une armée peu nombreuse et mal disciplinée, fut vaincu, et se sauva dans son palais où il se jeta avec toutes ses richesses dans un bûcher ardent. Ce fut ainsi que l'empire d'Asie fut transféré des Assyriens aux Mèdes, l'an 820 avant J. C., ou l'an 740, si l'on en croit l'historien Justin.

Après une succession de plusieurs rois, la couronne échut enfin à Astyage, fils de Cyaxare. Ce prince ayant appris en songe qu'il serait détrôné par ses petits-fils, donna en mariage sa fille Mandane à Cambyse, Persan d'une naissance peu relevée. Il espérait que les enfants qui naîtraient de cette union n'auraient pas l'âme au niveau d'une aussi grande entreprise. Cette précaution fut loin encore de le rassurer, car il fit rester auprès de lui sa fille, lorsqu'elle était enceinte, pour faire mourir en sa présence l'enfant dès qu'il serait né. On remit l'enfant à Harpagus, favori et confident du roi, avec l'ordre de le faire mourir; mais Harpagus ayant pitié de ce nouveau-né, et redoutant la vengeance de la princesse, le donna à exposer au berger du roi, qui, gagné par les prières de sa femme, l'éleva comme son propre enfant. Astyage vint à connaître cet événement, et n'en parut pas déconcerté. Il reçut fort bien Cyrus (tel était le nom de l'enfant); mais irrité contre son favori Harpagus, et voulant se venger de ce qu'il avait conservé son petit-fils, malgré l'ordre qu'il lui avait donné de le faire mourir, il fit tuer son fils, et le lui fit servir à dîner. Quelque temps après, Cyrus étant parvenu à l'âge viril, Harpagus lui conseilla de lever une armée et de faire la guerre à son grand-père, lui promettant de le seconder avec les Mèdes. Cyrus ayant détrôné son grand-père, s'empara de la Médie et la réunit à l'empire Persan dont elle ne fut jamais séparée depuis. Telle fut la fin de l'empire des Mèdes, qui dura environ trois cents cinquante ans.

Cyrus, devenu maître d'un grand empire, fit la guerre aux Babyloniens, au secours desquels vint Crésus, roi de Lydie. Celui-ci ayant été vaincu, fut obligé de se retirer dans son royaume où Cyrus, après avoir mis ordre aux affaires dans la Babylonie, le suivit; et l'ayant défait une seconde fois, il le fit prisonnier. Ce fut ainsi que la Lydie devint une province de l'Empire des Perses. Cyrus, ayant conquis l'Asie et réduit tout l'Orient sous sa puissance, fit la guerre aux Scythes qui, dans ce temps-là, étaient gouvernés par la reine Tomyris. Cette princesse envoya contre lui son fils avec une armée considérable; mais, au lieu de présenter la bataille à Cyrus, étant arrivé dans le camp que ce prince avait, à dessein, laissé rempli de vin et de toute sorte de provisions, il permit aux

Barbares de s'eniver. Sans perdre un moment, Cyrus revint pendant la nuit, tailla en pièces les ennemis, et tua le fils de la reine. Tomyris fut inconsolable de la perte de son fils. Peu de temps après Cyrus, étant tombé lui-même dans une embuscade, fut livré à la reine qui lui fit couper la tête, et la plongea dans un vase rempli de sang humain. Il y eut, dit-on, deux cents mille Persans tués dans cette expédition malheureuse, qui eut lieu l'an 529 avant J. C., et le trentième du règne de Cyrus.

A Cyrus succéda Cambyse, son fils, qui s'empara de l'Egypte. Choqué des superstitions des Egyptiens, il fit abattre les temples d'Apis et des autres dieux. Il envoya aussi quelques troupes, avec ordre de s'emparer du temple de Jupiter Ammon; mais, un ouragan s'étant élevé, les troupes de Cambyse furent toutes ensevelies sous les sables de la Lybie. Quelque temps après, ayant vu en songe que son frère Smerdis était monté sur le trône, il le fit tuer par Cométès, un des mages. Sur ces entrefaites, Cambyse mourut d'une blessure que son sabre lui fit à la cuisse. Cométès, qui avait tué le frère de Cambyse, ayant caché la mort de ce prince, mit à sa place son propre frère Oropastès, feignant que c'était Smerdis, frère de Cambyse. On ne tarda pas à reconnaître la perfidie de Cométès; une conspiration fut ourdie contre le faux Smerdis qui fut détrôné après six mois de règne. Les conjurés étaient au nombre de sept; c'étaient les seigneurs les plus remarquables de la cour du roi Cambyse.

Après la mort du faux Smerdis, qui fut tué dans la conspiration, on élut roi Darius, fils d'Hystaspe. Voici de quelle manière cette élection eut lieu. Les conjurés, du nombre desquels était Darius, convinrent d'amener certain jour marqué et de grand matin leurs chevaux devant le palais, et de reconnaître pour roi celui dont le cheval hennirait le premier. Darius mit dans ses intérêts son écuyer, qui usa de stratagême pour faire hennir le premier le cheval de son maître. En effet, le cheval de Darius ayant reconnu l'endroit où l'écuyer l'avait amené la veille, et où il lui avait fait donner beaucoup d'orge, se mit à hennir; à l'instant, on entendit un coup de tonnerre, comme si le ciel avait approuvé cette élection. Darius, reconnu roi par ses compétiteurs, épousa Atossa, fille de Cyrus. Quelque temps après, les Assyriens s'étant révoltés avaient surpris Babylone, et il était bien difficile de reprendre la ville. Comme le roi en était fort irrité, Zopire, son favori, se fit déchirer de coups tout le corps, et couper le nez, les oreilles et les lèvres : dans cet état misérable, il se rendit chez les Babyloniens en qualité de transfuge, sous prétexte d'être indigné contre le roi Darius qui lui avait fait un traitement semblable. Les Babyloniens le crurent sur parole, et lui donnèrent le commandement de leur armée. Le fidèle Zopire l'ayant mise à la discrétion de son maître, lui livra la place de cette manière. Après cette expédition, Darius tourna ses armes contre les Scythes; il entra dans leurs pays à la tête de sept cents mille hommes, mais il en fut honteusement repoussé avec une perte de quatre-vingt mille hommes. Ensuite il attaqua les Ioniens, ce qui donna lieu aux guerres qui eurent lieu entre les Perses et les Grecs. Les Ioniens ayant appelé les Athéniens à leur secours, prirent Sardes, capitale de la Lydie; la garnison du roi fut taillée en pièces. Darius fut tellement indigné de la conduite des Athéniens, que, pour s'en venger, il envoya Datis et Artapherne avec trois cents mille hommes qui débarquèrent à Marathon, à dix milles d'Athènes (1); mais ils furent défaits par onze mille Athéniens, sous la conduite de Miltiade, à qui il tardait de les combattre,

____

(1) Marathon était un bourg de l'Attique. La célèbre bataille à laquelle il donna son nom, fut gagnée par Miltiade, l'an 490 avant J. C.

au point qu'il ne voulut pas attendre l'arrivée des Lacédémoniens. Ce fut dans cette bataille que périt Hippias,
fils et successeur de Pisitrate. Darius avait résolu de re-
commencer la guerre ; mais il mourut au milieu de ces
préparatifs, l'an 485 avant J. C.

Son fils Xercès lui succéda. Pour porter les armes dans
la Grèce, il leva une armée formidable, et il équipa une
flotte de douze cents vaisseaux. Léonidas, roi de Sparte,
se posta avec trois cents hommes aux défilés des Thermopyles (1), pour s'opposer au passage des Perses. Xercès
fit commencer le combat par ceux-mêmes dont les parents
avaient été tués à Marathon. Ceux-ci furent tués les premiers en voulant venger leurs proches. On s'y battit pendant trois jours au grand mécontentement des Perses.
Léonidas fit des prodiges de valeur ; cependant les Perses
ayant découvert un chemin à travers les montagnes, forcèrent le défilé, et se répandirent dans la Phocide, où ils
mirent tout à feu et à sang. Les Athéniens avertis par
l'oracle de se défendre dans leurs murailles de bois, s'em-
barquèrent sur leurs vaisseaux qui étaient au nombre de
deux cents, et auxquels les autres Grecs en ajoutèrent
encore cent. Xercès étant entré dans l'Attique, brûla
Athènes. Ensuite se livra le combat naval près de Salamine, où les Perses furent vaincus. Xercès prit la fuite,
laissant Mardonius, un de ses Généraux, avec trois cents
mille hommes. Ce combat naval eut lieu dix ans après
la bataille de Marathon, l'an 480 avant J. C. L'année suivante, Mardonius fut vaincu par les Grecs à Platée (1),
sous le commandement de Pausanias et d'Aristide ; ce
jour-là même, les Grecs défirent les Perses sur mer, aux
environs de Mycale, ville et promontoire de l'Asie mi-

____

(1) Les Thermopyles étaient un passage étroit qui n'avait
que vingt-cinq pieds de largeur, et qui conduisait de la Thessalie dans la Locride et dans la Phocide.

(2) Platée était une ville de Béotie, près du mont Cythéron.

neure, vis-à-vis de Samos. Les Grecs ayant été par là délivrés de la crainte des Perses, commencèrent peu à peu à se quereller; Athènes et Sparte disputaient entre elles de la primauté.

Avant d'entreprendre aucune guerre, les Athéniens eurent soin de faire relever leurs murailles que les Perses avaient détruites; ce qui fut exécuté par l'habileté de Thémistocle, malgré les fortes oppositions des Lacédémoniens. De plus, les Athéniens, conformément à l'avis de Thémistocle, firent un port au Pirée. Les Spartiates qui ne pouvaient oublier quelle valeur Pausanias avait déployée à la journée de Platée, l'envoyèrent avec une flotte considérable dans l'île de Chypre et dans l'Hellespont (1), pour déloger de ces endroits les garnisons des Barbares. Pausanias s'empara de Bysance; mais ensuite il convint avec le roi de Perse de lui livrer les Grecs, s'il voulait consentir à lui donner sa sœur en mariage. Cette trahison fut découverte; on fit revenir Pausanias à Sparte; il fut condamné et mis à mort. Sur ces entrefaites, les Athéniens firent entrer dans leur parti les Grecs qui, à cause de l'arrogance qu'avait toujours montrée Pausanias, étaient très mécontents des Spartiates. Après la mort de Pausanias, on accusa faussement Thémistocle de vouloir trahir la Grèce. Ce grand homme, quoique fort de sa conscience, n'attendit pas qu'on lui fît son procès; il se retira chez les Perses l'an 471 avant J. C., pendant que Xercès vivait encore.

L'année suivante, Cimon, fils de Miltiade, faisant voile pour l'île de Chypre avec une flotte de deux cents cinquante vaisseaux, battit celle des Barbares, qui était composée de trois cents quarante. Le même jour, ayant fait habiller ses soldats à la manière des Perses, il attaqua à l'impro-

____

(1) L'Hellespont, appelé aujourd'hui Détroit des Dardanelles, sépare l'Europe de l'Asie.

viste leur armée de terre, et la tailla en pièces près du fleuve Eurymédon. Cependant Sparte fut fort endommagée dans le Péloponèse par un violent tremblement de terre. Les Hélotes et les Messéniens s'étant soulevés, les Lacédémoniens prièrent les Athéniens de venir à leur secours ; mais, pendant qu'ils étaient en marche, l'ennemi fut battu par Archidamus, roi de Sparte ; et les troupes auxiliaires d'Athènes devenues suspectes furent renvoyées ; ce qui aliéna les esprits des Athéniens, et fut l'origine des animosités et des disputes qui suivirent. Vers ce même temps, Xercès fut assassiné chez lui par Artabane, son oncle, qui avait conçu l'espoir de régner. Après la mort de Xercès, Artaxerce, surnommé *Longuemain*, monta sur le trône ; mais il fit mourir Artabane qui, pour s'emparer de l'autorité souveraine, avait assassiné Xercès, et tenté de détruire la famille royale.

Pendant que ces choses se passaient, il y eut quelques escarmouches entre les Lacédémoniens et les Athéniens : de là provint cette haine sanglante qui éclata dans la suite. Car les Athéniens, par leur ambition pleine de jactance, soulevèrent leurs alliés qui, pour cette raison, se rangèrent du côté des Lacédémoniens. Cependant, par l'entremise de Cimon, il y eut une trève pour cinq ans ; et tous les efforts des Grecs se dirigèrent contre les Perses. Cimon faisant voile en Chypre, défit les Barbares par terre et par mer, et obligea Artaxerce à faire une paix fort honorable pour les Grecs, mais très honteuse pour les Perses, car elle fut conclue à ces conditions, que les Perses s'éloigneraient d'une journée des côtes de la mer, qu'aucun vaisseau ne se ferait voir entre les îles Cyanées et les îles Chélidoines, et qu'ils laisseraient jouir de leur liberté les villes grèques de l'Asie. La même année de son triomphe, Cimon mourut de maladie dans le temps qu'il assiégeait Citium, ville de Chypre. Thémistocle mourut à la même époque, l'an 449 avant J. C.

Les anciennes animosités s'étant réveillées chez les Grecs (car Athènes et Sparte étaient deux républiques extrêmement jalouses l'une de l'autre), ils se firent la guerre ; elle fut néanmoins assoupie par la conclusion d'une nouvelle trève pour trente ans. Sur ces entre-faites les habitants de Samos ayant quitté le parti des Athéniens pour se ranger sous les bannières des Lacé-démoniens, furent soumis par Périclès, aussi grand ca-pitaine, qu'habile homme d'état. Vers ce même temps, les Corinthiens firent aussi la guerre aux habitants de l'île de Corcyre (1), et aux Athéniens, leurs alliés ; mais ils furent battus sur mer. C'est pourquoi, quatorze ans après la trève faite, les Lacédémoniens et leurs alliés déclarèrent qu'elle avait été violée par les Athéniens : ainsi com-mença la guerre du Péloponèse l'an 431 avant J.-C., guerre qui dura vingt-huit ans, et qui fut fort sanglante. Ce fut Périclès qui la conseilla ; car, ayant épuisé le trésor public par une dépense de sept mille talents, il trouva plus commode de troubler l'état, que de rendre ses comptes. Les événements de cette guerre furent fort multipliés et fort variés. Deux ans et demi après que cette guerre eut éclaté, Périclès mourut de la peste qui, dès la seconde an-née, fit de terribles ravages à Athènes. Les habitants de l'île de Lesbos, et sur-tout ceux de Mitylène se dé-clarèrent contre les Athéniens la quatrième année de la guerre ; mais, l'année suivante, ces îles furent re-prises par le Général athénien Pachès ; et les habitants eurent beaucoup de peine à éviter une ruine totale. La dixième année de cette guerre, Cléon, Général des Athéniens, et Brasidas, Général des Lacédémoniens, ayant été tués tous deux à la bataille de Thoron, en Thrace, on convint, des deux côtés, d'une trève de trente ans, mais elle fut rompue au bout de huit. La

------

(1) Corcyre ; île de la mer Ionienne ; elle se nomme aujour-d'hui *Corfou*.

seizième année de la guerre, les Athéniens firent, à l'instigation de l'orateur Gorgias, une descente en Sicile pour secourir les Léontins qui avaient à se plaindre des habitants de Syracuse. Les Généraux que les Athéniens employèrent dans cette expédition furent Nicias, Alcibiade et Lamachus. Alcibiade, quoique absent, fut accusé d'impiété par ses ennemis ; on le rappela à Athènes, mais il se réfugia à Sparte, et conseilla aux Lacédémoniens de secourir ceux de Syracuse. On envoya Gylippe à Syracuse pour y faire la guerre aux Athéniens ; il remporta une victoire complète sur Nicias et Démosthène, et les obligea à se rendre. Les Athéniens, dont les affaires avaient réussi jusqu'alors au gré de leurs désirs, furent tous faits prisonniers, après avoir été battus sur mer et sur terre, la dix-neuvième année de la guerre du Péloponèse, et 412 ans avant J. C. A partir de cette époque fâcheuse, les affaires des Athéniens commencèrent à aller en décadence : cependant Alcibiade ayant été rappelé ranima un peu leur courage; mais le Général spartiate Lysandre ayant battu les Athéniens à Egos-potamos, prit leur ville, et ruina leur puissance. Ainsi finit la guerre du Péloponèse, après avoir duré vingt-huit ans.

Lysandre ne se fut pas plutôt rendu maître de la ville d'Athènes, qu'il y établit trente tyrans ; mais leur domination ne fut pas de longue durée, car ils se rendirent tellement odieux, qu'ils furent chassés par Thrasybule, et la liberté fut rétablie dans Athènes quatre ans après la prise de cette ville. La même année (1), fut tué Cyrus le jeune, fils de Darius Nothûs, et frère puîné d'Artaxerce Mnémon. Son père l'avait fait gouverneur général de l'Asie mineure ; aidé des Grecs et sur-tout des Lacédémoniens, il avait pris les armes contre son frère Ar-

____

(1) L'an 401 avant J. C.

taxerce. Les Grecs auxiliaires qui étaient dans son armée au nombre de dix mille, firent une retraite admirable, ayant eu le malheur de perdre Cyrus, leur Général; ils traversèrent l'Arménie et la Paphlagonie, parcourant onze cents cinquante-cinq lieues dans l'espace de quinze mois. Xénophon, un de leurs commandants, a écrit l'histoire de leur retraite, qui est un des événements les plus intéressants de l'histoire ancienne. Il périt environ cinq mille Grecs dans les différents chocs qu'ils eurent à soutenir.

Pendant que ces choses se passaient ainsi, Pharnabaze et Tissapherne, satrapes persans, furent nommés par Artaxerce, gouverneurs de l'Asie. Les Lacédémoniens ne doutant pas que Pharnabaze ne pût leur être fort utile, le mirent dans leurs intérêts, en l'engageant à les secourir contre les Athéniens. Il se déclara donc contre Tissapherne qui avait mis Conon, Général Athénien, à la tête de la flotte des Perses. A cette occasion, Agésilas, roi de Lacédémone, étant passé en Asie, y fit plusieurs exploits très remarquables. Tissapherne ayant été vaincu par lui, fut condamné à mort par l'ordre d'Artaxerce qui lui avait cependant donné sa fille en mariage, pour le récompenser de ce qu'il avait triomphé du jeune Cyrus à Cunaxa. La paix se fit; mais les Béotiens, les Athéniens, les Corinthiens et les Argiens s'étant réunis contre les Lacédémoniens, on rappela à Sparte le vaillant Agésilas. Depuis cette époque, la puissance des Lacédémoniens commença à décliner; et, dans un combat naval près de Gnide, ils furent vaincus par les Perses, sous la conduite de Conon.

Dans ce même temps, il y avait plusieurs fameux Généraux en Grèce. Iphicrate, Chabrias, Thrasybule et Timothée se distinguaient chez les Athéniens; à Thèbes florissaient Pélopidas et Epaminondas, personnages illustres par leur naissance autant que par leur valeur.

Les Lacédémoniens mettaient tout en œuvre pour recouvrer leur grandeur première plutôt par trahison que par un véritable courage ; Epaminondas toutefois rabaissa leurs prétentions par les batailles qu'il gagna contre eux. Leur général Phébidas, qui fut envoyé contre les Corinthiens, surprit Cadmée, qui était la citadelle de Thèbes ; mais, sous la conduite et par l'adresse de Pélopidas, les Thébains recouvrèrent quatre ans après leur liberté et leur citadelle. Les Lacédémoniens s'étaient rendus tellement odieux, que tous les Etats de la Grèce réunirent leurs forces contre eux sous la conduite des Athéniens. Mais Artaxerce voulant faire la guerre à l'Egypte qui s'était revoltée, afin que ses troupes ne soient pas retenues en Grèce, ordonne à tous les Grecs de mettre bas les armes ; et, après avoir retiré les garnisons, il enjoint à chacun de rentrer dans ses anciens droits et priviléges, menaçant de traiter comme ennemis ceux qui n'obéiront pas à ce décret. Ce fut de bon cœur, que les Grecs obéirent, si l'on en excepte les Thébains à qui Epaminondas dissuada de faire la paix. Cette réconciliation des Grecs ne fut pas de longue durée ; et, la guerre s'étant renouvelée bientôt après, on se battit avec autant d'acharnement que jamais. Les Thébains prirent les armes contre les Athéniens ; et mus par le souvenir d'une ancienne querelle, ils démolirent Platée. Sans perdre de temps, ils fondirent sur les Lacédémoniens qui furent défaits à Leuctres (1) par le vaillant Epaminondas, quoiqu'ils fussent bien supérieurs en nombre aux Thébains. Ensuite ceux-ci envahirent la Laconie et firent le siége de Sparte. Les Lacédémoniens réduits à la détresse envoyèrent demander du secours aux Athéniens ; mais,

____

(1) Leuctres, bourg de Béotie entre Platée et Thespie.

malgré les forces réunies de ces deux républiques, Epaminondas ravagea de nouveau le territoire de Lacédémone. A la fin, les Lacédémoniens et les Thébains se réconcilièrent par la médiation du roi de Perse. Mais, quelque temps après, les Thébains ayant été appelés au secours de ceux de Mantinée (1), qui étaient en dispute avec le reste des Arcadiens, recommencèrent la guerre sous leur Général Epaminondas. Il se signala à Mantinée contre les Lacédémoniens et les Arcadiens; cependant, quoique vainqueur dans ce combat, il y périt d'une blessure, l'an 363 avant J. C. Son compagnon d'armes, Pélopidas, avait péri un an auparavant en combattant Alexandre, tyran de Phères. A la même année où Epaminondas fut tué, il faut rapporter la mort d'Artaxerce Mnémon auquel succéda son fils surnommé Ochus, et la mort du vaillant roi Agésilas, qui, à l'âge de quatre-vingts ans, périt dans la Cyrénaïque en retournant dans sa patrie, après avoir quitté l'Egypte où il était allé pour secourir Tachos, roi de cette contrée, qui s'était révolté contre les Perses.

L'an 358 avant J. C. éclata parmi les Grecs la guerre appelée *Sociale* ou guerre des Alliés, dans laquelle les villes de Chios, de Rhodes, de Cos et de Bysance se réunirent contre les Athéniens; mais cette guerre fut achevée au bout de quatre ans. Deux ans après (2), il s'éleva une autre guerre dans la Grèce; on l'appela guerre *Sacrée*. Les Amphictyons (c'étaient des juges choisis et envoyés par les principales villes de la Grèce pour connaître des différents survenus entre les villes de l'association), les Amphictyons, dis-je, avaient mis une

---

(1) Mantinée, ville d'Arcadie dans le Péloponèse.
(2) L'an 356 avant J. C.

amende sur les Lacédémoniens et sur les Phocéens (1).
Les premiers avaient été imposés pour s'être emparés
de Cadmée, citadelle de Thèbes; les seconds, pour
avoir retenu certains territoires qui étaient sacrés. Philomélus, Général des Phocéens, leur conseilla de piller
le temple d'Apollon à Delphes; il se rendit, comme
eux, coupable de ce sacrilége. Les Phocéens s'étant en-
richis par les trésors qu'ils enlevèrent du temple de
Delphes, firent quelque temps avec succès la guerre
contre les Locriens et les Thébains. Mais enfin cette
guerre fut terminée par Philippe second, roi de Macédoine et père d'Alexandre-le-Grand, à qui les Thébains s'étaient adressés pour réclamer le secours dont
ils avaient besoin. Les Phocéens, de leur côté, étaient
aidés et secourus par les Lacédémoniens et par les Athéniens. Après une guerre qui dura dix ans, les villes
des Phocéens furent toutes rasées, à l'exception d'Aba,
ville célèbre par un oracle d'Apollon, laquelle n'avait
point eu part au sacrilége dont nous venons de parler.
Cet événement eut lieu l'an 346 avant J. C.

Une pareille victoire procura à Philippe beaucoup de
crédit et d'autorité parmi les Grecs. Ce prince avait été
envoyé, pendant sa jeunesse, comme ôtage à Thèbes,
où il s'était formé à l'art militaire sous le célèbre Epaminondas. Les exploits par lesquels il se signala dans
la suite, prouvent jusqu'à quel point il profita des leçons
d'un maître aussi habile. Dans la première année de son
règne, il défit les Athéniens à Méthone (2); il attaqua
Amphipolis, colonie tributaire des Athéniens, et la

---

(1) Les Phocéens ou habitants de la Phocide, contrée de la
Grèce, bornée à l'orient par la Béotie, et à l'ouest par la Locride.

(2) Méthone, ville du Péloponèse.

réunit à ses domaines. Son projet était de détruire la république d'Athènes qui exerçait une trop grande domination sur tous les États de la Grèce. Avant d'exécuter ce dessein, il soumit les Péoniens et les Illyriens. Quand il eut fait redouter son nom dans l'Illyrie et dans la Thrace où il s'empara d'une ville qu'il nomma Philippes, il réduisit sous sa puissance Olynthe, ville de Thrace, qui était sous la domination des Athéniens. Vers ce même temps, il mit fin à la guerre Sacrée. Il y eut un traité d'alliance entre ce prince et les Athéniens, qui fut conclu le 19 mars, l'an 346 avant J. C. La même année, Philippe, ainsi que nous l'avons dit plus haut, s'empare de la Phocide, et se fait déclarer chef du tribunal des Amphictyons. Après avoir assiégé Bysance, mais inutilement, il porte ses armes dans la Scythie d'où il ramène vingt mille prisonniers et une grande quantité de bestiaux. Comme il s'en retournait par la Thrace, il fut rencontré par les Triballiens (1) qui déclarèrent formellement qu'ils ne lui accorderaient pas le passage, qu'ils n'eussent part au butin. Il y eut à ce sujet une bataille, dans laquelle Philippe fut blessé à la cuisse, et eut son cheval tué sous lui ; or, comme chacun croyait que le roi lui-même avait été tué, tout le butin fut perdu.

Philippe, qui ne perdait pas de vue le projet qu'il avait conçu de réduire la Grèce, fit la guerre aux Athéniens auxquels se joignirent les Thébains. Il défit ces deux peuples dans une grande bataille qu'il livra à Chéronée, ville de Béotie, et patrie de Plutarque, où il remporta le 3 août, l'an 338 avant J. C., avec trente deux mille hommes, une victoire complète sur l'armée des Grecs, qui était forte de trois cents mille combattants. Il sut user de la victoire avec modération, et fit paix et alliance

----

(1) Les Triballiens étaient des peuples de la Thrace.

avec les Athéniens. Après un triomphe aussi mémorable, Philippe donna un bel exemple de modération en ordonnant à un de ses esclaves de lui rappeler tous les jours sa condition, ce que celui-ci faisait en criant trois fois avant de sortir, par ordre de son maître : « Philippe, tu es homme ». Le roi de Macédoine ayant eu la hardiesse de prétendre à la conquête des Perses, se fit nommer chef de cette entreprise dans l'assemblée générale des Grecs. Comme il se disposait à faire cette conquête, il fut tué à Edesse, ville de Macédoine, par Pausanias, un de ses gardes, dans une fête qu'il donnait à l'occasion du mariage de sa fille Cléopâtre. On croit qu'Olympias, épouse de Philippe, ne fut pas étrangère à ce crime (1).

Alexandre, qui, par ses beaux exploits, mérita d'être surnommé le Grand, naquit vers la fin de juillet, l'an 356 avant J. C. (2). Philippe, son père, apprit le même jour qu'il avait été couronné aux jeux olympiques, qu'il avait remporté une victoire sur les Illyriens, et qu'il lui était né un fils. Alexandre n'eut pas plutôt atteint sa quinzième année, que son éducation fut confiée au célèbre Aristote. A vingt ans, il commença à régner. Il fut choisi, comme son père l'avait été avant lui, Général contre les Perses, par le suffrage unanime de Grecs, à l'exception des Lacédémoniens ; mais, comme les Grecs étaient d'une humeur fort inconstante, ils se révoltèrent contre lui, pendant qu'il portait ses armes victorieuses en Thrace. Alexandre ne fut pas plutôt informé de cette défection, qu'il fondit sur eux au moment où ils ne s'y attendaient pas ; et il leur causa tant de terreur, que les Athéniens et les autres

---

(1) Philippe mourut l'an 336 avant J. C.
(2) Il y avait eu déjà deux rois de Macédoine, nommés *Alexandre*.

rentrèrent tout-à-coup sous l'obéissance. Les Thébains seuls demeurèrent obstinés ; c'est pourquoi ils furent réduits par la force, et leur ville fut entièrement détruite. On assure qu'il y eut plus de six mille Thébains égorgés dans cette guerre, et trente mille vendus comme esclaves. Le vainqueur n'épargna que les hôtes de son père et les descendants du poète Pindare, dont la maison fut la seule conservée. Après cette expédition, ayant passé l'Hellespont, il entra en Asie la troisième année de son règne. Il était à la tête d'une armée de trente mille fantassins et de quatre mille cinq cents cavaliers. Qui pourait croire qu'avec des troupes aussi peu considérables il détruisit l'empire des Perses ? Il faut convenir que son armée, si elle était peu nombreuse, était composée de vieux et vaillants soldats. Le premier combat se donna sur le Granique, fleuve de Bithynie, où les Perses furent vaincus. On livra à Issus, en Cilicie, la seconde bataille, avant laquelle Alexandre était tombé dangereusement malade ; mais il ne tarda pas à recouvrer la santé, grâce aux soins de son médecin Philippe. Les Perses furent encore défaits, quoique leur armée fût de quatre cents mille fantassins, et de cent mille cavaliers. Le camp de Darius (1), la mère, l'épouse et les enfants de ce prince furent pris par Alexandre qui, à dire vrai, traita ses prisonniers avec le plus d'égards et le plus d'humanité qu'il fut possible. Cette première défaite des Perses arriva l'an 333 avant J. C. L'année suivante, Alexandre vint en Phénicie dont il se rendit entièrement maître, à l'exception de Tyr, qu'il ne prit qu'après un siége de six mois. Il fit mettre à mort tous les habitants de cette ville cè-

____

(1) Darius qui fut vaincu par Alexandre, était Darius III ; il était fils d'Arsane et de Sysigambis ; il descendait de Darius-Nothus, et était surnommé *Codoman*..

lèbre, excepté ceux qui s'étaient réfugiés dans les temples, et il ordonna qu'on mît le feu aux maisons. Mais les Sidoniens, qui servaient sous Alexandre, en cachèrent quinze mille, et les emmenèrent à Sidon. Six mille habitants qui furent pris les armes à la main périrent dans la ville, et deux mille qui avaient échappé au carnage furent impitoyablement crucifiés le long du rivage de la mer.

Après cette sanglante expédition, il passa en Egypte; il alla visiter le temple de Jupiter Ammon, et à son retour il bâtit Alexandrie. Ensuite il marcha contre Darius, et le défit pour la troisième et dernière fois à Arbelle, ville de Perse. Darius eut bien de la peine à se sauver du champ de bataille; il s'enfuit dans la Médie; et, pendant qu'il méditait d'en venir encore aux mains avec de nouvelles troupes qu'il avait levées, il fut lâchement assassiné par Bessus, gouverneur de la Bactriane. Ce prince mourut l'an 331 avant J. C. Pendant ces entrefaites, Alexandre s'étant rendu maître de la Perse, détruisit Persépolis, capitale de l'empire des Perses.

En Grèce, Antipater, à qui Alexandre avait confié la Macédoine à gouverner, ne combattit pas avec moins de bonheur contre les Lacédémoniens. Agis III, fils d'Archidamus, roi de Sparte, qui s'était allié avec les Perses afin de délivrer la Grèce du joug des Macédoniens, fut vaincu et tué par Antipater dans cette bataille qui coûta la vie à cinq mille trois cents Lacédémoniens. Depuis la mort de Darius, Alexandre réduisit l'Hyrcanie, les Paropamisades (1) et les Indiens, après avoir fait prisonnier leur roi Porus, et subjugué d'autres nations. Enflé de tant de succès, il ne put supporter à la fin l'élévation de sa fortune, et oubliant qu'il était homme,

____

(1) C'étaient les habitants de Paropamisus, chaîne de montagnes, appelée le Caucase des Indes.

il voulut passer pour le fils de Jupiter. Ce ne fut pas tout : s'étant adonné à l'ivrognerie et à la débauche, étant mal conseillé par les flatteurs qui l'environnaient, il eut la barbarie de faire mourir plusieurs de ses amis qui avaient rendu de très grands services tant à son père qu'à lui-même ; de ce nombre furent le philosophe Callisthène qui refusa de le reconnaître pour un dieu, le brave général Parménion et son fils, Philotas, sous le prétexte, dénué de fondement, qu'ils avaient trempé dans une conspiration ourdie contre lui. Au milieu d'un festin où il avait bu plus qu'il ne convient, sur-tout à un roi, il tua de sa propre main son ami Clitus. Environ deux ans avant de mourir, il perdit Héphestion, le plus cher de ses favoris. On ne saurait dire combien il fut sensible à la mort de cet ami ; il fit porter son corps à Babylone, et lui fit faire des funérailles magnifiques ; il poussa même la démence jusqu'à donner des ordres pour qu'on l'adorât comme un dieu. Enfin ce prince mourut lui-même à Babylone, l'an 323 avant J. C., à l'âge de trente-deux ans, après en avoir régné treize. On a attribué au poison et à l'ivresse sa mort prématurée.

Alexandre n'ayant pas voulu nommer son successeur avant de mourir, il y eut de très grands débats parmi les Généraux de son armée. Le souverain pouvoir fut d'abord entre les mains de Perdiccas, à qui Alexandre, peu d'instants avant sa mort, avait remis les sceaux de l'Etat avec son anneau. Mais à la fin, on élut roi, de nom seulement, Aridée, fils naturel de Philippe ; on l'appela Philippe, mais Perdiccas eut la régence du royaume (1). Ensuite les provinces furent partagées entre les Grands. Ptolémée - Lagus (2), eut l'Egypte ; Laomédon, de Mitylène, eut la Syrie ; Philotas, la Cilicie ; Pithon,

____

(1) Aridée ne régna que jusqu'au moment où Roxane, concubine d'Alexandre, eut donné à l'Etat un héritier légitime.

(2) Il n'était pas fils de Lagus, mais celui-ci l'avait adopté.

la Médie ; Eumène, la Paphlagonie et la Cappadoce avec les provinces voisines ; la Pamphilie, la Lycie et la grande Phrygie échurent à Antigone ; l'Arménie échut à Néoptolème ; la Carie, à Cassandre ; la Lydie, à Méléagre ; la petite Phrygie, à Léonatus ; la Thrace, à Lysimaque ; enfin la Macédoine, à Antipater. Les provinces de la Haute-Asie furent laissées à ceux qui en étaient alors gouverneurs. Séleucus fut nommé Général de la cavalerie des alliés. Cratère avait déjà été envoyé par Alexandre dans la Cilicie avec dix mille hommes de vieilles troupes ; et on lui confia le gouvernement de la Grèce, conjointement avec Antipater. Les Grecs ayant appris la nouvelle de la mort d'Alexandre, prirent partout les armes. Les Athéniens furent les premiers qui, sous la conduite de Léosthène, invitèrent les Grecs à recouvrer leur liberté. Après avoir défait Antipater à Lamia, ville de Thessalie, ils l'y assiégèrent : c'est ce qui a fait donner à cette guerre le nom de guerre Lamiaque. Elle commença environ un an après la mort d'Alexandre ; mais, l'année suivante, Cratère s'étant joint à Antipater, les Athéniens furent défaits à Cranon, ville de la Thessalie. Les Athéniens ayant demandé la paix, Antipater la leur accorda, à condition qu'ils paieraient les frais de la guerre, et qu'ils lui livreraient les orateurs Démosthène et Hypéride, qui, par leur éloquence, les avaient excités à prendre les armes. Démosthène ayant pris la fuite s'empoisonna ; Hypéride fut mis à mort par Antipater. Les Athéniens, peu de temps après, reçurent une garnison macédonienne à Munychie, port de l'Attique.

En Orient, Perdiccas qui avait épousé Cléopâtre, sœur d'Alexandre, sacrifiant son repos à son ambition démesurée, fit marcher une puissante armée contre Ptolémée, roi d'Egypte ; mais en passant le Nil, ce prince fut tué par ses gens, de qui son orgueil intolérable le faisait haïr, et qui, pour cette raison, avaient conspiré contre

*11

lui. Eumène, avec qui Perdiccas avait fait alliance, en étant venu aux mains avec Cratère et Néoptolème, les défit et les tua tous deux : c'est pourquoi lui-même et Alcétas, frère de Perdiccas, furent déclarés ennemis. Les autres affaires furent réglées conformément aux ordres de Ptolémée et d'Antipater, qui furent alors chargés, aussi bien qu'Antigone, de la souveraine autorité. Antigone s'étant avancé contre Eumène et Alcétas, les battit tous deux dans la Pisidie, contrée de l'Asie mineure. Antipater mourut après avoir établi Polyperchon, tuteur du roi Aridée et de sa femme (1). Polyperchon fit revenir en Macédoine Olympias, mère d'Alexandre, qui, craignant les fureurs d'Antipater, s'était réfugiée en Epire. Elle ne fut pas plutôt revenue en Macédoine, qu'elle fit mourir Aridée avec Eurydice, sa femme, ainsi que la plûpart des Grands qui étaient liés avec Cassandre, fils d'Antipater. Ce même Cassandre, aidé de Polyperchon et d'Eumène, déclara la guerre à Antigone. Il prit la ville d'Athènes ; et, après y avoir aboli le gouvernement démocratique, il mit à la tête de cette ville Démétrius de Phalère, disciple de Théophraste, personnage non moins célèbre par son éloquence, que par sa haute sagesse. Après s'être rendu maître de la Macédoine, Cassandre fit mourir Olympias, et épousa Thessalonica, sœur d'Alexandre-le-Grand.

Eumène, après avoir long-temps harcelé Antigone en Asie, fut vaincu par ce prince, grâce à la trahison des Argyraspides (2). Livré à Antigone, il fut mis à mort par son ordre, l'an 315 avant J. C. Ainsi périt celui de tous les Généraux d'Alexandre, qui avait paru le plus digne de

---

(1) Polyperchon avait été un des lieutenants d'Alexandre.

(2) Les Argyraspides étaient une légion macédonienne, ainsi nommée parce que ses soldats portaient des boucliers d'argent, ἀργύριον (argent), et ἀσπίς (bouclier).

succéder à ce grand roi (1). Depuis ce temps-là, Antigone, dont la puissance et les richesses s'accroissaient de jour en jour, renouvela la guerre contre Cassandre et Ptolémée, avec son fils Démétrius, qui mérita le surnom de Poliorcète, ou preneur de villes. Ils déclarèrent tous deux que leur intention était de reprendre les villes de la Grèce que Cassandre avait dépouillées de leur liberté. Antigone, par le moyen de son fils Démétrius, les rétablit la plûpart dans leurs anciens droits, et sur-tout la ville d'Athènes, quinze ans après qu'elle eut été réduite en servitude par la guerre Lamiaque.

Ce fut cette même année qu'Antigone et son fils prirent le titre de rois ; cet exemple fut suivi par les autres successeurs d'Alexandre. Ces deux princes devinrent si redoutables, que Ptolémée, Séleucus, Cassandre et Lysimaque réunirent leurs troupes contre eux, et les battirent près d'Ipsus, ville de Phrygie. Antigone mourut des blessures qu'il reçut dans la bataille, l'an 301 avant J. C. Démétrius se sauva en Grèce ; les Athéniens lui interdirent l'entrée de leur ville ; mais ayant bientôt recruté des troupes, Démétrius attaqua les Athéniens, emporta leur ville après un siége d'un an, et en chassa Lacharès, qui s'en était rendu le tyran à la faveur d'une sédition. Vainqueur, il fit paraître la plus grande humanité envers les vaincus qui, ayant mérité les traitemens les plus durs, s'attendaient à les endurer. Bien plus, il leur rendit tout ce qu'ils avaient auparavant, excepté la liberté : et ayant mis garnison chez eux, il marcha contre les Lacédémoniens qu'il vainquit avec leur roi Archidamus. Pendant qu'il se disposait à faire le siége de Lacédémone, il crut devoir revenir en Macédoine où le rappelaient quelques nouvelles espérances. Cassandre y était mort peu de temps auparavant ; et à son décès, il avait

____

(1) Cornelius Népos a écrit sa vie.

laissé trois fils qu'il avait eus de sa femme Thessalonica.
L'aîné de ces trois fils, Philippe, régna un an. Les deux
autres, Antipater et Alexandre, se disputaient l'empire.
Antipater, gendre de Lysimaque, roi de Thrace, tua sa
mère, parce qu'elle paraissait avoir plus d'affection pour
Alexandre. Celui-ci appela à son secours Pyrrhus, roi
d'Epire (1). Mais Démétrius qu'Alexandre avait également
appelé, accourut, chassa Pyrrhus et Antipater, et après
avoir tué Alexandre, il s'empara de la Macédoine. Ensuite
il leva une armée considérable de quatre-vingt-dix-huit
mille fantassins et de douze mille cavaliers, avec une flotte
de cinq cents voiles pour recouvrer l'Asie. Mais Séleucus, Lysimaque, Ptolémée et Pyrrhus l'attaquèrent avec
leurs forces réunies. Chassé de la Macédoine et épouvanté
de la révolte des villes, il fut obligé de se rendre chez
Séleucus, roi de Syrie. Celui-ci avait épousé Stratonice,
fille du même Démétrius. Antiochus, son fils, né d'un
premier lit, était devenu tellement amoureux de Stratonice, sa belle-mère, que les médecins conseillèrent à Séleucus de permettre qu'il l'épousât, déclarant que c'était
le seul moyen de lui rendre la santé. Séleucus céda à Antiochus son épouse et une partie de son royaume. Ce fut
chez son beau-père, que Démétrius finit paisiblement
ses jours, après trois ans de captivité, à l'âge de cinquante-quatre ans, et l'an 286 avant J. C.

    Peu de temps après, les trois premiers vainqueurs
moururent; Ptolémée-Lagus laissa son royaume à Philadelphe, son fils; Lysimaque étant allé en Asie pour combattre Séleucus, y périt à l'âge de soixante-quinze ans;
et Séleucus, dans sa soixante-dixième année, mourut deux
mois après lui; il fut le dernier des Généraux qui avaient

---

(1) C'est le même Pyrrhus qui remporta une victoire complette sur le consul Levinus, l'an 280 avant J. C.

servi sous Alexandre. Surpris dans des embûches que lui avait dressées Ptolémée-Céraunus, frère de Philadelphe, il perdit la vie avec le royaume de Macédoine qu'il avait enlevé à Lysimaque. Après la mort de Démétrius, sa postérité régna en Macédoine jusqu'à Persée, fils de Philippe, dont nous parlerons ci-après.

Pyrrhus, dont nous avons fait mention, était le plus célèbre de tous les rois de son temps ; il descendait des Eacides, rois des Molosses. Ayant été chassé de son royaume, il fit ses premières campagnes sous Démétrius-Poliorcète, à qui sa sœur était mariée, car il servait sous lui dans la fameuse bataille d'Ipsus, où Démétrius fut défait avec son père Antigone. Ensuite, avec le secours de Ptolémée, il recouvra son royaume. Ayant été invité par Alexandre, fils de Cassandre, à se transporter en Macédoine, il s'en appropria une partie, d'où ayant été chassé par Démétrius-Poliorcète, il fit la guerre pendant quelque temps, tantôt seul, tantôt conjointement avec Lysimaque, Ptolémée et Séleucus. Il en obtint pour récompense la Macédoine, qu'il ne garda que sept mois. Quelque temps après, les Tarentins l'ayant invité à venir en Italie, il fit la guerre aux Romains, et remporta sur eux une victoire complette. Les Siciliens l'ayant appelé dans leur île pour qu'il les délivrât du joug des Carthaginois, il se rendit à leur demande, et eut le bonheur de triompher de cette nation. Cependant ayant été contraint à quitter l'Italie et la Sicile, il retourna dans son royaume. De là il se rendit encore maître de la Macédoine, après en avoir chassé Antigone, fils de Démétrius. Enfin, Cléonymé, de Sparte, l'ayant appelé à son secours, parce qu'on l'avait exclu du trône pour y placer Arée, fils de son frère, il perdit la vie à Argos, où une tuile qu'on lui jeta sur la tête le renversa privé de connaissance. Il mourut l'an 272 avant J. C., et la vingt-troisième année de son règne.

Antigone lui fit faire des funérailles magnifiques, et renvoya ses cendres à son fils Hélénus.

Vers le même temps, les Gaulois fondirent sur la Thrace et sur la Grèce. Ils entrèrent d'abord en Thrace, sous la conduite de Cambaule; mais ils s'en retournèrent chez eux. Ensuite, ayant partagé leurs forces en trois corps, quelques-uns tombèrent sur la Thrace, ayant Céréthrius à leur tête; d'autres sur la Péonie, sous la conduite de Brennus et d'Acichorius. Belgius conduisit le reste de l'armée dans la Macédoine et dans l'Illyrie, et défit les Macédoniens dans une grande bataille où Ptolémée-Céraunus fut tué. Mais à la fin, les Barbares furent chassés par Sosthène, Général macédonien, à qui ce service signalé valut la couronne. Les Gaulois firent une troisième irruption en Grèce sous leurs Généraux Brennus et Acichorius, dont l'armée était composée de cent cinquante mille hommes de pied, et de quinze mille cavaliers. Ils furent défaits d'abord dans le détroit des Thermopyles, ensuite au pied du Mont Parnasse où ils étaient venus pour piller le temple de Delphes. Brennus perdit la vie dans cette bataille, qui eut lieu vers l'an 278 avant J. C.

La république des Achéens se renouvela vers l'an 284 avant J. C. Les habitants de Patrée, de Dyme et de Pharée firent une confédération célèbre qui, pendant cent trente ans, se rendit redoutable sous le nom de ligue Achéenne. Jusqu'alors les Achéens n'avaient eu qu'un préteur; ils commencèrent, cette année, à en élire deux. Cette confédération s'accrut considérablement par la bonne conduite d'Aratus, de Sicyone, qui, à l'âge de vingt ans, entreprit de mettre en liberté les villes de la Grèce, soumises la plûpart à des tyrans ou aux Macédoniens. Ayant chassé de sa patrie ou fait mourir le tyran Nicoclès, il fit entrer Sicyone dans la ligue Achéenne, vers l'an 251 avant J. C.; et, comme plus de cinq cents Sicyoniens, qui avaient été exilés, furent rétablis daus leur patrie, et qu'à leur retour ils réclamaient leurs biens, Aratus s'étant rendu en Égypte, obtint de Ptolémée-Philadelphe cent cinquante talents, avec lesquels il les indemnisa. Huit ans après il fut fait préteur ; une année après être sorti de charge, il y fut appelé de nouveau. Ce fut dans ce temps-là qu'ayant chassé de la citadelle de Corinthe la garnison macédonienne qui était commandée par Persée, il délivra cette ville du joug des Macédoniens.

A peu près dans le même temps, il s'éleva un grand tumulte à Lacédémone, sous le règne d'Agis IV et de Léonidas, (car ils régnaient à-la-fois.) Agis, qui n'avait pas encore vingt ans, persuadé qu'il convenait de rétablir la discipline de Lycurgue qui était tombée en désuétude, tâcha de la remettre en vigueur par l'abolition des dettes et par le partage des terres. Bien que les principaux de la ville, et particulièrement Léonidas, l'autre roi, s'y opposassent, Agis ne laissa pas de persister dans son dessein, ayant trouvé Lysandre, un des éphores, disposé à l'aider dans son entreprise. Léonidas cité en justice par Lysandre, fut contraint à abdiquer l'autorité royale, laquelle fut transférée à Cléombrote, son gendre. Après cela, de nouveaux éphores qui succédèrent aux premiers voulant obliger Lysandre et les autres partisans d'Agis à rendre compte, les deux rois se présentèrent à la Cour de justice, déposèrent les éphores et en mirent d'autres à leur place, lesquels étaient de leur parti, entre autres Agésilas, qui était riche en fonds de terre, mais qui était obéré. Agésilas, pour cette raison, conseilla à Agis de proposer l'abolition de toutes les dettes avant le partage des terres. Agis suivit son conseil ; mais, quand on en vint au partage des terres, Agésilas mit tout en œuvre pour l'éluder, pour le traîner en longueur ; or-cette conduite fit perdre à Agis beaucoup de considération et d'estime dans l'esprit des Spartiates. C'est pourquoi Léonidas, grâce à l'activité des ennemis d'Agis, fut rappelé de son exil et rétabli dans la dignité royale. Agis et Cléombróte, pour mettre leur vie en sûreté, se sauvèrent dans le temple de Minerve-Chalcidica (1). Cléombrote aurait été massacré, si sa femme Cléonis, fille de Léonidas, ne fût venue à son secours ; elle suivit son mari en exil. Quant à Agis, il fut mis en prison et étranglé par ordre des éphores, magistrats de Sparte, qui avaient le droit non seulement de limiter la puissance des rois, mais encore de les faire mettre en prison, quand ils commettaient quelques fautes. (Ils étaient au nombre de cinq.)

Léonidas étant mort quelque temps après, Cléomène, son fils, lui succéda (2). C'était un jeune-homme d'un grand génie, brave, mais emporté jusqu'au point d'empoisonner son collègue Eurydamidès, et de mettre à sa place Euclidas, son propre frère, contre la disposition des lois, qui défendaient d'élever sur le trône deux rois de la même maison. Il défit en plusieurs batailles les Achéens qui, dans ce temps-là, étaient fort puissants, et qui parcouraient avec leurs armées le Péloponèse, sous le commandement d'Aratus, les Lacédémoniens ayant renoncé à leur alliance pour celle des Etoliens avec lesquels ils étaient en guerre. Les Achéens ayant Aratus pour chef et pour guide, se hâtaient de mettre à exécution le projet qu'ils avaient formé de ne faire qu'une république de toutes les villes du Péloponèse. Les rois de Macédoine qui redoutaient cette confédération, avaient établi des tyrans dans la plûpart des villes, où ils appuyaient par leurs garnisons et aidaient de leurs conseils ceux qui s'y étaient déjà établis eux-mêmes. Aratus employa contre

---

(1) On la nommait ainsi, parce qu'elle avait un temple à Chalcis, ville capitale d'Eubée.

(2) Cléomène qui succéda à Léonidas, son père, fut Cléomène III. Cléomène II eut deux fils : Cléonyme et Acrotate.

eux toute son adresse et toute son autorité, soit en les déposant par la force, soit en les attirant dans la ligue commune. Ainsi, pendant qu'Antigone-Gonatas, fils de Démétrius-Poliorcète, vivait, Aratus fit entrer dans la ligue des Achéens, outre plusieurs villes, celle de Sicyone, sa patrie, et celle de Corinthe, en chassant de la première Nicoclès, et de la seconde, la garnison macédonienne. Mais, après la mort d'Antigone-Gonatas, il fit les derniers efforts pour affranchir la Grèce. Dans ce même temps, il délivra l'Attique du joug des Macédoniens, ayant su engager un certain Diogène qui en était gouverneur, à la mettre entre ses mains. Ensuite il rendit la liberté aux habitants d'Argos, d'Hermione, de Phlius et à d'autres peuples encore, dont les tyrans se rendirent volontairement, dans la crainte d'être trahis. Mais les Étoliens et Cléomène, roi de Lacédémone, dont nous avons parlé plus haut, arrêtèrent ses heureux progrès : ceux-là le firent par jalousie et par des voies détournées ; celui-ci à force ouverte, en attaquant les armes à la main Aratus et les autres Généraux des Achéens ; et, pour venir plus facilement à bout de ses desseins, il cassa les éphores, s'arrogea tout le pouvoir ; puis il rétablit l'ancienne discipline de Lycurgue la dixième année de son règne, et l'an de Rome cinq cent vingt-huit.

Délivré par ce moyen de toute crainte domestique, il s'appliqua entièrement à la guerre contre les Achéens. Ceux-ci se trouvant hors d'état de la soutenir, Aratus étant d'ailleurs déjà avancé en âge, envoyèrent, par son conseil, demander du secours aux Macédoniens. Antigone-Doson était alors roi de Macédoine. Les Achéens ayant fait alliance avec lui, lui remirent la citadelle de Corinthe, et, peu de temps après, le déclarèrent Général des Grecs sur terre et sur mer. Les différents peuples qui entrèrent dans cette alliance furent les Macédoniens, les Achéens, les Épirotes, les Phocéens, les Béotiens, les Arcadiens et les Thessaliens. Cléomène ayant rencontré près de l'isthme de Corinthe Antigone-Doson qui venait faire une irruption avec de grandes forces, effrayé de la révolte des Argiens, retourna sur ses pas pour aller défendre sa patrie. Ainsi les Macédoniens n'eurent pas de peine à entrer dans le Péloponèse ; et, l'année suivante, ils s'emparèrent de plusieurs villes. Cependant Cléomène, qui n'était pas oisif, surprit Mégalopolis, ville d'Arcadie, et la détruisit entièrement, parce que ses habitants, quoique chassés de leur patrie, n'avaient pas voulu s'allier avec lui ; en cela, ils suivaient les conseils de Philopœmen, natif de Mégalopolis, et célèbre Général des Achéens, bien qu'il ne fût alors âgé que de trente ans. A la fin, Cléomène fut complettement défait par Antigone-Doson, à la bataille de Sellasie, ville de Laconie, l'an 222 avant J. C. Ce prince s'étant sauvé du champ de bataille, se réfugia à la cour de Ptolémée-Evergète, où sa femme et ses enfants l'avaient précédé. Il abandonna sans défense la ville de Sparte à Antigone-Doson qui, y étant entré sans opposition, rendit aux habitants leur liberté et tous leurs anciens droits. Le lendemain, ayant appris que les Barbares, ses voisins, avaient envahi les frontières de la Macédoine, il s'y rendit le plus promptement qu'il put. Il eut le bonheur de vaincre les ennemis, mais il ne survécut pas long-temps à son triomphe. A sa mort, il laissa son royaume à son pupille Philippe, fils de Démétrius III, lequel Philippe s'allia avec Annibal contre les Romains (1).

Cléomène fut fort bien reçu par Ptolémée-Evergète, chez lequel il s'était réfugié ; mais le fils et successeur de ce prince, nommé Ptolémée-Philopator (2), étant un

---

(1) Ce Philippe fut le cinquième du nom.

(2) Il fut surnommé *Philopator*. Ce mot, qui signifie, *qui aime son père*, lui fut donné par antiphrase, parce qu'il était

prince faible et soupçonneux, fit mettre en prison Cloé-
mène. Ce roi détrôné étant parvenu à s'échapper de prison, se mit à courir avec quelques autres, l'épée à la
main, à travers les rues d'Alexandrie, invitant, mais en
vain, les habitants à reprendre leur liberté. N'ayant pu
rien gagner, il se tua de désespoir l'an 221 avant J. C.,
c'est-à-dire deux ans après qu'il se fut refugié en Egypte.

Philippe n'ayant pas encore dix-sept ans, les Etoliens
méprisaient sa jeunesse. Fatigués depuis quelque temps
de la tranquillité publique, parce qu'ils étaient auparavant
accoutumés à vivre de butin, ils commencèrent à rompre
la paix, en ravageant la Messénie avec laquelle ils avaient
fait alliance. Les Etoliens étaient commandés par Dorimachus et par Scopas. La première bataille qu'il y eut
entre eux et les Achéens, se donna près de Caphies, ville
d'Arcadie, où les Achéens furent vaincus. Par-là les Etoliens s'enhardirent davantage à ravager tout le Péloponèse. Philippe ayant été appelé pour les combattre, de l'avis
unanime des alliés, au nombre desquels les Messéniens
avaient été reçus, leur déclara la guerre, qui fut nommée
la guerre des Alliés ; Aratus était alors préteur des
Achéens. Après la mort de Cléomène, Lycurgue, établi
roi des Lacédémoniens, ayant fait alliance avec les Etoliens, se jeta sur les Achéens. La guerre dura trois ans.
Philippe ayant appris que les Romains avaient été défaits
près du lac de Thrasymène, fit la paix avec les Etoliens,
parce que son projet était de passer avec une flotte en
Italie, et d'avoir part à la victoire des Carthaginois. Il
fut vaincu par les Romains, qui, pour lui accorder la paix
qu'il demandait, lui prescrivirent des conditions humi-

---

soupçonné d'avoir empoisonné son père, qu'on appelait Evergète, mot qui signifie *bienfaisant*, mais qui lui fut donné par
reconnaissance.

liantes qu'il ne craignit pas d'accepter vers l'an 200 avant J. C., et de Rome cinq cent cinquante-trois. Mummius fut envoyé par les Romains pour soumettre les Achéens, qui étaient commandés par Diæus. Ce Général n'osa pas attendre les Romains dans Corinthe ; s'étant retiré à Mégalopolis, sa patrie, il incendia sa maison, tua sa femme et s'empoisonna. Mummius ayant pénétré dans la ville de Corinthe qui était sans défense, la livra au pillage. Tous les habitants furent passés au fil de l'épée ; les femmes et les enfants furent vendus comme de vils esclaves. Les richesses innombrables que possédait Corinthe devinrent la proie des flammes. La prise de cette ville fameuse, qui fut détruite l'an 146 avant J. C., annonça la ruine entière de cette liberté qui avait produit tant d'exemples d'héroïsme ; la Grèce ne fut plus qu'une province romaine sous le nom d'Achaïe, et l'Egypte ne tarda pas à s'engloutir avec le reste de l'univers sous la domination de Rome.

Sylla, après avoir remporté de grands avantages en Grèce contre Mithridate, roi de Pont (1), après avoir gagné sur les Généraux de ce prince les batailles de Chéronée et d'Orchomène, remit sous le pouvoir des Romains la Grèce et la Macédoine ; il y ajouta l'Ionie et plusieurs autres provinces de l'Asie mineure, dont Mithridate s'était emparé. Ecrasée sous le poids de la puissance romaine, la Grèce conserva néanmoins une sorte d'empire : ce fut celui qu'un goût dominant pour les lettres, l'amour des beaux-arts et de la philosophie, donnèrent à cette belle partie du monde, naguère si florissante.

---

(1) Mithridate était le septième du nom ; on le surnomma *le-Grand*, à cause de ses belles actions. — Le Pont était dans l'Asie Mineure.

VOCABULAIRE

Des Noms ou Substantifs propres qui ne se trouvent pas dans les Dictionnaires.

A

Aba (ville), *Aba, æ.* f.

Abdalonyme (homme), *Abdalonymus, i.* m.

Abyla (montagne), *Abyla, æ.* f.

Achaïe (l'), *Achaia, æ.* f.

Achéen, *Achaius, a, um.*

Achéens (les), *Achæi, orum.* m. pl.

Achéméniens (les), *Achæmenii, orum.* m. pl.

Acichorius (homme), *Acichorius, ii.* m. *

Actium (ville), *Actium, ii.* n. D'Actium, *Actiacus, a, um.*

Adam (homme), *Adamus, i.* m.

Admète (homme), *Admetus, i.* m.

Adraste (homme), *Adrastus, i.* m.

Adrien (homme), *Adrianus, i.* m.

Adrumète (ville), *Adrumetum, i.* n.

Agamemnon (homme), *Agamemnon, onis.* m.

Agathocle (homme), *Agathocles, is.* m.

Agésilas (homme); *Agesilaüs, i.* m.

Agis (homme), *Agis, idis.* m.

Agnonide (homme), *Agnonides, æ.* m.

Agrippine (femme), *Agrippina, æ.* f.

Alcétas (homme), *Alcetas, æ.* m.

Alcibiade (homme), *Alcibiades, is.* m.

Alcméon (homme), *Alcmeon, onis.* m.

Alétès (homme), *Aletes, is.* m.

Alexandre (homme), *Alexander, dri.* m.

Alexandrie (ville), *Alexandria, æ.* f.

Amilcar (homme), *Amilcar, aris.* m.

Ammon (surnom de Jupiter), *Ammon, onis.* m.

Amphiaraüs (homme), *Amphiaraüs, i.* m.

Amphictyons (les), *Amphictyones, um.* m. pl.

Amphipolis (ville), *Amphipolis, is.* f.

---

* Les noms propres grecs ou romains terminés en *us* ou *ius*, se traduisent de même en latin, et ils ont leur génitif terminé en *i* ou *ii : Codrus, Codri. Demetrius, ii.* — Tous les noms propres romains terminés en *on*, pour le français, se terminent en latin par *o*, et ils ont la terminaison *onis* au génitif : *Ciceron, Cicero, onis,* etc. Il en est de même des noms propres grecs, à l'exception d'un très petit nombre, comme *Plato, onis,* au lieu de *Platon, onis.*

Amyntas (homme) , *Amyntas, æ.* m.

Anaxagore (homme), *Anaxagoras, æ.* m.

Andiatorigès (homme) , *Andiatoriges, is.* m.

Androcle (homme), *Androclus, i.* m.

Androgée (homme) , *Androgeus, ei* ou *eos.* m.

Andromède (femme), *Andromeda, æ.* f.

Annibal (homme), *Annibal, alis.* m.

Antigone (homme) , *Antigonus, i.* m.

Antiochus (homme), *Antiochus, i.* m.

Antipater (homme) , *Antipater, patri.* m.

Antoine (homme), *Antonius, ii.* m.

Antonin (homme), *Antoninus, i.* m.

Apelle (homme), *Apelles, is.* m.

Apis (dieu des Égyptiens), *Apis, is.* m.

Apollon (dieu), *Apollo, inis.* m.

Aratus (homme) , *Aratus, i.* m.

Arbace (homme), *Arbaces, is.* m.

Arbelle (ville), *Arbella, æ.* f.

Arcadie (l'), *Arcadia, æ.* f.

Arcadiens (les) , *Arcades, um.* m. pl.

Arcananie (l'), *Arcanania, æ.* f.

Archidamus (homme), *Archidamus, i.* m.

Argiens (les) * , *Argivi, orum.* m. pl.

Argilius (homme), *Argilius, ii.* m.

Argonautes (les), *Argonautæ, arum.* m. pl.

Argos (ville), *Argos, i.* n.

Argyraspides (soldats) , *Argyraspides, um.* m. pl.

Arée (homme) , *Aræus, i.* m.

Ariane (femme), *Ariadne, es.* f.

Aridée (homme), *Aridæus, i.* m.

Ariobarzane (homme), *Ariobarzanus, i.* m.

Arioviste (homme) , *Ariovistus, i.* m.

Aristide (homme), *Aristides, is.* m.

Aristoclète (homme), *Aristocletes, is.* m.

Aristodème (homme), *Aristodemus, i.* m.

Aristogiton (homme) *Aristogiton, onis.* m.

Aristomène (homme), *Aristomenes, is.* m.

Aristote (homme), *Aristoteles, is.* m.

Arménie (l'), *Armenia, æ.* f.

Arsès (homme), *Arses, is.* m.

Artabane (homme) , *Artabanus, i.* m.

Artapherne (homme) , *Artaphernes, is.* m.

Artaxerce (homme), *Artaxerxes, is.* m.

Artémidore (homme), *Artemidorus, i.* m.

Artémon (homme), *Artemon, onis.* m.

Asdrubal (homme), *Asdrubal, alis.* m.

Asie (l'), *Asia, æ.* f.

Aspasie (femme), *Aspasia, æ.* f.

Assyrie (l'), *Assyria, æ.* f.

Assyriens (les) *Assyrii, orum.* m. pl.

Astyage (homme), *Astyages, is.* m.

Atalante (femme), *Atalanta, æ.* f.

Athènes (ville), *Athenæ, arum.* f. pl.

---

* *Ou* ceux d'Aargos.

Athéniens (les), *Athenienses,
  ium.* m. pl.
Atossa (femme), *Atossa, æ.* f.
Attique (l'), *Attica, æ.* f.
Auguste (homme), *Augustus,
  i.* m.
Augustin (saint), *Augustinus,
  i.* m. (*divus.*)
Autophradate (homme), *Auto-
  phradates, is.* m.

B

Babylone (ville), *Babylon,
  onis.* f.
Babylonie (la), *Babylonia,
  æ.* f.
Babyloniens (les), *Babylonii,
  orum.* m. pl.
Bacchiades (les), *Bacchiadæ,
  arum.* m. pl.
Bactriane (la), *Bactriana,
  æ.* f.
Belgius (homme), *Belgius, ii.* m.
Béotie (la), *Bæotia, æ.* f.
Béotiens (les), *Bæotii, orum.*
  m. pl.
Bessus (homme), *Bessus, i.* m.
Bethléem (ville), *Bethlema,
  æ.* f.
Bithynie (la), *Bithynia, æ.* f.
Boileau (homme), *Bollæus,
  i.* m.
Bourdaloue (homme), *Bur-
  dalovius, ii.* m.
Brasidas (homme), *Brasidas,
  æ.* m.
Brennus (homme), *Brennus,
  i.* m.
Britannicus (homme), *Bri-
  tannicus, i.* m.
Bysance (ville), *Bysantium,
  ii.* n.
Bysantins (les), *Bysantini,
  orum.* m. pl.

C

Cadmée (citadelle de Thèbes),
  Cadmæa, æ. f.

Cadusiens (les), *Cadusii,
  orum.* m. pl.
Caius (prénom), *Caius, ii.* m.
Calabre (la), *Calabria, æ.* f.
Caligula (homme), *Caligula,
  æ.* m.
Callias (homme), *Callias, æ.* m.
Callipus (homme), *Callipus,
  i.* m.
Callisthène (homme), *Callis-
  thenes, is.* m.
Calydon (ville), *Calydon,
  onis.* m. Ceux de Calydon ou
  les Calydoniens, *Calydonii,
  orum.* m. pl.
Calydonie (la), *Calydonia,
  æ.* f.
Cambaule (homme), *Cambau-
  lus, i.* m.
Cambyse (homme), *Camby-
  ses, is.* m.
Capanée (homme), *Capanæus,
  i.* m.
Caphies (ville), *Caphiæ,
  arum.* f. pl.
Cappadoce (la), *Cappadocia,
  æ.* f.
Capoue (ville), *Capua, æ.* f.
Cardie (ville), *Cardia, æ.* f.
Carie (la), *Caria, æ.* f.
Carnéade (homme), *Carnea-
  des, is.* m.
Carthage (ville), *Carthago,
  inis.* f.
Carthaginois (les), *Cartha-
  ginienses, ium.* m. pl. *Pœni,
  orum.* m. pl.
Casimir (homme), *Casimirus,
  i.* m.
Cassandre (homme), *Cassan-
  der, dri.* m.
Cassius (homme), *Cassius,
  ii.* m.
Cataonie (la), *Cataonia, æ.* f.
Catilina (homme), *Catilina,
  æ.* m.
Caton (homme), *Cato, onis.*
  m.
Cédron (vallée et torrent),
  Cedron. indécl.

Céraune (surnom donné à l'un des Ptolémée *), *Céraunus, i.* m.

Cérès (déesse), *Ceres ,* gen. *Cereris.* f.

Cérétrius (homme), *Ceretrius, ii.* m.

César (homme), *Cæsar, aris.* m.

Ceyx (homme), *Ceyx ,* gén. *Ceycis.* m.

Chabrias (homme), *Chabrias, æ.* m.

Chalcica. (*voy.* Minerve.)

Chalcis (ville), *Chalcis, idis.* f.

Chapelle (homme), *Capellus, i.* m.

Charès (homme), *Chares, is.* m.

Charilaüs (homme), *Charilaüs , i.* m.

Charles (homme), *Carolus, i.* m.

Chélidoines (îles), *Chelidoniæ, arum.* f. pl.

Chéronée (ville) , *Cheronæa, æ.* f.

Chios (île), *Chios , us.* f. Les habitants de Chios , *incolæ Chiûs , arum.* m. pl.

Chypre (île), *Cyprus , i.* f.

Cicéron (homme) , *Cicero , onis.* m.

Cilicie (la), *Cilicia, æ.* f. Ceux de Cilicie *ou* les Ciliciens, *Cilices, um.* m. pl.

Cimon (homme) , *Cimon , onis.* m.

Cinna (homme), *Cinna, æ.* m.

Citium (ville), *Citium, ii.* n.

Claude (homme), *Claudius , ii.* m.

Clazomènes. (ville), *Clazomenæ, arum.* m. pl.

Cléombrote (homme), *Cleombrotus , i.* m.

Cléomène (homme), *Cleomenes, is.* m.

Cléon (homme), *Cleon, onis.* m.

Cléonis (femme), *Cleonis, idis.* f.

Cléonyme (homme), *Cleonymus , i.* m.

Cléopâtre (femme), *Cleopatra , æ.* f.

Clinias (homme), *Clinias, æ.* m.

Clitus (homme), *Clitus , i.* m.

Cnide (*voy.* Gnide.)

Codoman (surnom de Darius III), *Codomanus, i.* m.

Codrus (homme), *Codrus , i.* m.

Colchide (la), *Colchis, idis.* f.

Colophon (ville), *Colophon , onis.* f.

Cométès (homme), *Cometes , is.* m.

Conon (homme), *Conon, onis.* m.

Corcyre *ou* Corfou (île), *Corcyra , æ.* f.

Corinthe (ville), *Corinthus, i.* f.

Corinthiens (les), *Corinthii , orum.* m. pl.

Cornélie (femme), *Cornelia , æ.* f.

Cornélius (homme) , *Cornelius , ii.* m.

Cos *ou* Co (île), *Co,* indécl. Les habitants de Cos, *incolæ Co , arum.* m. pl.

Cotys (homme), *Cotys , is.* m.

Cranon (ville), *Cranon, onis.* f.

Cratère (homme), *Craterus, i.* m.

Crésus (homme), *Cræsus , i.* m.

Crète (île), *Creta, æ.* f. Crétois *ou* habitant de Crète , *Cres,* gén. *Cretis.* m.

---

* Parce qu'il avait un caractère violent. (*Keraunos,* en grec , veut dire *foudre.*)

Critias (homme), *Critias, æ. m.*
Crotone (ville), *Croton, onis.
m.*
Crotoniates (les), *Crotoniates,
um. m. pl.*
Cunaxa (plaine), *Cunaxa,
æ. f.*
Cures (ville), *Cures, ium.
m. pl.*
Curius (homme), *Curius, ii.
m.*
Curtius-Rufus (homme), *Cur-
tius-Rufus,* gén. *Curtii-
Rufi. m.*
Cyanées (iles), *Cyaneæ, arum.
f. pl.*
Cyaxare (homme), *Cyaxa-
res, is. m.*
Cypselus (homme), *Cypselus,
i. m.*
Cyrénaïque (la), *Cyrenaïca,
æ. f.*
Cyrène (ville), *Cyrene, es. f.*
Les habitants de Cyrène *ou*
les Cyréniens, *Cyrenenses,
ium. m. pl.*
Cyrus (homme), *Cyrus, i.
m.*
Cythère (ville), *Cythera,
orum. n. pl.*

D

Darius (homme), *Darius, ii.
m.*
Datames (homme), *Datames,
is. m.*
Datis (homme), *Datis, is.
m.*
David (homme), *David, idis.
m.*
Déidamie (femme), *Deida-
mia, æ. f.*
Délos (ville), *Delos, i. f.*
Delphes (ville), *Delphi, orum.
m. pl.* De Delphes, *Delphi-
cus, a, um.*

Demetrias (ville), *Demetrias,
adis. f.*
Démétrius (homme), *Deme-
trius, ii. m.*
Démocède (homme), *Demo-
cedes, is. m.*
Démosthène (homme), *De-
mosthenes, is. m.*
Denys (homme), *Dionysius,
ii. m.*
Descartes (homme), *Carte-
sius, ii. m.*
Diogène (homme), *Diogenes,
is. m.*
Diomède (homme), *Diomedes,
is. m.*
Dion (homme), *Dion, onis. m.*
Domitien (homme), *Domi-
tianus, i. m.*
Doride (la), *Doris, idis. f.*
Doriens (les), *Dorienses,
ium. m. pl.*
Dorimachus ou Dorimaque
(homme), *Dorimachus,
i. m.*
Doson (surnom donné à l'un
des Antigone *), *Doson,
onis. m.*
Dracon (homme), *Draco,
onis. m.*
Dymée (ville), *Dymeæ, arum.
f. pl.*
Dyméens (les), *Dymæi, orum.
m. pl.*

E

Eacides (les), *Æacidæ, arum.
m. pl.*
Ecbatane (ville), *Ecbatana,
orum. n. pl.*
Edesse (ville), *Edessa, æ.
f.*
Egates (iles), *Ægates, um.
f. pl.*
Egé (ville), *Ægeas, æ. f.* (Cette
ville est la même qu'Edesse.)
Egée (homme), *Ægeus, i. m.*

---

* Parce qu'il promettait beaucoup et ne donnait jamais rien.

La mer Egée, *Ægeum mare*, gén. *Ægei maris.* n.

Egestins (les), *Egestini*, *orum.* m. pl.

Egos-potamos (ville), *Ægos-potamos.* indécl.

Egypte (l'), *Ægyptus*, *i.* f.

Egyptiens (les), *Ægyptii*, *orum.* m. pl.

Eléens (les), *Elei*, *orum.* m. pl.

Eleusis (ville), *Eleusis*, *is.* f.

Elide (l'), *Elis*, *idis.* f.

Elpinice (femme), *Elpinice*, *es.* f.

Eolide (l'), *Æolis*, *idis.* f.

Eolides (les), *Æolidæ*, *arum.* m. pl.

Eolie (l'), *Æolia*, *æ.* f.

Eoliens (les), *Æolii*, *orum.* m. pl.

Epaminondas (homme), *Epaminondas*, *æ.* m.

Ephèse (ville), *Ephesus*, *i.* f.

Ephialte (homme), *Ephialtus*, *i.* m.

Epictète(homme), *Epictetus*, *i.* m.

Epicure (homme), *Epicurius*, *ii.* m.

Epire (l'), *Epirus*, *i.* m.

Epirotes (les), *Epirotæ*, *arum.* m. pl.

Erasme (homme), *Erasmus*, *i.* m.

Eriphyle (femme), *Eriphyle*, *es.* f.

Esope (homme), *Æsopus*, *i.* m.

Etéocle (homme), *Eteocles*, *is.* m.

Ethiopiens (les), *Æthiopii*, *orum.* m. pl.

Etolie (l'), *Ætolia*, *æ.* f.

Etoliens (les), *Ætolii*, *orum.* m. pl.

Eubée (île), *Eubœa*, *æ.* f.

Eumène (homme), *Eumenes*, *is.* m.

Eunome (homme), *Eunomus*, *i.* m.

Eurydice (femme), *Eurydice*, *es.* f.

Eurymédon (fleuve), *Eurymedon*, *onis.* m.

Eurypon (homme), *Eurypon*, *onis.* m.

Eurypontides (les), *Eurypontidæ*, *arum.* m. pl.

Eurysthée (homme), *Eurysthœus*, *i.* m.

Eurysthène (homme), *Eurysthenes*, *is.* m.

Eurysthénides (les), *Eurysthenidæ*, *arum.* m. pl.

Evagoras (homme), *Evagoras*, *æ.* m.

Evergète (surnom de Ptolémée III), *Evergetes*, *æ.* m.

F

Fabius (homme), *Fabius*, *ii.* m.

Fabricius (homme), *Fabricius*, *ii.* m.

Faerne (homme), *Faernus*, *i.* m.

Flaccus (homme), *Flacous*, *i.* m.

Flaminius (homme), *Flaminius*, *ii.* m.

Fontenelle (homme), *Fontanellus*, *i.* m.

Freinshémius (homme), *Freinshemius*, *ii.* m.

G

Gassendi (homme), *Gassendi*, indécl.

Géla (ville), *Gela*, *æ.* f.

Gnide, *ou* Cnide (ville), *Gnidus*, *i.* f.

Goliath (homme), *Goliathus*, *i.* m.

Gonatas (surnom de l'un des Antigone), *Gonatas*, *æ.* m.

Granique (fleuve), *Granicus, i. m.*

Grec, grèque (de Grèce), *Græcus, a, um.*

Grèce (la), *Græcia, æ. f.*

Grecs (les), *Græci, orum. m. pl. Achivi, orum. m. pl. Pelasgi, orum. m. pl. Danai, orum. m. pl.*

Grunium (lieu), *Grunium, ii. n.*

Gustave (homme), *Gustavius, ii. m.*

Gylippe (homme), *Gylippus, i. m.*

H

Halicarnasse (ville), *Halicarnassus, i. m.*

Hannon (homme), *Hannon, onis. m.*

Harmodius (homme), *Harmodius, ii. m.*

Harpagus (homme), *Harpagus, i. m.*

Hector (homme), *Hector, oris. m.*

Hélène (femme), *Helena, æ. f.*

Hellespont (détroit), *Hellespontus, i. m.*

Hélotes, ou Ilotes (les), *Helotæ, arum. m. pl.*

Henri (homme), *Henricus, i. m.*

Héphestion (homme), *Hephæstion, onis. m.*

Héraclide (homme), *Heraclides, is. m.*

Héraclides (les), *Heraclidæ, arum. m. pl.*

Héraclite (homme), *Heraclitus, i. m.*

Hercule (homme), *Hercules, is. m. Alcides, æ. m.*

Hermione (ville), *Hermiona, æ. f.*

Hermocrate (homme), *Hermocrates, is. m.*

Hérodote (homme), *Herodotus, i. m.*

Hésione (femme), *Hesione, es. f.*

Hiéropolis (ville), *Hieropolis, is. f.*

Hipparinus (homme), *Hipparinus, i. m.*

Hipparque (homme), *Hipparchus, i. m.*

Hippias (homme), *Hippias, æ. m.*

Hippolus (homme), *Hippolus, i. m.*

Hippomédon (homme), *Hippomedon, ontis. m.*

Hipponoüs (homme), *Hipponoüs, i. m.*

Homère (homme), *Homerus, i. m.*

Hortensius (homme), *Hortensius, ii. m.*

Hyrcanie (l'), *Hircania, æ. f.*

Hystaspe (homme), *Hystaspes, is. m.*

I

Icetas (homme), *Icetas, æ. m.*

Illyrie (l'), *Illyria, æ. f.*

Illyriens (les), *Illyrii, orum. m. pl.*

Ilotes (*voy.* Hélotes.)

Inde (l'), *India, æ. f.*

Indiens (les), *Indi, orum. m. pl.*

Intapherne (homme), *Intataphernes, is. m.*

Io (fille d'Inachus), *Io*, gén. *Iús. f.*

Ionie (province), *Ionia, æ. f.*

Ioniens (les), *Iones, um. m. pl.*

Iphicrate (homme), *Iphicrates, is. m.*

Iphitus (homme), *Iphitus, i. m.*

Ipsus (bourg), *Ipsus, i. m.*

J

Jason (homme), *Jason, onis. m.*

Jupiter (dieu de la fable), *Jupiter*, gén. *Jovis*. m.

Jessé (homme), *Jesse*. indécl.

Jésus (N. S.), *Jesus*, gén. *Jesu*. Christ, *Christus*, i. m.

Jocaste (femme), *Jocasta*, æ. f.

L

Lacédémone (ville), *Lacedæmon*, onis. f. *Sparta*, æ. f.

Lacédémoniens (les), *Lacedæmonii*, orum. m. pl. *Spartani*, orum. m. pl.

Lacharès (homme), *Lachares*, is. m.

Laconie (province), *Laconia*, æ. f.

Lafontaine (homme), *Fontanius*, ii. m.

Lagus (homme), *Lagus*, i. m.

Laïus (homme), *Laius*, ii. m.

Lamachus (homme), *Lamachus*, i. m.

Lamia (ville), *Lamia*, æ. f.

Lamiaque (de Lamia), *Lamiacus*, a, um.

Laomédon (homme), *Laomedon*, onis. m.

Léonatus (homme), *Leonatus*, i. m.

Léonidas (homme), *Léonidas*, æ. m.

Léontins (les), *Leontini*, orum. m. pl.

Léosthène (homme), *Leosthenes*, is. m.

Leotychide (homme), *Leotychides*, æ. m.

Lesbos (île), *Lesbos*, ús. f.

Leuctres (bourg), *Leuctra*, orum. n. pl. De Leuctres, *Leuctricus*, a, um.

Locriens (les), *Locri*, orum. m. pl.

Longuemain (surnom donné à Artaxerce I*), *Longimanus*, i. m.

Louis (homme), *Ludovicus*, i. m.

Lutatius (homme), *Lutatius*, ii. m.

Lycie (la), *Lycia*, æ. f.

Lycurgue (homme), *Lycurgus*, i. m.

Lydie (province), *Lydia*, æ. f.

Lysandre (homme), *Lysander*, dri. m.

Lysimachus (homme), *Lysimachus*, i. m.

Lysimaque (homme), *Lysimachus*, i. m.

M

Macédoine (la), *Macedonia*, æ. f.

Macédoniens (les), *Macedones*, um. m. pl.

Macrobe (homme), *Macrobius*, ii. m.

Magnésie (ville), *Magnesia*, æ. f.

Mahomet (homme), *Mahumetes*, is. m.

Mantinée (ville), *Mantinæa*, æ. f. Ceux de Mantinée, *Mantinæi*, orum. m. pl.

Marathon (bourg), *Marathon*, onis. f. De Marathon, *Marathonius*, a, um.

Marc-Antoine (homme), *Marcus-Antonius*, gén. *Marci-Antonii*. m.

Marc-Aurèle (homme), *Marcus-Aurelius*, gén. *Marci-Aurelii*. m.

Marcellus (homme), *Marcellus*, i. m.

Marcus (prénom), *Marcus*, i. m.

Mardonius (homme), *Mardonius*, ii. m.

---

* Parce qu'il avait une main plus longue que l'autre.

Marie (femme), *Maria*, *æ*. f.

Marius (homme), *Marius*, ii. m.

Mars (dieu), *Mars*, gén. *Martis*. m.

Mathieu (homme), *Mathæus*, i. m.

Mausole (homme), *Mausolus*, i. m.

Médée (femme), *Medæa*, *æ*. f. *Cytæis*, idis. f. *Ælias*, adis. f.

Mèdes (les), *Medi*, orum. m. pl.

Médie (la), *Media*, *æ*. f.

Medon (homme), *Medon*, ontis. m.

Mégaclès (homme), *Megacles*, is. m.

Mégalopolis (ville), *Megalopolis*, is. f.

Mégalopolitains (les), *Megalopolitani*, orum. m. pl.

Mégare (ville), *Megara*, *æ*. f.

Mégariens (les), *Megarenses*, ium. m. pl.

Mélanthus (homme), *Melanthus*, i. m.

Méléagre (homme), *Meleager*, gri. m.

Memphis (ville), *Memphis*, is. f.

Mendès (ville), *Mendes*, is. f.

Ménélas (homme), *Menelaüs*, i. m.

Menesthée (homme), *Menestheus*, i. m.

Messène (ville), *Messena*, *æ*. f.

Messénie (la), *Messenia*, *æ*. f.

Messéniens (les), *Messeni*, orum. m. pl.

Méthone (ville), *Methonus*, i. f.

Milet (ville), *Miletus*, i. f.

Milon (homme), *Milo*, onis. m.

Miltiade (homme), *Miltiades*, is. m.

Milton (homme), *Milto*, onis. m.

Minerve (déesse), *Minerva*, *æ*. f. Minerve Chalcica, *Minerva Chalcica*, *æ*. f.

Minos (homme), *Minos*, oïs. m.

Minotaure (monstre fabuleux) *Minotaurus*, i. m.

Minucius (homme), *Minucius*, ii. m.

Mithridate (homme), *Mithridates*, is. m.

Mitylène (ville), *Mitylene*, es. f.

Mityléniens (les), *Mitylenenses*, ium. m. pl.

Mnémon (surnom donné à Artaxerce II *), *Mnémon*, onis. m.

Moïse (homme), *Moses*, is. m.

Molière (homme), *Molerius*, ii. m.

Molosses (les), *Molossi*, orum. m. pl.

Mummius (homme), *Mummius*, ii. m.

Mycale (ville), *Mycale*, es. f.

Mycènes (ville), *Mycenæ*, arum. f. pl. Les habitants de Mycènes, *Mycenenses*, ium. m. pl.

N

Naxos (île), *Naxos*, i. f.

Nectanébus (homme), *Nectanebus*, i. m.

Néocle (homme), *Neocles*, is. m.

Néoptolème (homme), *Neoptolemus*, i. m.

---

* Parce qu'il avait une grande mémoire : or *Mnemé*, en grec, signifie mémoire.

Neptune (Dieu), *Neptunus*, *i*. m.

Néron (homme), *Nero*, *onis*. m.

Nestor (homme), *Nestor*, *oris*. m.

Nicias (homme), *Nicias*, *æ*. m.

Nicoclès (homme), *Nicocles*, *is*. m.

Nicolas (homme), *Nicolaüs*, *i*. m.

Nilée (homme), *Nilæus*, *i*. m.

Nisimaque (homme) *Nisimachus*, *i*. m.

Nothus (surnom donné à Darius II *), *Nothus*, *i*. m.

Numa (homme), *Numa*, *æ*. m. Pompilius, *Pompilius*, *ii*. m.

O

OEdipe (homme), *OEdipus*, *i*. m.

OEnée (homme), *OEneas*, *æ*. m.

Olympias (femme), *Olympias*, *adis*. f.

Olympie (ville), *Olympia*, *æ*. f.

Olynthe (ville), *Olynthus*, *i*. f.

Orchomène (ville), *Orchomenum*, *i*. n.

Oreste (homme), *Orestes*, *is*, m.

Orestides (les), *Orestidæ*, *arum*. m. pl.

Oropastès (homme), *Oropastes*, *is*. m.

Orope (ville), *Oropus*, *i*. f.

Orotès (homme), *Orotes*, *æ*. m.

Ovide (homme), *Ovidius*, *ii*. m.

P

Pachès (homme), *Pachès*, *is*. m.

Palantus (homme), *Palantus*, *i*. m.

Pamphylie (la), *Pamphylia*, *æ*. f.

Pannonie (la), *Pannonia*, *æ*. f.

Paphlagonie (la), *Paphlagonia*, *æ*. f.

Pâris ou Alexandre (homme), *Paris*, gén. *Paridis*. m.

Parménion (homme), *Parmenio*, *onis*. m.

Parnasse (mont), *Parnassus*, *i*. m.

Paropamisades (les), *Paropamisadæ*, *arum*. m. pl.

Paros (île), *Paros*, *i*. f.

Parthéniens (les), *Parthenii*, *iorum*. m. pl.

Parthes (les), *Parthi*, *orum*. m. pl.

Parthénopée (homme), *Parthenopæus*, *i*. m.

Passy (bourg), *Passiacum*, *i*. n.

Patrée (ville), *Patreæ*, *arum*. f. pl.

Patréens (les), *Patræi*, *orum*. m. pl.

Patrocle (homme), *Patroclus*, *i*. m.

Paul-Emile (homme), *Paulus-Æmilius*. gén. *Pauli-Æmilii*. m.

Pausanias (homme), *Pausanias*, *æ*. m.

Pédarète (homme), *Pedaretes*, *is*. m.

Pélopidas (homme), *Pelopidas*, *æ*. m.

Péloponèse (le), *Peloponnesus*, *i*. m.

---

* Parce qu'il était fils naturel d'Artaxerce II, et d'une concubine : or *Nothus*, en latin, signifie bâtard.

Peluse (ville), *Pelusium, ii.* n.

Penthésilée (homme), *Penthesilæus, i.* m.

Péonie (la), *Pœonia, æ.* f.

Péoniens (les), *Pœones, um.* m. pl.

Périandre (homme), *Periander, dri.* m.

Périclès (homme), *Pericles, is.* m.

Perinthe (ville), *Perinthus, i.* f.

Perse (royaume), *Persia, æ.* f.

Persée (homme), *Perseus, i.* m.

Persépolis (ville), *Persepolis, is.* f.

Perses (les), *Persæ, arum.* m. pl.

Phalère (port d'Athènes), *Phalerum, i.* n. De Phalère, *Phalereus, a, um.*

Pharamond (homme), *Pharamundus, i.* m.

Pharée (ville), *Pharææ, arum.* f. pl.

Pharéens (les), *Pharæi, orum.* m. pl.

Pharnabaze (homme), *Pharnabazus, i.* m.

Phébias (homme), *Phebias, æ.* m.

Phèdre (homme), *Phædrus, i.* m.

Phénicie (la), *Phœnicia, æ.* f.

Philadelphe (surnom donné par antiphrase à Ptolémée II), *Philadelphus, i.* m.

Philippe (homme), *Philippus, i.* m.

Philoclès (homme), *Philocles, is.* m.

Philomélus (homme), *Philomelus, i.* m.

Philopator (surnom donné par antiphrase à Ptolémée IV), *Philopator, oris.* m.

Philopœmène (homme), *Philopœmenes, is.* m.

Philotas (homme), *Philotas, æ.* m.

Phocée (ville), *Phocœa, æ.* f.

Phocéens (les), *Phocœi, orum.* m. pl.

Phocide (la), *Phocis, idis.* f.

Phocion (homme), *Phocion, onis.* m.

Phlius (ville), *Phlius, ii.* f.

Phrygie (contrée), *Phrygia, æ.* f.

Pierre (homme), *Petrus, i.* m.

Pirée (port), *Piræus, i.* m.

Pisandre (homme), *Pisander, dri.* m.

Pisidie (la), *Pisidia, æ.* f.

Pisistrate (homme), *Pisistrates, is.* m.

Pisistratides (les), *Pisistratidæ, arum.* m. pl.

Pithon (homme), *Pithon, onis.* m.

Platée (ville), *Platææ, arum.* f. pl.

Platon (homme), *Plato, onis.* m.

Pline (homme), *Plinius, ii.* m.

Polémon (homme), *Polemon, onis.* m.

Poliorcète (surnom de l'un des Démétrius), *Poliorcetes, æ.* m.

Pollis (homme), *Pollis, is.* m.

Polycrate (homme), *Polycrates, is.* m.

Polydecte (homme), *Polydectes, is.* m.

Polymnus (homme), *Polymnus, i.* m.

Polynice (homme), *Polynices, is.* m.

Polyperchon (homme), *Polyperchon, onis.* m.

Pomponius Atticus (homme), *Pomponius Atticus,* gén. *Pomponii Attici.* m.

Pont (royaume), *Pontus, i.* m.

Porcius (homme), *Porcius*, *ii*. m.

Porus (homme), *Porus*, *i*. m.

Priam (homme), *Priamus*, *i*. m.

Proclès (homme), *Procles*, *is*. m.

Proclides (les), *Proclidæ*, *arum*. m. pl.

Protésilas (homme), *Protesilaüs*, *i*. m.

Prusias (homme), *Prusias*, *æ*. m.

Prytanis (titre), *Prytanis*, *is*. m.

Ptolémée (homme), *Ptolemæus*, *i*. m.

Pydna (ville), *Pydna*, *æ*. f.

Pyrrhus (homme), *Pyrrhus*, *i*. m.

Pythius (homme), *Pythius*, *ii*. m.

Python (*Voy*. Pithon.)

Q

Quades (les), *Quadi*, *orum*. m. pl.

Quinte-Curce (homme), *Quintus-Curtius*, gén. *Quinti-Curtii*. m.

Quintus (prénom), *Quintus*, *i*. m.

R.

Rhodes (île), *Rhodus*, *i*. f.

Rhodiens (les), *Rhodii*, *orum*. m. pl.

Roscius (homme), *Roscius*, *ii*. m.

S

Salamine (ville), *Salamine*, *es*. f.

Salomon (homme), *Salomon*, *onis*. m.

Samos (île), *Samos*, *i*. f.

Samothrace (île), *Samothracia*, *æ*. f.

Samuel (homme), *Samuel*, *elis*. m.

Sardanapale (homme), *Sardanapalus*, *i*. m.

Sardes (ville), *Sardes*, *ium*. f. pl.

Saül (homme), *Saül*, gén. *Saülis*. m.

Schænée (homme), *Schœnæus*, *i*. m.

Scopas (homme), *Scopas*, *æ*. m.

Scyros (île), *Scyrus*, *i*. f.

Scythes (les), *Scythæ*, *arum*. m. pl.

Scythie (la), *Scythia*, *æ*. f.

Seleucus (homme), *Seleucus*, *i*. m.

Sellasie (ville), *Sellasia*, *æ*. f.

Sempronius (homme), *Sempronius*, *ii*. m.

Seuthès (homme), *Seuthès*, *is*. m.

Sicile (la), *Sicilia*, *æ*. f.

Siciliens (les), *Siculi*, *orum*. m. pl.

Sicyone (ville), *Sicyon*, *onis*. f.

Sicyoniens (les), *Sicyonii*, *orum*. m. pl.

Sidon (ville), *Sidon*, *onis*. m.

Sidoniens (les), *Sidonii*, *orum*. m. pl.

Simonide (homme), *Simonides*, *is*. m.

Sisygambis (femme), *Sisygambis*, *idis*. f.

Sisyphides (les), *Sisyphidæ*, *arum*. m. pl.

Smerdis (homme), *Smerdis*, *is*. m.

Smyrne (ville), *Smyrna*, *æ*. f.

Socrate (homme), *Socrates*, *is*. m.

Sogdien (homme), *Sogdianus*, *i*. m.

Solon (homme), *Solon*, *onis*. m.

Sosthène (homme), *Sosthenes, is.* m.

Sparte (ville), *Sparta, æ.* f. *Lacedæmon, onis.* f.

Spartiates (les), *Spartani, orum.* m. pl. *Lacedæmonii, orum.* m. pl.

Sphinx (monstre fabuleux), *Sphinx,* gén. *Sphingis.* f.

Straton (homme), *Straton, onis.* m.

Stratonice (femme), *Stratonice, es.* f.

Strymon (fleuve), *Strymon, onis.* m.

Suse (ville) *Susa, æ.* f.

Sylla (homme), *Sylla, æ.* m.

Syracusains (les), *Syracusani, orum.* m. pl.

Syracuse (ville), *Syracusa, æ.* f.

Syrie (province), *Syria, æ.* f.

T

Tachos ou Tachus (homme), *Tachus, i.* m.

Tarente (ville), *Tarentum, i.* n.

Tarentins (les), *Tarentini, orum.* m. pl.

Tarquin (homme), *Tarquinius, ii.* m.

Teos (ville), *Teos* (indécl.)

Térence (homme), *Terentius, ii.* m.

Thasos (île), *Thasus, i.* f.

Thébains (les), *Thebani, orum.* m. pl.

Thèbes (ville), *Thebæ, arum.* f. pl.

Théleste (homme), *Thelestes, is.* m.

Thémistocle (homme), *Themistocles, is.* m.

Théodomire (homme), *Theodomirus, i.* m.

Théophraste (homme), *Theophrastus, i.* m.

Théopompe (homme), *Theopompus, i.* m.

Théramène (homme), *Theramenes, is.* m.

Thermopyles (les), *Thermopylæ, arum.* f. pl.

Thésée (homme), *Theseus, i* ou *eos.* m. *Ægides, is.* m.

Thessalie (la), *Thessalia, æ.* f.

Thessaliens (les), *Thessalii, orum.* m. pl.

Thessalonica ou Thessalonique (femme), *Thessalonica, æ.* f.

Thomyris (*voy.* Tomyris.)

Thrace (la), *Thracia, æ.* f. Ceux de Thrace, *Thraces, um.* m. pl.

Thrasybule (homme), *Thrasybulus, i.* m.

Thrasymène (lac), *Thrasymenus lacus,* gén. *Thrasymeni lacus.* m.

Thucydide (homme), *Thucydides, is.* m.

Thyus (homme), *Thyus, i.* m.

Tibère (homme), *Tiberius, ii.* m.

Tibéron (homme), *Tibero, onis.* m.

Timoléon (homme), *Timoleon, onis.* m.

Timophane (homme), *Timophanes, is.* m.

Timothée (homme), *Timothæus, i.* m.

Tiribaze ou Téribaze (homme), *Tiribazus, i.* m.

Tissapherne (homme), *Tissaphernes, is.* m.

Tite-Live (homme), *Titus-Livius,* gén. *Titi-Livii.* m.

Titus (homme) *Titus, i.* m.

Tomyris (femme), *Tomyris, is.* f.

Torone (ville), *Torona, æ.* f.

Trachis (ville), *Trachis, idis.* f.

Trajan (homme), *Trajanus, i.* m.

Triballiens (les), *Triballi, orum.* m. pl.

Tritée (ville), *Tritæa, æ.* f.

Tritéens (les), *Tritæi, orum.* m. pl.

Troie (ville), *Troja, æ.* f. *Ilium, ii.* n.

Tunquin (province), *Tunquinus, i.* m.

Tunquinois (les), *Tunquini, orum.* m. pl.

Tusculum (ville), *Tusculum, i.* n.

Tydée (homme), *Tydæus, i.* m.

Tyr (ville), *Tyrus, i.* f.

Tyrtée (homme), *Tyrtæus, i.* m.

U

Ulysse (homme), *Ulysses, is.* m.

V

Varron (homme), *Varro, onis.* m

Vectones (les), *Vectones, um.* m. pl.

Vérus (homme), *Verus, i.* m.

Vespasien (homme), *Vespasianus, i.* m.

X

Xénocrate (homme), *Xenocrates, is.* m.

Xénophon (homme), *Xenophon, ontis.* m.

Xercès (homme), *Xerxes, is.* m.

Z

Zama (ville), *Zama, æ.* f.

Zancle (ville), *Zancle, es.* f.

Zénon (homme), *Zenon, onis.* m.

Zopire (homme), *Zopirus, i.* m.

Zoroastre (homme), *Zoroaster, tri.* m.

FIN.

Cacographie, *ou* Recueil de phrases dans lesquelles on a violé à dessein l'orthographe d'un grand nombre de mots, et sur-tout les règles des participes, afin que les étudians et les gens du monde, en corrigeant avec soin ces fautes, parviennent à écrire selon les lois de l'orthographe. Sixième édition, augmentée d'un petit Traité des Participes et de la Ponctuation ; *in*-12.

Corrigé de la Cacographie, à l'usage de MM. les Instituteurs et des Pères de famille, etc., *in*-12.

Cours analytique d'orthographe et de ponctuation, *ou* Grammaire usuelle, suivie de Sujets de compositions propres à inculquer facilement les principes de la langue française, etc., *in*-12.

La Revue orthographique, *ou* Corrigé des Sujets de compositions renfermés dans le précédent ouvrage ; *in*-12.

Appendix de Diis et Heroïbus poëticis, etc. ; *in*-18. (Cette édition très soignée, est enrichie de nouvelles notes grammaticales, étymologiques et littéraires qui jettent un grand jour sur certaines difficultés du texte.)

De Viris illustribus urbis Romæ, etc. ; *in*-18. (Cette édition est enrichie de notes historiques et grammaticales ; précédée d'un Abrégé de l'Histoire de Rome, des mœurs et des coutumes du peuple romain ; suivie d'un Tableau des personnages célèbres qui existèrent en Grèce et en Italie depuis Romulus jusqu'à Constantin-le-Grand ; et terminée par un Vocabulaire de tous les mots contenus dans l'ouvrage.)

Les Hommes illustres de la ville de Rome, ouvrage traduit du latin, précédé d'un coup-d'œil sur la ville de Rome, d'un Commentaire latin-français sur les mœurs et coutumes des Romains, et suivi

1.º d'un Tableau des personnages célèbres qui
existèrent en Grèce et en Italie depuis la fonda-
tion de Rome jusqu'à la mort de César-Auguste ;
2.º d'un Tableau des Empereurs romains et des
savants illustres qui vécurent sous ces Empereurs depuis C. Auguste jusqu'à Constantin-le-
Grand ; 3.º de Notes historiques chronologiques
et littéraires. Deuxième édition ; français-latin
en regard.

*Faerni Cremonensis fabulæ centum, notis illus-
tratæ, nec non partim interjectâ versibus in-
terpretatione gallicâ, summo Pontifici Pio
quinto dicatæ ; in-8.º* (Cette édition nouvelle est
précédée d'une Vie de Faërne, écrite en latin.)

Les Fables de Faërne, poète de Crémone, traduites du latin, accompagnées de notes littéraires,
précédées d'une Vie de Faërne, écrite en français, et suivies des fables imitées de ce poète ;
français-latin en regard, *in-12.*

*Phædri fabulæ ad intelligentiam tironum, diffi-
cultatibus gradatim expositis, quam accura-
tissime cum notis gallicis accommodatæ ; cui
operi accesserunt Fontanianæ fabulæ scholiis
admistæ, et Mythologia gallica latine conver-
tenda. Quinta editio ; in-12.* (Cette édition,
accompagnée d'un Vocabulaire, est précédée
d'une vie de Phèdre, écrite en latin.)

Les Fables de Phèdre, en quatre livres, traduites
du latin conformément à l'édition qu'en a donnée l'auteur, avec des scholies nouvelles, précédées d'une Vie de Phèdre et du Tableau des
temps désastreux où vécut ce poète, etc. français-latin en regard, *in-12.*

Poetineum Opus, ou Traité théorique et pratique
de l'art de faire des vers latins. Quatrième édi-

tion ; *in-12*. (La Prosodie qui précède le Recueil des matières de vers latins, embrasse tout ce qu'on peut dire sur la versification.)

Apollinei Operis carmina, redditi quibus priores numeri, etc. ; in-12. (Ce livre est le Corrigé des matières de vers latins, contenues dans le précédent ouvrage.) Troisième édition.

Manuel des Étudiants, *ou* Code de préceptes pour écrire avec élégance et pureté en latin, avec cette épigraphe : *Aliud est grammaticè, aliud latinè loqui*. Deuxième édition ; *in-12*.

Abrégé des Antiquités romaines, divisé ainsi qu'il suit : Institutions politiques, — civiles, — militaires.—religieuses; *in-18*.(Cet ouvrage, qui est très nécessaire pour l'intelligence des écrivains latins, a été réuni au Manuel des Étudians.)

C. Velleii Paterculi Historiæ ; recentissima editio diligenter recognita, notisque gallicis locupletata, cui accessit index geographicus ; in-24.
(Cette édition est précédée d'une Vie de Paterculus.)

Terentii Andria scholiis gallicis illustrata, et à genere quolibet obscenitatis expurgata, etc.; in-12. (Cette jolie édition est précédée d'une vie de Térence, écrite en latin.)

L'Andrienne française, comédie en cinq actes et en vers, par Baron, revue et corrigée par l'Editeur; *in-12*. (Cette pièce a été réunie à l'Andrienne latine pour offrir aux étudiants des exemples d'imitations.)

Grammaire raisonnée, *ou* Cours théorique et analytique de la langue française, où sont renfermés non seulement les principes avoués depuis long-temps par les plus savans grammairiens, mais encore des règles, les unes peu connues, les autres tout-à-fait neuves. Deux, fortsvol. *in-12*, de près de 600 pages chacun ornés du portrait de l'Auteur.

Cacologie, *ou* Recueil de locutions vicieuses empruntées des meilleurs écrivains, et mises sous les yeux des jeunes-gens, afin qu'en les corrigeant eux-mêmes à l'aide du précédent ouvrage, ils apprennent à parler et à écrire purement. Sixième édition ; *in-12*.

Corrigé de la Cacologie, à l'usage de MM. les professeurs, avocats, gens de lettres, etc. ; *in-12*.

Dictionnaire universel français-latin, par MM. Lallemant, augmenté de quatorze mille articles par l'éditeur ; *in-8º*.

Dictionnaire universel latin-français, par Boudot, augmenté au moins d'un tiers ; *in-8º*.

Gradus ad Parnassum, ou nouveau Dictionnaire poétique latin, augmenté d'un tiers ; *in-8º*.

~~~~~~~~~~~~~~~~

Dictionnaire Géographique portatif, ou Description des empires, royaumes, républiques, villes, évêchés, duchés, etc. ; des quatre parties du monde, etc. ; par Vosgien ; nouvelle édition revue et augmentée par M. P***, d'après la dernière édition du Dictionnaire géographique anglais de Walker et les dernières Géographies ; grand *in-8º*, à deux et trois colonnes, orné de *seize cartes géographiques,* Paris.

Chompré Selecta latini sermonis exemplaria, è
~~~~~~~~~~~~~~~~

scriptoribus probatissimis, ad Christianæ Juventutis usum, 6 vol. *in-12*, *Paris*.

On vend séparément.

Pars 1ᵃ. — *Ex Sulpicio Severo ; ex Eutropio ; ex Aurelio Victore ; ex Cornelio Nepote ; ex Justino ; ex Floro*, in-12

Pars 2ᵃ. — *Ex Quinto Curtio ; ex Cæsaris Commentariis ; ex variis Ciceronis operibus ; ex Sallustio ; ex Velleio Paterculo ; ex Valerio Maximo ; ex Aulo-Gellio ;* in-12.

Pars 3ᵃ. — *Ex Flavio Vegetio ; ex Tito Livio ; ex Cornelio Tacito ; ex Macrobio ; ex Quintiliano ; ex Columellá*, in-12.

Pars 4ᵃ. — *Ex Suetonio ; ex C. Plinii secundi naturali historiá et epistolis ; ex Vitruvio ; ex Senecá philosopho ; ex Celso ; ex Q. Curtio ; ex Sallustio ; ex Tito Livio ; ex Taciti Annatibus ; ex Cicerone*, in-12.

Pars 5ᵃ. — *Ex Comœdiis Plauti ; ex Comœdiis Terentii*, in-12.

Pars 6ᵃ. — *Ex Phædro ; ex Martialis epigrammatibus ; ex Ausonio ; ex Ovidii Metamorphoseon libris ; ex Fastorum libris ; ex Tristibus, etc. ; ex Virgilii Bucolicis et Georgicis,* in-12

RHEIMS, IMPR.
Place